分层分类推进国企混合所有制改革的理论、实践与评估

FENCENG FENLEI TUIJIN GUOQI
HUNHE SUOYOUZHI GAIGE DE
LILUN、SHIJIAN YU PINGGU

王伟红◎著

中国财经出版传媒集团
中国财政经济出版社
·北京·

图书在版编目（CIP）数据

分层分类推进国企混合所有制改革的理论、实践与评估 / 王伟红著. --北京：中国财政经济出版社，2025. 8. -- ISBN 978-7-5223-4125-5

Ⅰ. F279.241

中国国家版本馆CIP数据核字第2025MW9730号

责任编辑：郁 东 敏　　　　责任校对：胡永立

封面设计：中通世奥　　　　责任印制：党　辉

分层分类推进国企混合所有制改革的理论、实践与评估

FENCENG FENLEI TUIJIN GUOQI HUNHE SUOYOUZHI GAIGE DE LILUN、SHIJIAN YU PINGGU

中国财政经济出版社 出版

URL：http：//www. cfeph. cn

E-mail：cfeph@ cfeph. cn

社址：北京市海淀区阜成路甲28号　邮政编码：100142

营销中心电话：010-88191522

天猫网店：中国财政经济出版社旗舰店

网址：https：//zgczjjcbs. tmall. com

涿州汇美亿浓印刷有限公司印刷　各地新华书店经销

成品尺寸：170mm×240mm　16开　15.75印张　223 000字

2025年8月第1版　2025年8月河北第1次印刷

定价：58.00元

ISBN 978-7-5223-4125-5

（图书出现印装问题，本社负责调换，电话：010-88190548）

本社图书质量投诉电话：010-88190744

打击盗版举报热线：010-88191661　QQ：2242791300

序
XU

国有企业作为国民经济的中流砥柱，在国家治理现代化进程中发挥着举足轻重的作用。然而，政企职能交叉、运营效率不彰等治理瓶颈制约了其经济效能的充分发挥，因而深化国企改革成为当前经济体制改革的核心议题。混合所有制改革作为破解国企治理困境的战略选择应运而生。自20世纪后期我国政府职能由“生产型”向“服务型”转变以来，国企改革始终沿着市场化方向纵深推进：1978年启动的经营权市场化改革（放权让利与两权分离）开启了改革序幕，1992年推进的控制权市场化（转机建制）实现了制度突破，1995年实施的股权市场化（抓大放小）优化了资本结构，直至当前推进的所有权市场化（混合所有制改革）标志着改革进入新阶段。

2013年，党的十八届三中全会通过《中共中央关于全面深化改革若干重大问题的决定》，首次将混合所有制经济确立为基本经济制度的重要实现形式，为国企混改提供了制度保障。2015年，国资委等三部门联合印发的《关于国有企业功能界定与分类的指导意见》，创新性地将国企划分为公益类和商业类，为实施差异化混改策略奠定了政策基础。2016年，国务院出台的《关于国有控股混合所有制企业开展员工持股试点的意见》通过激励机制创新，为混改注入了新的制度活力。随着改革深化以及试点的推进，2019年第四批混改试点企业数量增至160家，覆盖领域从传统制造业扩展到互联网、新能源等战略性新兴产业，并涌现出一批在股权混合基础上探索治理融合的典型案例。2020年启动的《国企改革三年行动方案（2020—2022年）》依托“双百行动”“科改行动”等实践载体，推动混改向更深层次发展。

混合所有制改革作为深化国有企业改革的关键举措，其制度创新效应已通过多维度的实践成效得到验证。从制度经济学的视角来看，国有企业通过战略投资者引入、员工持股计划以及资产证券化等市场化路径，不仅完成了从行政附属向市场竞争主体的转型，更在优化治理结构、提升资源配置效率和激发创新动能等方面展现出显著的制度红利。实证研究表明，这种以产权多元化为核心的制度重构，不仅有效缓解了传统国有企业的委托代理问题，更通过治理机制的实质性变革培育了企业的可持续竞争优势。从制度演进的角度审视，混合所有制改革既是对现代企业制度理论的创造性实践，也为国有企业在新发展格局下实现质量变革、效率变革、动力变革提供了制度保障，其价值已超越单纯的产权结构调整，成为推动国有经济高质量发展的制度性解决方案。

本书综合运用文献归纳法、规范分析法、比较研究法、案例分析法和实证检验法等多元分析方法，系统考察分层分类改革背景下国企混改的创新实践及其效果评价。本书共分为8章，各章节内容安排如下。

第1章是绪论。在阐明研究背景与学术价值的基础上，系统性地构建了研究框架，包括研究内容体系、方法论选择、技术路线设计以及创新点提炼。文献综述环节采用主题分析法，首先全面梳理了国内外关于国企改革及混合所有制改革的研究脉络，继而聚焦分层分类混改这一细分领域，最终对现有研究成果进行系统性评述。

第2章是国企混改的理论与实践分析。首先对混改的核心概念进行学术界定，随后阐释支撑研究的理论基础，归纳总结当前存在的引入投资者、资产证券化、员工持股等混改的主要实施模式。

第3章是国企分层分类改革的理论与实践分析。在明确分层分类改革概念内涵和理论依据的基础上，通过理论溯源论证改革必要性，结合国际经验比较分析代表性国家国企改革模式，以上海市为例深入考察分层分类改革实践并开展短期绩效评估。

第4章是分层分类视角下国企混改路径的选择。基于分层分类视角构建分析框架，针对国有企业在功能特征、行政隶属关系和管理层级三个维度的差异性特征，系统探讨与之相适应的混改路径选择机制。

第5章是基于DEA的混改国企效率评价。在阐明模型适用性和指标选取依据后，从整体效率、要素配置效率和路径差异等层面评估混改成效，并通过功能特征、行政隶属关系和管理层级三个维度的异质性分析，结合典型案例进行深入验证。

第6章是国企股东资源异质性与治理效率提升研究。实证分析部分构建多元回归模型，采用多层次研究方法，遵循按照功能特征、行政级别和管理层级进行国企分类的逻辑，检验非国有股东参与对不同类型国企治理效率的差异化影响，进一步延伸了协同治理下混改国企治理效率对企业价值和全要素生产率的传导机制。

第7章为分层分类背景下深化国企混改的实践路径。从实践维度提出深化国企混改的系统方案，强调在分层分类框架下系统、持续地推进混改，统筹推进混改与其他配套改革，通过投资主体多元化和股权结构优化实现改革目标。

第8章为研究结论与展望。混改作为中国特色社会主义市场经济体制的重要制度创新，兼具理论前瞻性与实践突破性。分层分类改革框架既体现了制度设计的理论自洽性，又彰显了改革路径的实践适应性，其推进过程呈现出多维度、多层次的系统性和复杂性特征。当前研究的核心命题在于如何通过治理机制创新实现“混”与“合”的辩证统一，即以产权混合为基础，以机制变革为关键，构建混改协同效应的理论范式和实践路径。

本书在以下四个方面实现了理论和方法上的创新突破：

（1）构建了系统化的混改决策框架。基于国企功能特征、行政隶属关系和管理层级的差异化特征，创新性地提出以价值最大化为核心的混改决策体系，涵盖混改必要性判断标准、路径选择机制和实施推进策略等，为完善我国现代企业制度和公司治理模式提供了新的理论支撑。

（2）创新性地运用DEA-BCC模型评估国企混改效率。区别于现有研究主要关注混改对治理结构、经营绩效等静态指标的影响，本书首次系统性地采用数据包络分析方法，对分层分类改革背景下国企的治理效率和投资效率进行量化评估与比较分析，为混改实践提供了新的评价工具。

（3）建立多维度的比较研究范式。突破现有文献以单一案例为主的局限，通过选取多类型国企样本，构建了包含地域分布、生命周期阶段、行业属性和混改路径的四维分析框架，并结合功能特征、行政隶属层级和管理层次三个维度进行混改企业效率的异质性检验，显著提升了研究结论的普适性和可比性。

（4）拓展了异质性股东治理效应的研究维度。不仅验证了非国有股东参与对治理效率的促进作用，还通过功能特征、行政隶属关系和管理层级的分组检验，揭示了公司治理效应的异质性特征，并进一步探讨了治理效率提升对企业价值和全要素生产率的影响机制，深化了对混改治理效应的理论认知。

著　者

2025年5月

目 录
MULU

第1章 绪 论 001

1.1 研究背景 001

1.2 研究意义 004

1.2.1 理论意义 004

1.2.2 现实意义 005

1.3 文献述评 006

1.3.1 关于国企混合所有制改革的研究 006

1.3.2 关于国企分层分类改革的研究 013

1.3.3 文献评论 017

1.4 研究内容及方法 018

1.4.1 研究内容 018

1.4.2 研究方法 019

1.5 技术路线与研究创新 020

1.5.1 技术路线 020

1.5.2 研究创新 021

第2章 国企混改理论和实践 023

2.1 基础概念的界定 023

2.1.1 混合所有制经济 023

2.1.2 混合所有制改革 023
2.2 理论基石 024
2.2.1 制度变迁理论 024
2.2.2 分权控制理论 024
2.2.3 委托代理理论 025
2.3 国企混改方式及选择 026
2.3.1 引入投资者 027
2.3.2 资产证券化 033
2.3.3 员工持股 037
2.3.4 反向混改 041
2.3.5 其他路径 044

第3章
国企分层分类改革理论和实践 047

3.1 基础概念界定 047
3.1.1 国有企业分类改革 047
3.1.2 国有企业分层改革 048
3.2 理论依据 049
3.2.1 委托代理理论 049
3.2.2 交易费用理论 050
3.2.3 科斯理论 051
3.3 国企分层分类改革的必要性 052
3.3.1 公司治理问题突出 052
3.3.2 政企不分现象严重 052
3.3.3 资源配置效率有待提升 053
3.4 典型国家的国企改革及监管模式比较 053
3.4.1 国外代表性国家的国企改革模式 054

3.4.2 中国国企改革路径 057
3.4.3 各国经验比较及借鉴 060
3.5 上海市国企分类改革实践及绩效评估 060
3.5.1 竞争类国企——以上海国际港务集团为例 062
3.5.2 功能保障类国企——以上海国际集团、上海国盛集团为例 068
3.5.3 公共服务类国企——以上海浦发银行为例 072
3.5.4 混合储备类国企——以太平洋保险集团为例 077

第4章
基于分层分类的国企混改路径选择 085

4.1 不同功能特征下的国企混改路径选择 085
4.1.1 基于功能特征实施混改的科学性 086
4.1.2 国有企业的不同功能特征 086
4.1.3 基于功能特征的国企混改路径 088
4.2 不同行政隶属关系下的国企混改路径选择 092
4.2.1 实施分级混改的科学性 092
4.2.2 央企和地方国企的不同特征 093
4.2.3 基于行政隶属关系的国企混改路径 096
4.3 不同管理层级下的国企混改路径选择 102
4.3.1 集团公司实施混改的意义 102
4.3.2 集团公司和子公司的混改模式 103
4.3.3 基于管理层级的国企混改路径 105

第5章
基于DEA的混改国企效率评价研究 108

5.1 研究设计 108
5.1.1 模型选择 108

5.1.2 样本选择与数据来源 109

5.2 公司治理效率评价 111

5.2.1 测算指标 111

5.2.2 总体评价 112

5.2.3 分层分类视角下公司治理效率的异质性分析 127

5.2.4 典型混改企业的公司治理效率分析 135

5.3 投资效率评价 139

5.3.1 测算指标选择 139

5.3.2 总体评价 140

5.3.3 分层分类视角下投资效率的异质性分析 148

5.3.4 典型混改企业的投资效率分析 156

第6章 分层分类视角下异质股东协同治理与国企治理效率提升 160

6.1 问题的提出 160

6.2 理论分析与研究假设 162

6.2.1 异质股东对国企治理效率的影响 162

6.2.2 非国有股东参与对不同行政级别国企治理效率的影响 164

6.2.3 非国有股东参与对不同功能分类下国企治理效率的影响 165

6.2.4 非国有股东参与对不同管理层级国企治理效率的影响 166

6.3 样本说明、模型构建及变量设定 167

6.3.1 样本和数据来源 167

6.3.2 模型构建 168

6.3.3 变量设定 168

6.4 实证结果与分析 170

6.4.1 描述性统计 170

6.4.2 多元回归分析 171

6.4.3 稳健性检验 176
6.4.4 PSM-DID检验 180
6.4.5 机制检验 188
6.4.6 拓展性分析 190
6.5 结论和启示 193

第7章
分层分类背景下深化国企混改的实践创新 195

7.1 系统性推进混改，科学匹配混改模式 195
7.1.1 混改企业层级的战略选择 196
7.1.2 基于企业功能定位的股权结构差异化设计 197
7.1.3 根据企业特点适配选择混改路径 200
7.1.4 明确非国有资本进退机制 201
7.2 区分“已经混改”与“适宜混改”，持续推进混改 202
7.2.1 已混改企业深化“二次混改” 202
7.2.2 未混改企业实施梯度混改 204
7.3 混改与其他改革协同创新机制 205
7.3.1 混改与科改示范行动和双百行动联动 205
7.3.2 新基建赋能混改模式升级 207
7.3.3 军工领域混改专项突破 209
7.3.4 能源行业混改纵深推进 210
7.3.5 产业链重构驱动分层分类改革 213

第8章
研究结论与展望 216

8.1 研究结论 216
8.1.1 混合所有制改革具有理论先进性和实践应用价值 216

8.1.2 分层分类改革具备理论必要性和实践可行性 217
8.1.3 分层分类推进国企混改具备实践科学性 218
8.1.4 国企分层分类混改的实践推进具有系统性、复杂性特征 220
8.2 研究展望 221

参考文献 223

第1章

绪论

1.1 研究背景

国有企业在推动中国经济高质量发展、助力中国特色国家治理体系和治理能力现代化的进程中，发挥着中流砥柱的关键作用。面对新时代国内外环境的双重挑战，进一步优化做强国有资本、提升国有经济竞争力已成为当务之急。然而，产权界定不清、权责关系不明、治理效能不足乃至腐败问题多发等问题，长期制约着国有企业的发展活力与社会认同。因此，深化国有企业改革无疑是当前中国经济体制改革的核心攻坚环节。

回溯改革历程，我国国有企业受制于特定政治体制及其初始功能的定位差异，长期面临着企业属性边界模糊、监管目标多重交叉、监管体制条块分割等深层次问题。国家层面虽持续通过政策调整进行宏观调控，但系统性解决方案仍待破题。2003年10月，中共十六届三中全会通过的《中共中央关于完善社会主义市场经济体制若干问题的决定》首次明确提出，要“建立归属清晰、权责明确、保护严格、流转顺畅的现代产权制度”，为国企产权改革指明了方向。

2010年之前，国企改革的实践重点在于将其塑造为自负盈亏、独立核算的市场主体，强调其经济属性。此阶段的国资监管模式相对粗放，与实际运营需求的契合度不足，与宏观调控体系的协同性也亟待加强。2013年，党的十八届三中全会作出的《中共中央关于全面深化改革若干重大问题的决定》具有里程碑意义，首次将“混合所有制经济”提升为我国基本经济制度的重要实现形式，标志着新一轮以混合所有制改革为核心的国企改革

（以下简称“混改”）正式启动。随着改革步入“深水区”，攻坚难度显著增大。高明华（2014）的研究敏锐指出，历经三十余载改革，国企领域仍存在结构性问题：一方面，迫切需要深化市场化机制的行业（如部分垄断性领域）改革进程迟缓，市场化程度偏低；另一方面，一些天然具有公共性或战略性的领域，却在改革中过度强调市场化，导致国有资本非理性退出，资源配置效率受损。究其根源，缺乏对不同类型、不同层级国有企业的科学分类界定，直接导致了改革目标模糊不清、路径选择失当，严重迟滞了混改进程。对此，黄速建（2014）强调，对国有企业进行科学合理的分层分类，是系统性深化国企改革不可或缺的逻辑起点和前置条件。

2015年8月24日，中共中央、国务院联合颁布《关于深化国有企业改革的指导意见》，首次正式将“分类推进”确立为深化国企改革的总体原则与基础路径，旨在以此构建差异化的国有资产管理体制框架。同年，国务院国有资产监督管理委员会（以下简称“国资委”）等三部门联合出台《关于国有企业功能界定与分类的指导意见》（以下简称《分类指导意见》），标志着分层分类改革的顶层设计框架正式确立，为精准实施混合所有制改革奠定了分类施策的基础。2016年，国务院发布《关于国有控股混合所有制企业开展员工持股试点的意见》（以下简称《试点意见》），从政策层面为国有控股混合所有制企业探索实施员工持股计划提供了明确支持与引导。同年，国资委公布了首批混改试点企业名单。2019年国资委公布了《中央企业混合所有制改革操作指引》，建议商业类国企改革根据所处行业领域和所经营业务范围的不同进行分类实施，同时鼓励竞争性商业类国企积极地进行市场化改革，以提高国资市场化配置效率。随着2019年第四批混改试点名单公布，混改在广度与深度上实现了显著拓展：参与改革的国企数量大幅增加，覆盖领域从传统工业延伸至互联网、新能源等战略性新兴产业；混改模式也从初期的股权多元化探索，深化至经营管理层面的融合协同。2020年以来，国有企业在前期试点经验积累的基础上，以《国企改革三年行动方案（2020—2022年）》为纲领，依托“双百行动”“科改行动”等重要载体，持续深化混改实践。

值得注意的是，国企功能定位的长期模糊，直接导致监管目标的混乱与监管效率的低下。实践中，国资委作为兼具公共管理职责与出资人身份的特殊机构，其运营行为有时呈现出一定的非理性特征。其根源在于：一方面，作为脱胎于政府部门的特设机构，国资委在平衡公共管理职能（如维护公平竞争环境）与市场化出资人角色（追求股东权益最大化）时面临内在冲突；另一方面，这种角色冲突常导致公共管理职能被股东利益所削弱，国资委的整体监管效能受损。

混合所有制改革正是破解上述困境、驱动新一轮国企改革的核心突破口。自20世纪末起，伴随中国政府职能由"生产型"向"服务型"转变，国企改革的主线始终围绕"市场化"演进：从1978年经营权层面的放权让利与两权分离，到1992年控制权层面的转企建制，再到1995年股权层面的抓大放小，直至当前深化的所有权层面的混合所有制改革。这一过程清晰地勾勒出一条产权改革不断深化的轨迹。

深入剖析国有企业治理困境，主要源于两大制度性缺陷：其一，所有者缺位导致对企业经营者缺乏有效的监督约束机制；其二，内部人控制问题致使高效的激励机制难以形成。二者叠加，最终导致国有企业治理效率低下，严重制约了其在经济社会发展中应发挥的战略支撑作用。混合所有制改革的核心逻辑，正是通过引入非国有资本及其股东，优化内部治理结构，以期化解上述治理顽疾。宏观层面，混改体现为国家层面不同所有制经济成分的结合；微观层面，则表现为企业内部国有资本与非国有资本相互融合、多元股东相互制衡的股权结构与组织形态。其中，通过国有股权向非国有主体转让，发挥非国有股东市场化基因与体制外优势，是激活国企活力、深化改革的现实高效途径。非国有股东作为市场主体，天然具备更强的利润导向和风险意识，倾向于建立更完善的监督约束机制，并追求企业的长期可持续价值。因此，推动国有资本与非国有资本深度融合，实现优势互补与资源集成，对全面提升国有企业的治理效能具有决定性意义。

积极稳妥深化混合所有制改革，是当前及未来国有企业发展的战略重心。然而，混改绝非"一刀切"的标准化操作，必须坚持分层分类、精准施策的原则（王东京，2019）。唯有在改革进程中扎实推行分层分类改革与治理，方能精准锚定不同类别、不同层级国有企业的发展目标与路径，确保混改行稳致远。然而，改革实践面临严峻挑战：不同功能类别的国有企业往往存在业务交叉重叠，短期内难以通过并购重组实现纯粹的功能归集；许多国企长期承担着经济与社会双重职能，导致其行业属性与功能定位难以清晰界定（何瑛和杨琳，2021）。这种分类难的问题，直接导致了混改政策设计难以精准匹配企业实际，改革效果呈现结构性失衡，成为分层分类改革深入推进的关键障碍。

国有企业分层分类管理与改革是一个全球共通的议题。各国基于其国情和发展阶段，设立了承担不同使命的国有企业，基本可归纳为聚焦经济目标的市场竞争主体与承担社会目标的公益服务提供者。英国、美国、新加坡等发达经济体在国资分类监管方面已形成较为成熟的范式，其核心在于根据国企的不同功能定位，匹配差异化的监管主体、监管模式与监管强度。中国亦在持续的改革转型中，探索适配自身国情的分层分类监管之路。新一轮国企改革以分类监管为突破性抓手，为转型期的改革注入了新动力。当前，针对国有企业改革的研究虽多聚焦于混改，但关于国企分类的标准界定、分层管理的权责边界及监管模式等核心问题，尚未形成系统化理论共识。理论的滞后导致改革实践易偏离正确轨道，难以科学、有效地响应国有企业对国资监管转型的深层次需求。当前分层分类改革仍处于探索阶段，一些核心问题亟待系统性研究与实践检验：分层分类推进国企混改的效果如何？如何科学构建多维度、精细化的国企分类标准体系并实施差异化的监管政策与考核机制？如何在分层架构下清晰界定权责利边界？如何深化国企混改的实践创新？对这些问题的深入探究，不仅具有重要的理论价值，更是推动中国国企改革取得实效的关键所在。

1.2 研究意义

1.2.1 理论意义

（1）丰富混改研究的理论视角与内容体系

科学的分类分层监管体系是国企改革的基石，它不仅能因企施策、精准引导、清晰辨识不同国企的差异性，丰富改革内涵，更能为各类国有资本实现保值增值提供差异化理论支撑；同时，也将加速功能保障类国企如国有资本投资、运营公司的精准定位进程，有效构筑不同业务领域的“防火墙”，深化国资授权经营体制改革的相关理论研究。本研究立足混改背景，独创性地融合分层分类视角，为理解并优化混改实效提供了新的理论洞见。

（2）深化对分层分类混改经济后果的机理认知

分层分类改革背景下，既有研究常忽视国企集团这一关键混改层级主体，导致结论可能失之偏颇。本书构建管理层级（集团母公司与子公司）与属性（行政层级与功能类别）的多维交叉分类框架，解析不同类型、层级国企在引入非国有股东治理后产生的差异化影响，并构建了更为全面、立体的混改效应评估体系，为深化国企改革提供了分层分类协同推进的新思路。

（3）拓展非国有股东参与经济后果的研究边界

现有文献集中于探讨非国有股东对企业绩效、创新、薪酬激励及投资效率的影响，而对其如何作用于国企治理效率这一核心机制的研究则明显不足。本书聚焦混改情境，实证考察混改对国有企业治理效率和投资效率的促进作用，系统揭示非国有股东深度参与国企治理的积极效应，并进一步揭示治理效率提升对企业价值及全要素生产率的传导效应，显著补充了混改及分层分类改革经济后果的理论版图。

1.2.2 现实意义

（1）助力国企改革向纵深攻坚。

增强活力、构建社会主义市场经济体制是国企改革的核心目标。既往“一刀切”或“先试点后推广”的粗放模式，因未能触及分类分层改革的内核，导致国有资本运行效率提升有限，改革成效被浓厚的行政色彩和笼统的增长方式所稀释。本书强调精准识别并差异化监管竞争类与公益类国企，是盘活国企经营潜力、激发创新动力的关键。分层分类实施混改能有效调动不同类型国企参与改革的积极性，切实提升国有资本配置效率与内部治理效能。

（2）提升国资监管效能的科学化水平

"以管资本为主"的授权经营体制转型是新一轮国资改革主轴。本研究为监管实践提供支撑：在清晰界定国企分类归属后，国资监管机构可据此制定差异化考核规则与监管模式，精准施策；同时，优化对国有资本投资、运营公司的管控机制。唯有依托分类分层导向，才能有效贯通产业与技术体系各环节，实现国有资本配置的动态优化与迭代升级。

（3）为国企提升治理效率开辟新路径

本研究通过理论与实证双重验证，确证了非国有股东参与对提升国企治理效率的核心作用。更重要的是，基于分层分类框架，揭示了非国有股东参与在不同行政层级、功能属性及组织层级国企中作用效果的差异性规律，并明晰了治理效率提升对全要素生产率与企业价值的传导路径。这有助于社会各界对混改效应形成全面、科学认知。

（4）为国资监管政策制定提供实证依据

研究成果可为国资监管部门构建完善的混改规制体系、优化非国有股东参与治理机制提供直接的经验证据与决策参考，助力实现"做强做优做大"国有资本的目标。同时，有利于强化各级政府对混改战略价值的认同，驱动其将引入非国有股东深度治理纳入企业核心发展战略，尤其在市场竞争加剧的情境下，将混改与非国有股东参与视为提升国企价值与竞争力的重要突破口。

1.3　文献述评

1.3.1　关于国企混合所有制改革的研究

当前学术界对混改的研究已形成系统化理论框架，梳理现有关于混改研究的演进轨迹，主要聚焦于制度演进、改革动机、路径设计与实施效果等维度，共同构成"动因—机制—效能"的完整研究链条。

（1）混改的制度演进

学术界关于国有企业改革的研究已形成较为系统的理论体系。从历史演进维度看，黄速建（2014）提出的三阶段理论具有代表性：经营权层面的放权让利阶段（1978—1984年）、控制权层面的两权分离与经营机制转换阶段（1984—1992年）以及产权层面的现代企业制度建设与战略改组阶段（1992年后）。也有研究基于制度经济学视角，将这一改革历程系统划分为“形式混合”（1978—1992年）、“资本混合”（1992—2003年）、“产权混合”（2003—2013年）和“机制混合”（2013年至今）四个制度演进阶段（黄群慧和余菁，2018），每个阶段都体现了特定历史条件下生产关系适应生产力发展的制度调适。混合所有制改革作为中国经济转型的核心制度创新，其演进轨迹深刻反映了社会主义市场经济体制的建构逻辑。

在1978—1992年的制度探索期，国有企业在维持计划经济时期形成的产业组织优势的同时（胡鞍钢，2012），通过放权让利试点突破传统体制的行政束缚（Yusuf等，2006），这种“形式混合”本质上是通过经营自主权的有限让渡来激活企业活力（周娜、鲍晓娟，2017），为后续改革奠定了制度实验基础。

在1992—2003年的市场化突破阶段，社会主义市场经济体制目标的确立催生了现代企业制度建设（剧锦文，2018），在“抓大放小”的战略布局下，国有企业真正成为自主经营、自负盈亏的经济主体（郝颖，2022），不同所有制经济主体的市场地位获得制度性确认，民营企业对国民经济增长的贡献也愈发突出（黄速建、胡叶琳，2019），标志着混合所有制从政策概念向制度实践的实质性转变，混合所有制改革进入发展时期。

到了2003—2013年的规范发展期，改制国企数量突破，但监管机制的变革未能跟上步伐（Garnaut等，2006），混合所有制改革的步伐逐渐放缓。国资委的成立标志着改革重心转向产权制度重构与监管体系创新（何瑛、杨琳，2021），通过制度供给的提质增效来防范改革风险，混合所有制改革经调整完善后也不再简单停留在“资本混合”层面。

2013年后的深化阶段呈现出制度创新的新特征。党的十八大以来，新一轮混合所有制改革正式开启，改革更加强调务实和实效，“1+N”政策体系推动混改从股权结构变革向治理机制创新跃迁，国有企业按照分类分层的不同，实施不同的混合所有制改革方案，完善公司治理机制

（Huang，2018），控制权配置与分类改革构成制度创新的核心维度（李红娟，2021）。

以上历史性演进表明，混合所有制改革始终遵循“生产力—生产关系”的辩证统一的演进规律（石明明、张小军，2023），其制度变迁既呈现出明显的路径依赖特征，又通过渐进式改革实现制度效能的持续提升。罗仲伟（2009）的研究进一步揭示，这种渐进式改革路径本质上是中国特殊制度环境下的策略选择。戴锦（2013）则从制度经济学视角指出，三十余年改革始终围绕两条主线展开：通过产权制度改革和市场体系建设提升微观效率，以及通过国有经济战略调整强化宏观调控功能。混合所有制改革的制度演进轨迹表明：混改通过边际调整实现了帕累托改进，其成功关键在保持制度稳定性的同时，通过产权结构的弹性设计实现了激励相容，为转型经济体提供了独特的制度解决方案。

（2）混改动因的双重逻辑

混改实践蕴含经济理性与政治考量的双重驱动力。经济动机主要表现为治理结构优化、经营绩效与创新能力提升。企业所有制结构的不同决定了其拥有能力和资源不同，进而对其运营绩效产生影响（Aghion等，2013）。国有企业在生产经营过程中，受限于企业性质，其竞争力和创新性不足，经营绩效较差（Wei等，2017）。黄速建（2014）从制度经济学视角论证，混改通过产权多元化打破国有资本垄断，为改善公司治理提供制度基础。娜日苏（2016）发现混改能够激活三重经济效应：实现国有资本保值增值的国有资本杠杆效应、实现技术与管理协同的民企资源互补效应以及实现员工积极性提升的激励效应。企业经营绩效受股权结构的影响（Georges、Lin，2021），因而混改需要“混在股权、融在治理”（沈昊和杨梅英，2019）。多元化股权结构在公司治理中有不同诉求，非国有资本的加入有利于两权分离、优化公司治理机制（刘运国等，2016），帮助企业走出“内部人控制”等困境（惠献波，2023），显著提高国有企业盈利能力，对提升国有企业经营绩效有正向作用（杨萱，2019；周观平和周皓，2021）。在制度创新方面，研究呈现出从宏观效应向微观机制深化的趋势。李文贵（2015）揭示了股权结构与创新能力的传导机制。郝云宏等（2015）基于控制权争夺案例的研究尤为深刻，其提出的适度冲突增效论，为理解混改中的股东博弈提供了新视角。这些研究共同构成混改制度创新的理论图谱，为深化改革提供了多层次的理论支撑。

政治动机的核心在于构建新型政商关系，促进国有经济高质量发展，同时承担社会责任、维持社会稳定。国有企业“政企不分”现象严重，公司治理机制还有待完善和优化，形成有效制衡的公司治理机制是国企改革的急切诉求（彭会然、汪鹏等，2023）。Boycko等（1996）的经典研究证实行政干预是国企效率损耗的主因，这与Qian（2010）提出的通过政企分离实现所有权转型的理论形成跨时空呼应。徐慧中（2017）指出混改通过管理权与所有权的双重分离机制实现政府职能转型，李政（2018）则将其定位为服务经济高质量发展的制度工具，而季晓南（2019）则强调了混改在市场结构层面对竞争生态的再造功能。郑志刚（2020）的研究发现，混改可通过股权竞争机制构建股东间制衡关系，有效解决所有者缺位难题。何瑛（2021）的实证研究进一步揭示，“国民共进”的战略目标与混改实践存在显著协同效应，通过引入战略投资者，释放国有资本功能，恢复国有企业经营活力，促进国民经济增长（任力、李冰，2022）。国有企业不仅要完成经济指标增长的任务，还要承担非经济责任（Bai，2000；李玉平等，2009）。混改实现制度融合，对国企履行社会责任有促进作用（李井林，2021），有利于维持社会稳定（简冠群、高颖，2023）。民营资本天生的市场化特征有利于国有企业与市场经济相结合，提升国有企业效率（毛宁等，2023）。因而，混改从根本上也是发展社会主义市场经济的要求（綦好东等，2021；罗进辉和李佳霖，2022）。

（3）混改路径的演进

混改并不是一蹴而就的，混改路径呈现明显的阶段性演进特征。初始阶段以产权转让为主导模式。安东尼等（1989）论证国有股权让渡能够触发控制权转移效应，提升企业市场价值。盖伊等（2015）提出了增资扩股的技术路径，包括新股发行与原股东增资两种机制，发展阶段创新性引入员工持股机制。张孝梅（2016）构建“劳动—资本捆绑”理论模型，阐明员工持股通过抑制代理成本提升资源配置效率。深化阶段的金融工具创新驱动路径呈现多元化。吴越（2015）提出特殊股权架构设计（金股制/加权股），在保障国资主导权同时激活民资活力。綦好东等（2017）倡导通过国有资本投资公司及混改基金实现资本融合，关树江（2017）则针对功能类国企提出“特殊管理股”的适应性改造方案。赵玉红（2017）的系统研究归纳出五大实践模式——整体上市、改制重组、产权改革、战投引进、员工持股；而胡谷华等（2016）构建的差异化范式更体现分类改革思维。章超（2022）的最新实证则揭示产权转让、增资扩股、出资新设已成为当前三大主流路径。

（4）混改的影响因素

混合所有制改革的实施效能受制度环境与企业禀赋的双重塑造，其影响因素可整合为外部制度场域与内部治理结构两大维度。

从制度环境约束看，顾功耘（2014）的法制研究证实，产权保护制度的完备性构成混改的制度基石。蔡贵龙等人（2018）发现，政府强烈的放权意愿能够促进混改进程。韩晓洁（2017）认为，国有企业的行业垄断壁垒，使非国有资本的进入门槛增加。张春晓（2018）提出，在不完善的股权交易市场中，股权交易价格过低会导致国有资产的流失；而交易价格过高，会影响到战略投资者的积极性，从而影响到混改的进程。从治理结构张力看，郑志刚（2019）认为，金字塔式控股结构链条与较长的委托代理链条会影响混改成果。胡亚飞与苏勇（2019）认为，企业文化的融合能够帮助国有企业并购重组其他企业后形成新的竞争力，加强民营企业与国有企业的战略互补。徐茜（2020）表示，混改中员工持股比例过高会造成国有资产的流失，比例过低会造成员工激励不够。这些发现共同印证张春晓（2014）的核心论断：混合所有制改革成败的关键在于股权结构优化驱动的治理机制变革。“混”不是目的，“改”才是最终目标。

（5）混改效能的多维检验

既有研究对混合所有制改革效果的探讨已形成多维度认知体系，主要从经济效能与社会价值等方面展开深入剖析。

第一，经济效能层面。

现有研究主要从公司治理、企业绩效和创新能力等维度展开探讨，揭示了混改带来积极影响的普遍规律，但研究结论仍存在显著分歧。这些争议性发现表明，混改绩效的评价需要建立更加系统的分析框架，既要考虑股权结构量的变化，也要关注治理机制质的飞跃。

从公司治理视角看，D' Souza和Megginson（1999）的跨国研究表明，产权多元化显著改善了企业经营效率。这一发现在Backx（2002）的航空业研究中得到进一步验证：混合所有制企业的运营效能明显优于单一产权结构企业。中国情境下的研究则呈现出更丰富的理论创新：刘汉民等（2018）通过央企样本确定了国有股比重与董事会结构的最优配置区间。混改通过引入战略投资者实现了治理结构的优化（祁怀锦、刘艳霞，2018），特别是通过重构董事会权力配置（彭会然和汪鹏，2023），缓解了传统国有企业的委托代理问题。混改能够有效提高国企的投资效率，公司治理水平在二者之间发挥了部分中介传导作用（任广乾，2023）然而，何瑛和杨琳（2021）的研究指出，混改企业的治理机制仍存在行政化倾向和制度缺陷，张杰（2022）进一步揭示了集团化国企在治理转型中面临的科层制困境。

在企业绩效方面，马连福等（2015）揭示了非国有资本占比与企业绩效的非线性关系，郝阳和龚六堂（2017）提出：混合所有的股权结构提高了公司绩效，但国有资本之间的股权多元化对公司绩效没有正面影响。周观平等（2021）基于定义矫正和PSM、DID、IV法的再透视，检验了混合所有制改革对国有企业绩效的提升。曹丽梅等（2022）的研究发现：国企混改与国有资产保值增值呈显著正相关。Guo（2008）和吴怀军（2016）的研究证实了非国有资本注入对资源配置效率的改善作用，权锡鉴（2018）则强调了市场竞争机制的激活效应。但林峰和付强（2018）提出了“资源套利”假说，认为部分混改并未带来实质性的效率提升。孙姝等（2019）认为：在委派高层成员方面，非国有股东能够显著抑制国有企业的非效率投资行为，但在股权持有比例方面，非国有股东与国有企业非效率投资的关系并不显著，这与张完定等（2025）的研究结论具有部分一致性：非国有股东委派董事参与高层治理可以有效改善国有企业的非效率投资。张大勇和罗琳（2025）认为：控股股东持股比例越高，公司投资效率越低。当高管团队风险偏好特征倾向于风险寻求型时，二者之间的负向关系更为显著。张宇扬和董丽萍（2024）提出，非国有股东参股通过引入外部媒体监督和降低内部代理成本，提升国有企业内部控制质量。朱炜等（2024）的研究表明：国企混改能推动制造企业价值链升级。陆瑶等（2025）发现：首次国企混改后，竞争性行业在该地区同行业内的新注册企业数显著增加，企业注销数减少，从而验证了国企混改的经济扩散效应。胡玥和马新啸（2025）提出：非国有股东治理通过缓解预算软约束、改善实体经营能力、优化高管长期激励机制，能够降低国有企业的影子银行化程度。

关于混改对创新影响的讨论更为深入，既有研究从股权多元化（朱磊等，2019）、风险偏好转变（Boubakri等，2020）、高层治理传导机制（熊爱华等，2021；徐丹丹等，2023）、竞争战略和风险承担（胡历芳等，2024）、创新意愿（张慧莲、沈沁源，2024）、环境规制（张玲等，2025）等多种路径，对混改带来的创新效应进行了理论阐释，并探讨了混合所有制改革对国有企业绿色创新的溢出效应（袁歌骋、李娟娟，2023）。总体来看，国有企业混合所有制改革后的创新效率要高于外资企业、民营企业和港澳台企业（王业雯和陈林，2017）。杨运杰等（2020）提出：混合所有制改革主要通过获得政府补贴和降低管理成本两个途径促进企业创新，国有参股相较国有控股和国有民营化等混改形式更有利于促进创新。孙鲲鹏（2021）构建的动态博弈模型首次系统论证了不同性质股东的差异化贡献机制，张杰（2022）的研究则提醒我们关注制度惯性对创新激励的制约作用。关于混合所有制改革深度对创新的影响，谷方杰（2024）认为混改的深度对国有企业的创新投入有显著的负向影响，其制衡度对国有企业的创新投入也存在显著的负向影响。谢众等（2025）采用多时点DID检验，发现深度混改能够提升高技术行业国企创新投入水平。

第二，社会价值层面。

学者们突破了传统经济绩效的单一评价标准。Bennett和Maw（2003）构建的福利经济学模型证明，混合所有制在特定条件下能实现社会福利最大化，引导国有企业去僵尸化（马新啸，2021）、降低企业债务风险（田光宁、杨璐，2023）、促进国有企业高质量发展（吴崇，2023；王彩萍等，

2023)。白重恩等(2006)的实证研究则开创性地揭示了不同控股结构在社会效益与经济效益上的差异化表现,这一发现为分类改革提供了重要理论基础。欧瑞秋等(2014)提出的"部分民营化最优解"理论,更是从制度均衡角度完善了混改的社会价值评估框架。

在混改对民营企业的影响方面,赵梦洁等(2024)研究发现,国有资本参股能够通过资源固链、关系补链和技术强链等方式,增强民营企业的资源储备、拓展民营企业的关系网络、提高民营企业的数字技术水平,从而全面提升其供应链韧性。于瑶和祁怀锦(2024)认为,国有股东参股主要是优化了无国企历史背景、企业历史较短的民营企业高层次人才配置,并促进了欠发达地区以及非资本性资源依赖型民营企业高层次人才的引进。杜勇孙帆(2025)认为,共同混合所有权通过强化国企对民营企业的研发溢出和依托国企缓解民营企业融资约束,可以优化民营企业人力资本结构。吴秋生和刘垣钰(2025)认为,国有资本参股通过强化价值认同效应和发挥监督治理效应,能够在保证薪酬契约有效性的基础上缩小民营企业的内部薪酬差距,进而助力共同富裕。李明珊等(2025)构建混合寡占模型,实证检验混改显著提升非国有企业经济活力,对国企经济活力的影响呈现非线性效应。李井林(2025)等认为不同所有制企业混合所有制改革的ESG表现呈现分化效应。张楚葳等(2025)构建包含企业混改行为的纵向一体化模型,发现上游国企混改显著提升了下游民企ESG各项及总体表现。毛毅翀等(2025)提出,非国有企业在关键核心技术创新产出方面具有明显优势,而国有企业对关键核心技术创新的偏好程度更为强烈,而混合所有制企业则兼具了国有企业和非国有企业的优势。

1.3.2 关于国企分层分类改革的研究

(1)分层分类改革的理论研究

分层分类改革作为国企混改的一个阶段和核心环节,呈现出明显的阶段性特征,其演进过程深刻反映了我国经济体制改革的内在逻辑。以2015年《关于深化国有企业改革的指导意见》为分水岭,相关研究实现了从必要性论证到操作路径设计的重大转变,形成了基于分类与分层精准施策的递进式改革思路。

早期研究主要聚焦于分类标准的构建，其分类标准可以说是既一脉相承又有所发展的。董辅礽（1995）开创性地提出竞争性与非竞争性的二分法，为后续研究奠定了基础框架。随着国有企业分层分类改革的深入，分类维度的理论阐述不断丰富，如李玲（2012）引入政策功能维度形成三类划分，黄慧群（2013）首创“功能—监管—治理”匹配理论，杨瑞龙（2014）则从经营领域和产品性质双重角度构建四维改革模式，胡敏（2014）提出的“分类监管—资本管理—混改治理”三位一体模型获得广泛认同，杨卫东（2014）在此基础上补充了垄断行业特殊治理机制这一重要维度。黄淑和（2014）表示，在混改的实施进程中，要有针对性地进行分类，针对不同类别实施不同的改革措施，即“一企一策”，绝对不能搞“一刀切”这种简单的形式主义，周娜等（2016）则发展为更精细的三维分类体系。这些研究共同推动分类标准从简单二分向多维谱系转变，为精准改革提供了理论支撑，推动分类改革的理论研究趋于深化。

随着分层分类改革研究的深入，学者们逐步发展出多层次改革理论。黄速建（2018）提出，国企混改要有微观分类的概念，即在国企内部进行产业分类，加快央企的“主辅分离”。程凤朝（2018）认为，国企混改在层级上应从央企及子公司、集团、地方国企三个层面递进式分层推进，在行业上应依据所处行业和领域竞争性的不同分类推进。张晖明（2019）提出的三重分层框架，首次系统整合了治理权力、产业环节和财政账户三个维度。王东京（2019）的四功能分类模型，则凸显了国企特殊职能与改革路径的匹配关系。这种从平面分类向立体分层的演进，标志着改革理论从宏观指导向微观操作的重要转型。值得关注的是，黄速建（2019）将竞争中性原则内化为分类标准，提出的七级分类体系，代表了当时最精细化的理论探索。

国企混改作为深化经济体制改革的核心议题，其分层分类推进策略已成为学术界与实践领域共同关注的焦点，因而分层分类推进国企混改的研究在理论构建与实践探索方面取得了显著进展。学者们通过系统梳理国有企业功能定位（Wang & Zhang，2021）、产权结构特征（Li，2022）和行业差异性（Chen et al.，2023），构建了基于分层分类改革的混合所有制改革框架。在理论层面，研究深化了对不同层级国有企业（如商业类与公益类）差异化改革路径的认识，提出了“分类施策、分层推进”的核心原则（Zhou，2020）。张敏（2020）以新加坡淡马锡模式中的政府行为作为借鉴，结合中国国情，指出在当时市场经济和全球化的背景下，商业类国企推进混合所有制改革是顺应潮流的必然举措。分层分类研究随着国企混改的推进而趋于细致，有学者探讨了不同层级国有企业引入非国有资本的动力机制与风险边界，如垄断性行业强调国有资本控股以保障战略安全（刘伟，2018），而竞争性领域则倾向于通过股权多元化提升经营效率（张维迎，2020）。毛新述（2020）基于资源互补观和效率观的逻辑和理论基础，提出未来国企混改应当分层分类推进，具体包括市场竞争和非市场竞争两大类，以及集团公司和集团公司控制的其他企业两大层。也有学者通过产权经济学与公司治理理论，论证了分层改革（如中央与地方国企差异化改革）和分类改革（竞争性、垄断性行业区别施策）的必要性（Zhang & Wang，2020）。赵昌文（2016）特别强调，分类改革必须与国资管理体制改革形成制度协同。綦好东等（2021）指出新时代国企制度建设应以混改为切入点，并坚持从实际出发，因地因业因企施策，而倪宣明等（2022）的层级比较研究则为分层改革提供了实证依据。楼利平（2022）指出，国有企业集团实施混改，必须在对集团下属子公司进行管理时遵循分层分类的原则，对公益性行业“管人管事管资产”，对战略性行业“管人管资产”，对普通竞争行业“管资产”，将分层分类思想推向了个性化实施的新高度。这些研究不仅完善了改革理论体系，更为一系列政策文件提供了学术支撑。

（2）分层分类改革的实践和实证研究

实践中的分类改革呈现出“一企一策”的差异化特征，如电力行业侧重引入战略投资者（王勇，2019），而商业类国企则更关注员工持股计划的激励效应（李稻葵，2021）。案例分析法成为实践研究的主流方法，研究者通过对不同层级国企（如中央企业与地方国企）及细分行业（能源、交通、金融等）的对比，揭示了改革路径的异质性（刘纪鹏，2019）。在能源领域，改革重点在于打破行政垄断，如国家管网集团的成立实现了油气管道运输环节的市场化（张伟，2024）；在互联网行业，则更注重通过混合所有制完善公司治理，如中国联通的混改引入百度、阿里等互联网企业战略投资者；而地方国企改革往往与区域经济发展战略相结合，如东北老工业基地的国企改革侧重解决历史包袱问题（周建平，2019）。刘园园和蔡贵龙（2024）提出：国有集团会根据成员企业业务板块在集团产业布局的功能定位分类推进混改，但国有集团分类混合所有制改革仍处于“混股权”阶段，在高层治理结构的改革力度有限。

我国混合所有制改革在新时代的十年，经历了分类落实、有序推进、稳妥深化和巩固拓展的发展历程，并在政策制定、混改范围、改革成果等各个方面取得了重要经验（石颖等，2025）。就改革成效而言，实践领域的研究多采用DEA模型或双重差分法（DID），聚焦于股权结构优化（Wu，2021）、治理机制创新（Huang，2022）以及改革绩效评估（Zhao，2023）等关键环节，形成了一系列具有操作性的改革模式。这些成果为深化国有企业改革提供了重要的理论支撑和实践参考。周叔莲（2009）和金碚（2010）的研究共同证实，改革在建立现代企业制度、优化国有经济布局等方面取得突破性进展。实证研究显示非国有资本引入产生的“鲶鱼效应”显著改善企业绩效（武常岐和张林，2014）。许召元和张文魁（2015）的宏观经济分析表明，改革通过提升资本配置效率产生显著增长效应。实证研究显示，分层分类策略能有效缓解“一刀切”改革导致的效率损失，例如竞争性领域的混改显著提升了企业全要素生产率（Li et al.，2019），部分案例验证了“战略投资者引入+员工持股”的混合模式对治理结构优化的积极作用（Chen，2021）。徐伟等（2020）的研究表明：深度混合所有制改革，有利于一般商业类国有企业探索式创新，而弱化其利用式创新，对特定功能类国有企业探索式创新呈显著正向影响。黄琼宇等（2021）的研究表明：非国有股东治理对国有企业会计信息可比性的提升作用，只存在于地方国企和市场竞争类国企。陈瑶和余渡（2024）的检验表明，集团层面混改主要通过减轻国有上市公司政策性负担、强化国有上市公司治理水平促进创新，但并未通过改善国有上市公司薪酬制度促进创新。袁晓玲等（2025）提出：分类改革政策通过减轻政策性负担、降低委托代理成本、提升混合所有制程度方式等提升了商业类国有企业的经营绩效。

1.3.3 文献评论

作为中国经济转型的重要制度创新，混合所有制改革在海外学术研究中尚未形成与其实际重要性相匹配的理论关注度，现有国际文献主要停留在改革效果的实证检验层面。相较之下，国内学术界已构建起相对完善的多维度认知框架，其研究范畴不仅涵盖改革动因与路径选择，还延伸至多维度的效果评估机制。在国企分层分类改革研究领域，学者们或致力于理论层面的逻辑框架构建，或聚焦于分层分类推进路径以及不同类型国企混改效果的实证分析，但仍存在若干亟待突破的研究瓶颈。

首要问题在于系统性研究思维的缺失。现有关于混改及分层分类改革的研究呈现明显的碎片化特征，未能运用系统思维审视这一复杂的制度变迁过程，特别是对分层分类改革的协同效应和动态演化机制缺乏深入探讨。作为一项涉及产权结构、治理机制和运营模式全面革新的系统工程，混改实践面临着类别与层级交叉形成的多维复杂性，亟须建立基于价值创造最大化的决策框架，系统解决“是否改”以及“如何改”等核心问题，并创新实践策略体系。

其次，研究对象的选取存在偏颇。在分层分类改革背景下，实证研究多集中于发达地区或特定行业样本，现有研究普遍忽视了国企集团层面这一关键治理主体，对中西部地区和特殊功能类国企的案例研究相对薄弱，导致研究结论的可靠性与适用性存在偏差。更值得关注的是，多数实证研究局限于特定行业或企业案例，缺乏跨行业、多层次的系统性比较分析，其结论难以对整体改革实践形成有效指导。

最后，理论与实证解释深度有待加强。现有关于混改经济后果的研究主要集中于企业绩效、治理结构以及创新等指标，对非国有股东参与如何通过治理机制重塑，提升国企治理效率的内在机理揭示不足。尤其缺乏基于行政层级和功能定位的分类研究，难以辨识不同类别国企在引入非国有资本后的差异化治理效应，这种理论盲区严重制约了对混改潜在效益的深入探究。

1.4 研究内容及方法

1.4.1 研究内容

本书共分为8章，各章节内容安排如下：

第1章是绪论。在阐明研究背景与学术价值的基础上，系统性地构建了研究框架，包括研究内容体系、方法论选择、技术路线设计以及创新点提炼。文献综述环节采用主题分析法，首先全面梳理了国内外关于国企混合所有制改革的制度演进、混改动因、混改路径、影响因素及实施效果的研究脉络，继而聚焦分层分类推进混改这一细分领域，最终对现有研究成果进行系统性评述。

第2章是国企混改的理论与实践分析。首先对混改的核心概念进行学术界定，随后阐释支撑研究的理论基础，归纳总结当前混改存在的引入投资者、资产证券化、员工持股、反向混改等主要实施模式，以此作为基础构建不同层级和类别企业差异化混改路径的选择策略。

第3章是国企分层分类改革的理论与实践分析。在明确分层分类改革概念内涵的基础上，通过理论溯源论证改革必要性，结合国际经验比较分析典型国家国企改革模式，以上海市为例深入考察分层分类改革实践并开展绩效评估。

第4章是分层分类视角下国企混改路径的选择。基于分层分类视角构建分析框架，针对国有企业在功能定位、隶属关系和层级结构三个维度的差异性特征，系统探讨与之相适应的混改路径选择机制。

第5章是基于DEA的混改国企效率评价。在阐明模型适用性和指标选取依据后，从整体效率、要素配置效率和路径差异三个层面评估混改成效，并通过功能类别、管理层级和隶属关系三个维度的异质性分析，结合典型案例进行深入验证。

第6章是国企股东资源异质性与治理效率提升研究。实证分析部分构建多元回归模型，采用多层次研究方法，遵循按照功能特征、行政级别和管理层级进行国企分类的逻辑，检验非国有股东参与对不同类型国企治理效率的差异化影响，进一步延伸了协同治理下混改国企治理效率对企业价值和全要素生产率的传导机制。

第7章为分层分类背景下深化国企混改的实践路径。从实践维度提出深化混改的系统方案，强调在分层分类框架下系统、持续地推进混改，统筹推进混改与其他配套改革，通过投资主体多元化和股权结构优化实现改革目标。

第8章为研究结论与展望。混改作为中国特色社会主义市场经济体制的重要制度创新，兼具理论前瞻性与实践突破性。分层分类改革框架既体现了制度设计的理论自洽性，又彰显了改革路径的实践适应性，其推进过程呈现出多维度、多层次的系统复杂性特征。当前研究的核心命题在于如何通过治理机制创新实现“混”与“合”的辩证统一，即以产权混合为基础，以机制变革为关键，构建混改协同效应的理论范式和实践路径。

1.4.2 研究方法

本研究采用多元化的研究方法体系，具体包括：

（1）文献归纳法

通过系统收集与整理国内外关于国企混改动因、路径选择、实践过程、改革成效以及分层分类原则等方面的文献资料，深入剖析现有研究的发展脉络与内在逻辑关联，在总结已有研究成果与不足的基础上，确立本研究的理论框架与分析路径。

（2）规范研究法

基于规范研究方法论，首先对研究背景与理论价值进行系统阐述，随后对混改、分层分类改革等核心概念进行学术界定，并运用制度变迁理论、分权控制理论和委托代理理论等基础理论，深入分析国企分类分层改革对深化混改改革的理论影响机制。

（3）比较分析法

采用多维比较分析框架，从行业特征、企业生命周期、地域分布和混改路径四个维度考察公司治理效率、投资效率的差异性表现，同时基于分层分类视角，通过隶属层级、功能特征和管理层次三个层面的异质性分析，探究不同类型国企提升治理效率和投资效率的差异化路径选择策略。

（4）案例研究法

选取具有代表性的混改案例企业，通过系统收集其基础信息和混改全过程数据，采用对比分析方法更好地突出重点，提炼成功经验的内在共性规律，总结背后的共性并加以推广，为同类型国企推进混改提供可借鉴的实践参考。

（5）实证研究法

综合运用事件研究法，科学评估市场对混改事件的反应特征，分析改革举措在市场中的反应效果；运用DEA–BCC模型，对混改国企的治理效率和投资效率进行研究评价；构建线性回归模型，通过描述性统计、相关性分析和多元回归分析等定量研究方法，检验非国有股东参与对治理效率的影响效应及其对企业价值和全要素生产率的传导效应，并通过工具变量法解决潜在的内生性问题，确保研究结论的稳健性。

1.5 技术路线与研究创新

1.5.1 技术路线

本研究立足于新时代国有企业改革的制度创新需求，以分层分类背景下的国企混改为研究主题，按照“理论分析框架—案例分析总结—实证结果检验”的行文脉络，构建了分层分类视角下国企混改的三维分析框架。通过理论演绎与实证检验相结合的方法，系统考察了不同功能特征、行政隶属层级和管理层级视角下，国有企业在混改过程中的差异化路径选择及其绩效表现。具体的技术路线如图1–1所示。

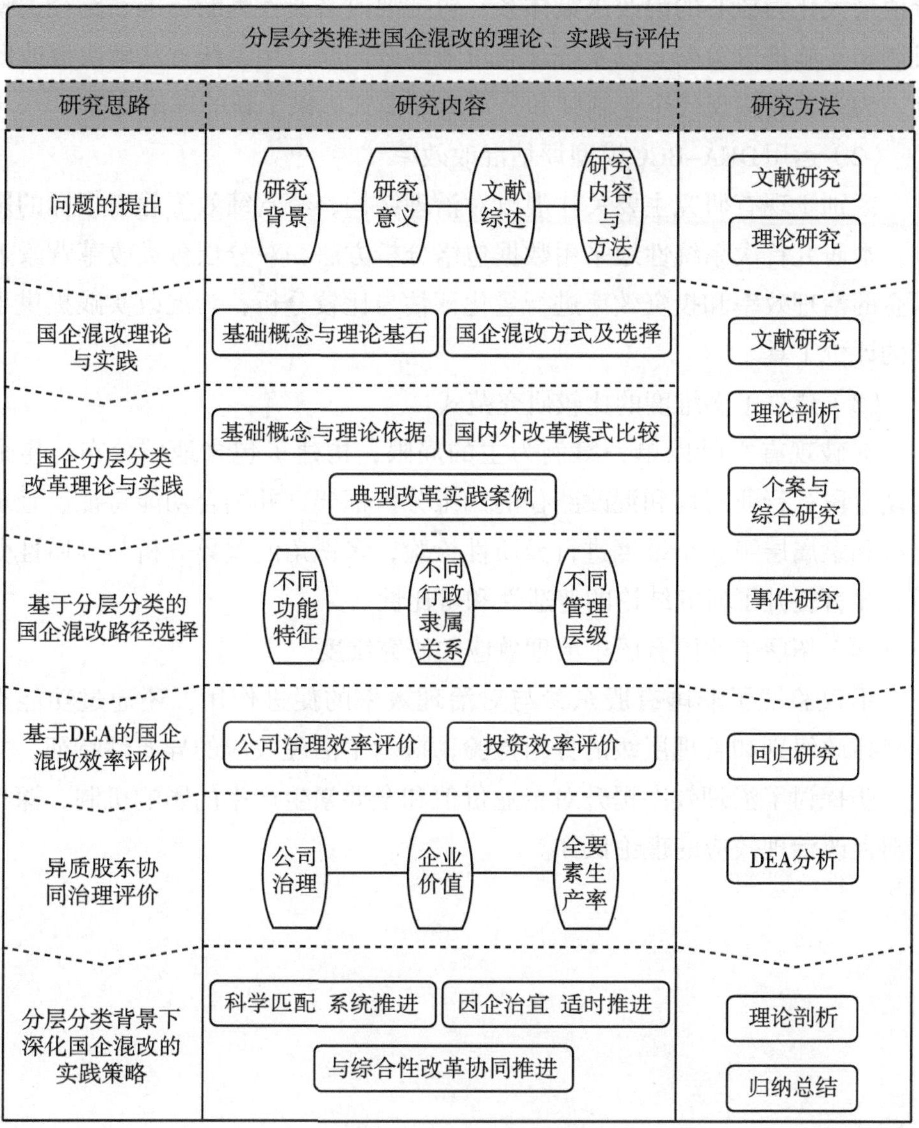

图1–1 本书的技术路线

1.5.2 研究创新

（1）构建了系统化的混改决策框架

基于国企功能定位、管理层级和行政隶属关系的差异化特征，提出以价值最大化为核心的混改决策体系，包括混改必要性判断标准、路径选择机制和实施推进策略。以系统观念思考混改问题，用系统方法解决混改问题，为完善我国现代企业制度和公司治理模式提供了新的理论支撑。

（2）运用DEA-BCC模型评估混改效率

区别于现有研究主要关注混改对治理结构、经营绩效等静态指标的影响，本研究首次系统性地采用数据包络分析方法，对分层分类改革背景下国企的治理效率和投资效率进行量化评估与比较分析，为混改实践提供了新的评价工具。

（3）建立了多维度的比较研究范式

突破现有文献以单一案例为主的局限，构建了包含地域分布、生命周期阶段、行业属性和混改路径的四维分析框架，并结合功能特征、管理层次和隶属层级三个维度进行异质性检验，多视角的差异分析与异质性分析，显著提升了研究结论的普适性和可比性。

（4）拓展了非国有股东治理效应的研究维度

不仅验证了非国有股东参与对治理效率的促进作用，还通过功能类别、行政级别和管理层级的分组检验，揭示了治理效应的异质性特征，并进一步探讨了治理效率提升对企业价值和全要素生产率的影响机制，深化了对混改治理效应的理论认知。

第2章

国企混改理论和实践

2.1 基础概念的界定

2.1.1 混合所有制经济

混合所有制经济作为中国特色社会主义市场经济的重要制度创新，其概念内涵可从宏观与微观两个相互关联的维度进行解构。在宏观层面，表现为国民经济体系中公有制经济与非公有制经济的结构性共存，这种多元所有制形式的有机整合构成了社会主义基本经济制度的本质特征（张卓元，2015）。微观维度则聚焦于企业产权结构层面，特指国有资本、集体资本与非公有资本在单一企业法人框架下的产权融合，这种融合不是简单的资本叠加，而是通过交叉持股、相互制衡形成的新型产权组织形式（厉以宁，2016）。党的十八届三中全会将这种资本融合形态确立为基本经济制度的重要实现形式，标志着混合所有制从实践探索上升为国家战略。值得注意的是，季晓南（2014）特别强调，当前改革语境下的混合所有制特指公有资本与非公有资本的制度性融合，排除了同质资本间的组合，这一定义边界对理解混改的政策导向具有关键意义。

2.1.2 混合所有制改革

混合所有制改革作为深化国企改革的核心机制，其本质是通过产权制度改革推动国有企业治理体系和经营机制的现代化转型。与传统的股份制改造不同，新一轮混改呈现出三个显著特征：一是改革深度从表层股权混合向深层治理机制变革延伸，表现为战略投资者引入与员工持股计划的协同推进；二是改革广度从单一产权调整向国资管理体制、企业激励机制等系统性改革拓展；三是改革效能从资本规模扩张向资本质量提升转变，强调国有资本功能放大与价值创造的有机统一（高明华，2018）。这种改革不仅实现了公有制经济与市场经济的制度耦合，更通过“鲶鱼效应”激活了国有企业的市场竞争力，同时为非公资本提供了参与国家战略性产业的新通道。从历史维度看，混改既是对过去四十年国企改革经验的继承发展，更是对公有制实现形式的重大理论突破，其制度创新价值在于构建了多元资本共生共赢的新型生产关系（周其仁，2017）。

2.2 理论基石

2.2.1 制度变迁理论

制度变迁理论由诺斯（North）系统建构，其核心在于解释制度演化规律。该理论基于两大前提：人类行为的有限理性特征与追求利益最大化的动机，以及信息处理的主观性导致的交易不确定性。制度作为降低交易成本、提升经济效能的规则体系，通过约束与激励的双重机制协调市场主体行为。制度变迁的驱动力主要来自相对价格变动引致的潜在收益变化，以及意识形态调整带来的认知重构。在此过程中，政府作为制度供给主体，通过产权制度重构直接优化资源配置效率，同时借助意识形态调适形成长期制度支持。

我国国企改革本质上是政府主导的制度变迁过程：改革开放以来非公经济的崛起与政府财政能力的增强共同推动了自上而下的制度创新，尤其在2008年金融危机后，这种政府主导特征愈发显著。该理论启示监管机构应充分发挥制度供给职能，降低混改中的制度性交易成本，促进多元资本融合的制度均衡。

2.2.2 分权控制理论

分权控制理论为混改中的权力制衡机制提供了关键理论支撑，为国企混改提供了重要的治理逻辑。该理论的核心命题在于：多元股东的利益异质性可天然形成控制权制衡（郑志刚，2019），这种制衡通过三重机制优化公司治理：冲突转化机制通过新投资者的引入将剩余权利冲突转化为共同利益创造（Mueller 和 Warneryd，1999）；决策优化机制通过股东博弈产生的“折衷效应”可抑制控股股东的机会主义行为（Gomes 等，2001）；纠错防偏机制通过各国控制权分散有效防范“一股独大”导致的治理失灵。

在分层分类改革背景下，该理论为不同层级企业引入战略投资者的差异化选择提供了依据：对公益类企业侧重制衡功能，对竞争类企业强化决策优化，形成与分类定位相匹配的控制权配置模式。在国企改革实践中，资本社会化趋势使混改成为实现股权多元化的关键路径。国资委作为控股股东的控制格局，可通过引入战略投资者转变为分权制衡结构。该理论为不同类别国企选择战略投资者类型提供了分析框架，使混改路径设计更具针对性。

2.2.3　委托代理理论

委托代理理论源于伯利和米恩斯（Berle 和 Means）的所有权与控制权分离理论，后经罗斯（Ross）发展为系统的契约关系分析框架。该理论揭示：委托人与代理人的目标函数差异和信息不对称状态，导致代理人可能实施损害委托人利益的道德风险行为。在治理实践中存在三类典型代理问题：其一，股东与经营者之间的目标偏离易诱发经营者自利决策；其二，控股股东凭借控制权优势可能侵害中小股东权益；其三，股东为追求高回报可能采取损害债权人利益的高风险经营策略。

我国国企面临多重代理困境：政治任务与经济目标的冲突、“所有者缺位”导致的代理链延长、国有股集中引发的控制权失衡，共同加剧了第一类与第二类代理问题。混合所有制改革通过三重治理重构破解困局：在股权维度打破国有股垄断，在决策维度建立制衡性董事会，在监督维度引入市场化的约束机制。分层分类改革的精髓在于针对不同企业类型设计差异化代理方案——公益类企业强化一级代理监督，商业类企业重点防范二级代理风险，形成与功能定位相匹配的治理范式。混合所有制改革通过股权结构多元化重构委托代理关系，在引入制衡机制的同时完善治理结构，为系统性化解代理困境提供制度保障。

2.3 国企混改方式及选择

国企混改方式是指为了有效强化并放大国有资本功能，培育富有竞争力和创新力的国有企业，在实现所有制混合过程中引入其他性质的资本所采用的方法或途径。通过混合所有制改革发展混合所有制经济，既是老问题，也是新问题（卫兴华和何召鹏，2015）。从党的十一届三中全会提出改革开放的伟大决策，国有企业与民营企业合作以提升经营效率，但那时的混合主要是提升短期绩效，深层混合仍存在重重障碍。党的十四届三中全会提出基于股权层面加强国有与私有资本的混合，那时的资本混合仅在国企战略改组方面发挥积极作用，尚未能真正发挥国企与私企各自的优势（郝颖，2022）。自党的十八届三中全会确立了全面深化改革的目标，国企混合所有制改革由此步入实质性阶段，从有限试点阶段向大规模综合实施阶段纵深推进。

备受诟病的国企经营效率低下问题存在的症结在于股权结构一股独大、缺乏制衡、长期激励机制不足和市场化的经营体制缺失。混改以提升国有资本的市场化配置效率与战略布局影响力为目标，一方面通过多元化的产权股东改变国企股东虚位，建立制衡有效的法人治理结构；另一方面通过引入市场化机制，提升企业活力与竞争力，提高企业治理效率。国有股权必然不再固化而具有流动性，最终变为多方持股公司。

混改始于实现股权多元化，因而推进混改的第一步在于确定如何引入非国有资本。从引资主体看，既可以是外部的投资者，也可以是企业内部的员工。后者主要是在国企内部推行员工持股，激发员工工作活力，提升经营效率，但往往是作为一种辅助方式，与其他的混改方式结合使用（王东京，2019）。从混改的方向看，又可分为两种类型：第一种类型是国有企业根据发展阶段和发展需求，引入不同类型的外部投资者，依法合规实现混改，促进企业提升运营效率；第二种类型是国有资本投资入股非国有企业，实施反向混改，即具备资金实力的国有企业并购具有规模的民营企业、行业领先者或者陷入财务困境的民营企业。既往的研究和实践都表明，将国有资本以外的力量引入国有企业实体，使国有资本与非国有资本实现股权融合与资源整合（郑志刚，2021），是目前国企混改实践中运用比较多的方式。

不同的混改目标和方向，决定了国有企业的混改方式具有多元性而非唯一性。表2–1列示了国企混改的主要方式。混改的原动力虽然来自国有企业自身，但混改的成功既离不开政府的顶层设计、推动协助，又要企业统一思想、通盘考虑、优选最佳的混改方式。受区域经济发展的不平衡以及公司形态异质性的影响，混改方式的选择是特定经济环境下复杂利益群体博弈的结果，呈现明显的“适配性”特征，不存在最佳的混改方式，与经济环境和制度环境适合的、匹配企业的才是最好的。混改实践中，应从非国有资本的引进方式、资本引进目的、资本引进情境等多个维度积极探索，选择匹配企业情境的混改方式；既可以采用单一路径，也可以兼顾行业特色和企业发展特点，局部应用其他路径，实现多种混改方式并举。本节就国企混改的主要方式，从利弊及适用条件等方面加以归纳阐述，为国企审慎选择混改方式提供有益参考。

表2–1　国有企业的主要混改方式

混改方式	主要内容
引入投资者	引入国内外具有技术、资源、资金等优势的投资者，参与国有企业决策和经营
资产证券化	整体和核心资产上市，定向引入战略投资者或者自然人股东
员工持股	管理人员和核心人员享有公司股份，通常不单独使用
反向混改	国有企业通过并购重组等方式，入股优质非国有企业
其他	优先股、黄金股或者AB股、PPP

资料来源：作者根据相关资料自行整理

2.3.1 引入投资者

长期以来，国企存在一股独大、行政色彩浓厚等问题，混改首先需解决的是落实股权制衡，实现有效的公司治理，从而提升国企治理效率，因而通过吸引积极的外部股东，优化股权结构，建立制衡有效的决策机制成为混改的首要目标。相较于员工持股、公开上市等混改方式，可以采用引入投资者的方式优化国企混改过程中的控制权安排，更便于优化股权结构，促进混合所有制经济效用最大化的发挥（沈红波等，2019）。国有资本和非国有资本均有其利益诉求。对于国有资本而言，一方面，引入投资者可以增强约束力，改变国有企业发展动力不足、经营效率不高的问题；另一方面，引进投资者还能有效化解资金困境，缓解混改企业杠杆率偏高的问题。但是如何引进投资者？引入何种类型的投资者？如何设计投资者在企业股本中的比重？这些细节都会对投资者后续作用的发挥效果产生影响（巩娜，2018），是国企混改需要解决的重点问题。因此，国企混改需从实际情况出发，寻找适合自身的投资者，更好地发挥引进投资者的多重优势。

（1）引入投资者的方式

在混改实施的初期，由于缺乏可资借鉴的经验和成熟有效的资本市场，国企通常选择单一的混改方式，其中最主要的方式就是引入具有资本实力、产业实力的投资者。投资者往往在资本实力、技术能力、管理经验以及创投项目培育等方面具有优势，助力国有企业完善治理结构，提高国有资本对产业资本的科学配置，增强对战略性新兴产业的开拓能力，优化产业布局。投资者通过市场机制的灵活引导，可以在若干市场目标中比较、优选国企，共享国企获得政府补贴、信贷、土地等方面的政策优惠，还可以灵活决定自己的股权与控制权透入国有股权的深度和尺度。

引入投资者通常有存量混改和增量混改两种方式，表2–2是两种方式的具体比较。存量混改一般是在产权市场或者股票市场，通过股权转让等方式直接引入投资者，主要适用于长期经营亏损的企业或是缺乏竞争优势、无发展潜力的传统行业。通常国有企业的注册资本金保持不变，由原国有股东向非国有股东转让股权实现混改。其实质是原国有资本退出、新的非国有资本进入，只是投资者的性质有所改变，因而仅涉及股权结构的变化，而未增加企业的投资额。由于资金的受让方是向原国有股东而非国有企业转让股份购买款项，无法为国有企业带来增量资金流入，但国企以引入投资者为契机，可处置部分不良资产取得变现资金。增量混改可通过两种方式实现（余菁，2014）。一种是以增资扩股或定向增发的方式实现，即在原来国有企业资本额的基础上，通过公开或非公开方式增发股份，设定投资者条件并遴选符合要求的投资者入股国有企业。该方式涉及股权结构的变化，新投资者可带来新的资本投入，因而可扩大企业的资本规模，解决企业的资金需求。通常适用于处于经营扩张期、发展速度较快、具有较好市场前景的企业。另一种是新设公司，即通过国有资本和非国有资本合资新设主体实现，其好处是新设企业不涉及改变国有企业旧有的治理机制，通常适用于新建的新兴产业、前瞻性行业及具有较高市场风险的企业。显而易见，增量混改更有助于夯实混改企业的资金实力，强化国企的资金投入能力。股权转让和增资入股作为引进投资者的主要实现方式[①]，在混改具体实施中，可根据企业混改需要独立或同时使用，也可与其他混改方式联合使用。

表2–2　　　　引入投资者的主要实现方式比较

方式		优势	劣势	适用情况
存量混改	股权转让	交易结构简单、国有股权有序退出	需在产权市场或资本市场交易、存在交易不确定性风险	国企有资金需求且无明确的投资者
增量混改	增资扩股或定向增发	交易非公开、成功率较高	国有股权并未退出	国企有资金需求且有明确的投资者
	新设公司	交易非公开、成功率较高、不存在历史遗留问题	交易结构复杂、国有股权并未退出	国企有历史遗留问题且投资者要求剥离历史遗留问题

资料来源：作者根据相关资料自行整理

（2）引入投资者的类型

投资者的行为选择受出资能力与投资偏好等因素限制，而国企在引资

① 据《中国国有企业混合所有制改革年度报告2021》统计，目前国企采用最多的一种混改方式是股权转让，其占比达到47.66%；其次是增资扩股，占比达到38.14%。

时也有明确目的，倾向于根据投资目的匹配选择不同类型的投资者。引入投资者的异质性会影响混改企业股权结构的设置，引入投资者的目的不清晰或者初衷不够明确，往往是混改未达到理想预期的关键。根据投资目的的不同，将投资者分为战略投资者和财务投资者。基于新产品研发升级、实现产业链上下游协同、拓宽市场份额、谋求企业的长远稳定发展时，可以引入战略投资者；基于开辟新的融资渠道、缓解资金困境或借助资本的力量加速上市时，可以引入财务投资者。

表2–3比较了战略投资者和财务投资者在主要优势、投资目标、持股比例、投资期限以及公司治理等方面的不同。

表2–3　　　　战略投资者和财务投资者的比较

项目	战略投资者	财务投资者
主要优势	解决经营问题，打通上下游产业链，带来成熟专业的治理机制	解决财务问题，优化资本结构
投资目标	重在战略布局，实现产业链的横向、纵向关联或者业务多元化，追求中长期的资本增值	重在财务利益，追求中短期的资本增值和较高的目标收益率
持股比例	较高的持股比例保证其控制力	较低的持股比例保证其正常退出
投资期限	较为长期稳定持有	追求中短期经济利益，通过股权转让相机退出
公司治理	积极股东，参与董事会决策，享有公司治理权	非积极股东，可提供财务、资本运作等方面的建议

资料来源：作者根据相关资料整理而成

国有企业在引进投资者时，可以预设引入投资者的资格条件，通过开展综合评议或通过竞争性谈判等方式，优选契合混改需求的投资者；让渡国有股权时，应遵循“公开、公平、公正”的原则，至少三家企业参与股权竞价（朱珍，2017），防止人为暗箱操作或者为预定企业量身设立让渡条件。

第一，战略投资者。通常是追求共同战略利益、具有专业运营能力、拥有重要战略性资源的产业链上下游企业。战略投资者一般持股比例相对较大且愿意长期持股，与企业长期合作而不着眼于短期的利益。战略投资者与混改国企一般属于同行业或相关行业具有一定声誉的业绩优秀企业，双方业务协调互补，可带来资金及先进的生产、管理技术，有助于推动资源要素的合理流动，加强产业链、供应链上下游协同，有益于实现整体产业能级的提升和企业的可持续、健康发展。战略投资者的目标通常是战略性的，有强烈的意愿参与企业治理，可对企业的市场化经营产生积极影响。根据国有企业的混改诉求，应优先选择以下身份的战略投资者：

• 各种性质的非国有资本中，以民营资本为优选，“国民互补”可有效提升国有企业的内生发展动力和经营活力；

• 拥有上市身份的战略投资者为更佳，上市公司强大的长期融资能力可带来资金支持，尤其是为混改企业未来上市提供经验借鉴；

• 与混改企业的业务协同匹配，能够带动企业全产业链的搭建、融合和延伸的战略投资者；

• 带动混改企业强化市场开拓能力，加快其市场化转型步伐的战略投资者。

第二，财务投资者。一般是指拥有雄厚资金实力的实体企业或者拥有一定资本运作能力的专业投资者。该类投资者能够改善国企的财务困境，大致可以分为三种类型：一是国有资本投资公司或者联想控股、绿地金融这类以投资管理为主的公司；二是一些证券公司、保险公司，这类机构一般选择有上市潜力的标的企业；三是部分从事市场化债转股的金融公司，这类投资者更多地关注以债转股方式进行混改的国企。资金是混改企业良好运营的重要保障，财务投资者的加入为国企带来资本助力，快速充盈企业的营运资金、优化资本结构；倒逼混改企业提升企业活力和运营效率，推动国企向市场化运营发展。企业在面临现金流、企业转型等财务压力时，会优先考虑引入财务投资者摆脱财务困境。财务投资者一般不参与企业治理，无法对企业的市场化经营产生积极影响。

鉴于国企推进混改的主要目的是实施股权制衡、加强管理创新、拓展经营业务，因此现阶段投资者的引进，应关注是否能够实现业务协同延伸企业价值链、资源匹配或互补创造最大化价值、双方参与混改意愿强烈以及具有共同的未来发展目标，即以选择具有业务协同、资源匹配、价值认同等特征的战略投资者为主，财务投资者为辅，或者同时引入战略投资者和财务投资者。

（3）引入投资者的选择

企业有多种可供选择的融资渠道，与申请银行贷款增加企业负债不同，引入投资者可增加资本投资额，以增加股权融资的方式增加所有者权益，这样既能增强企业的资金实力，还能减轻企业的偿债压力，提高企业的抗风险能力。首先要明确的是，实务中引入投资者虽然是最主要的混改方式，但并非所有的国企都需要引入。需要结合引入目的、企业特征和投资者的特点，考虑能否通过形成财务协同、治理协同和产业协同，实现优势互补、协同发展，而不能盲目组合导致错配。从投资者的性质来看，既有国有性质的投资者（如央企入资地方国企），也有非国有性质的投资者（如民企入资国企）。选择以民资为背景的投资者优于以国资为背景的投资者，因为民营资本更符合混改的发展方向和政策要求。国有企业引入非国有资本性质的投资者以取得预期效果为基本导向，主要有以下几个方面的考量因素。

第一，立足于参与混改企业的现实状况选择投资者。国有企业是政府对国有资本享有所有权或者实施控制权，其行为难免受到政府的意愿和利益取向支配（贺小林，2022）。不同国企承担的功能不同，参与混改的方式自然也是有差异的。国企功能可以说是决定混改企业股权结构的基础性和根本性要素，因而引入投资者时必须立足于国企现实（孙鲲鹏等）。有些国企处于完全竞争领域，可借助混改实现国有股权的流动、国有资本的有序进退和国有资本布局的优化或重组，甚至是完全退出某些竞争性领域，这种情况更适宜引入战略投资者，股权结构相对分散，国有股权可以保持参股地位。有些国企处于相对垄断领域，引进投资者的目的是解决企业转型升级或者技术改造的资金需求，这种情况更适宜引进财务投资者，通常需要国有资本维持绝对控股的地位。

第二，考虑混改意图是解决资金需求还是实现战略协同。对国有企业来说，资本形式和资源层次上的混合只是改革的手段而非目的，通过经营运作、管理技术和企业文化等多方面资源整合、优势互补、融合发展，才能实现多元产权股东的利益共生共赢，调动各方参与改革的积极性，产生“1+1>2”的协同效应，从而保障混改政策实施的效果。所以企业选择引入投资者，不仅是资本、技术和资源的引入，更是企业的管理理念、市场经验和治理结构。一般来讲，战略投资者与国有企业在业务上具有一定的关联性以及行业上的相关性，双方往往处于同一行业或者是产业链供应链的上下游企业，各种渠道、资源匹配利用、强强联合，能够更好地实现资源的优化配置。就经营运作来看，通过共享优质客户资源和销售渠道，有利于产业链的整合和延伸，达到节约交易费用、降低成本的效果。从管理方面来看，有效借鉴先进管理思维，充分利用管理资源，最大限度地激发企业活力，有效提升营运效率。对于承受融资约束的国企而言，引入财务投资者使自身资金流入更充足，资金运转更高效，偿债能力更强，融资成本更低，实现财务协同。

第三，考虑资本结合后的未来发展预期是改革经营体制机制还是扩大有效竞争。混合所有制经济的发展必定是一个可持续的过程，混合所有制改革不是国有资本和非国有资本分享短期利益，国企经营运作所代表的政策方向也不能朝令夕改，而是需要相关企业规划长远，充分考虑资本结合后的未来发展空间。战略投资者看重的是被投资企业的成长带来的长远、战略性回报，通常会持有较大数量的被投资企业的股票，一般愿意长期持股，可能要求参与国有企业的公司治理，因而会对公司的运营管理产生一定影响。战略投资者较多的持股量和长期持股意愿能够优化公司的股权结构，构建彼此协调、有效制衡的新型治理结构，避免股权集中甚至“一股独大”带来的决策风险。财务投资者的注资，有效缓解国有企业的资金困难，增强国有企业的资金实力，提升市场竞争力，从而扩大有效竞争。

2.3.2　资产证券化

由于资本市场具有股份的自由流动性、股权价值的市场化和公开性，是备受欢迎的融资和股权交易场所，也是推进和深化国企混改的重要选择。上市公司通常受到投资者较多的关注，具有资源整合、资金保障等方面的优势。资金规模需求大、产业前景良好的国企利用公开上市实现国有资产证券化，可快速实现国有股权价值的增值，提升国有资本运作的透明度和影响力。

（1）利弊分析及适用条件

通过国有资产证券化的方式实现公开上市，引入公众股东，助推国有资本向上市公司集中，是国务院已经出台的利好政策①。当然政府支持也并不意味着混改企业上市全覆盖，仍应当严格遵循公开上市的条件，因企施策地推进混改企业上市。从实践中总结看，上市已成为国企组织的重要形态和国企混改的重要选择，既有顶层政策的助益，也是国企上市融资的内在迫切需求。资产证券化成为混改的高级形式，上市公司成为管理国有资本的重要载体，主要是因为：资本市场提供丰富的融资渠道，可大规模筹集资金，降低融资成本，更有利于国有资本做大做强；以直接融资代替间接融资，优化国有企业的融资模式和资本结构，有利于国有企业去杠杆；在银行信贷资源既定的情况下，国企上市融资可减轻对民营企业间接融资的挤出，具有积极的外溢效应；公司上市前必须明晰国企产权，有效摒除了国企产权不清，权责不明的障碍，减小了后续改革的阻力；在上市规则的严格要求下，市场化运作及信息披露要求更为规范，运营透明度更高，有利于实现公司化规范管理，且有利于战略投资者的资金变现；减少来自政府的行政干预，倒逼政府职能转变，因而公开上市备受推崇。

公开上市也存在一些不利方面。一是上市引入的公开投资者很难具有业务协同性。公开市场的交易具有随机性和不可控性，国企无法完全识别引入投资者的持股目的，也无法筛选和控制引入投资者的类型，这也是许多企业混改上市后选择“二次混改”继续引入战略投资者的原因。二是公开上市对企业的规范运营和可持续发展提出更为严格和更为细致的要求，信息公开披露约束使企业的隐蔽性降低，企业运营发展的自由度也受限制。三是上市后并不一定实质上改变国企股东“一股独大”的局面，或

① 2020年10月，国务院印发的《关于进一步提高上市公司质量的意见》明确支持国企依托资本市场开展混改。

者短期内无法改变这一局面。有些国企上市是当地政府主导，中小散户股东多属于财务投资者，无心无力参与公司治理，代表其利益的独立董事也很难与国有股东抗衡；或者上市公司只是集团公司下属众多二级或三级单位，仅对集团总部产生局部影响，而无法进一步完善整个集团层面的公司治理，这都可能导致混改预期效果大打折扣。

虽然公开上市存在以上不利因素，但具备下列条件的混改企业通常会选择公开上市，享受来自资本市场的制度红利：企业自身资产质量较高，具有吸引力和投资价值；生命周期处于发展上升期，具有较强的资源整合能力，能够满足自身融资需求的同时发挥业务协同作用；集团公司管控能力较强，能够有效协调下属不同性质企业的运营，实现整个集团的市场化治理。随着混改进程的不断深入，混改企业应加大市场化力度，大力推动国企上市，发挥国有资本的杠杆效应，并持续优化上市资产的产业布局和营运质量。

（2）证券化方式的选择

第一，从上市的操作来看，国企通过资产证券化以达成混改目标有首次公开上市（IPO）和借壳上市两种方式。

IPO指企业通过证券交易所首次公开发行股票，向投资者募集资金用于企业发展。IPO在企业实际操作中存在以下几个难点。一是对上市企业的资格要求严苛。IPO对公司上市前的独立性、同业竞争、财务状况、公司治理、关联交易等的审核严格，而国有企业尤其是地方国企在实际运营中对政府多有依赖，容易产生边界不清的过度干预行为，因此独立性和规范性容易受到质疑。二是运作周期较长。在现行审核制度下，企业选择IPO需要耗费大量的时间和财力，国有企业上市还要经国资审批，操作流程长、前期准备成本高，可能产生大量的沉没成本。三是上市后的业绩可能不够稳定。大型国企内部各子公司之间的关联交易行为屡见不鲜，有些甚至占据了主营业务的绝大部分，必然对上市后的合并收益产生影响；一些国企属于资源依赖型产业或传统行业领域，容易导致盈利性和成长性不足。这些问题如若不化解，则可能成为混改企业上市的障碍。

借壳上市指未上市企业通过收购上市公司股权以实现自身资产证券

化，是一种间接上市的方式。相较于IPO，借壳上市的审核流程相对简单，上市所需时间较短，但这一运作方式存在以下难点。一是很多国企尤其是地方国企，多数旗下尚无上市子公司，壳公司资源具有稀缺性，难以寻求合适的壳公司；若企业通过收购方式实际控制一家上市公司，再进行资产注入实现上市，这对国企的资金实力和财务状况有较高要求，部分国企无法承受壳公司收购的高额成本。二是壳公司存在一定经营、管理方面历史遗留问题，国企在收购后需进行整合而不是实施简单的资产嵌套，混改后期的技术、管理、文化整合面临成本过高或效果不佳的风险，可能影响资产后续注入上市企业。

对于已有上市公司平台的集团公司而言，首先，若上市公司收入在集团公司总收入中的占比不高，可将上市公司体外的集团优质资产注入上市公司，吸引更多投资者加入。其次，顶层政策释放了重视上下游企业协同融资的重要性，民营企业可充分利用混改带来的机遇，并购重组优质的国有壳资源借壳上市，实现同行业或上下游整合带来的业务优势互补。对于没有上市公司平台的集团公司而言，IPO需要较长的审核时间，则绩优公司借壳上市成为首选。国有资本借壳上市可降低融资成本，优化内部资源配置；而非控股国有资本的身份，也为民企获得信贷资源提供便利，改善民企的融资环境（宋文阁和刘福东，2014）。再次，是选择主业处于完全竞争领域，业务已经具备相当规模、经营能力符合条件的现有优质非上市子公司公开上市。最后，是集团公司将推进混改与支持新兴业务的发展相结合，培育下属子公司从传统行业向新兴产业转型，待转型成功后支持下属公司公开上市，获取更大的融资能力。

第二，从资产证券化涉及的资产和业务规模来看，公开上市有整体上市和分拆上市两种方式。

整体上市指集团层面实施国有企业改制重组、剥离不良资产后，将其他资产和全部业务投入拟上市的公司。整体上市需要国企集团公司内部以及产业链之间全面的整合，以达到上市公司的标准。分拆上市指将国有企业的资产分拆处理，优选企业的主营业务以及与主营业务相关的资产，经改制重组后上市，与非主营业务相关的资产则留在集团公司或母公司。一般情况下，被分拆出来公开上市的资产往往也是最具有发展前景、最具有竞争力的优质资产。

国有企业尤其是央企集团公司，大多规模庞大业务繁多，直接引入非国有资本容易产生各种问题，因此对于大型国企来说，子公司层面可主要采用整体上市的方式，而集团层面可采用拆分主要资产上市的方式，分拆后以子公司为载体与非国有资本实现混合，更容易实现融合，达到有效的协同。当然，若企业集团下属的上市子公司涉足新兴业务或者战略性产业，则该上市公司可分拆该部分业务，在科创板发行上市；如果上市子公司存在大量的辅助性业务且不对主要业务产生重要影响，也可先由集团公司从上市公司回购该部分辅助性业务，保留上市公司的优质业务以吸引投资者。上市只是手段而不是最终目的，上市公司是混改的载体而不是最终形态，国企应根据企业实际状况和混改需求，选择适合企业的上市方式。

2.3.3　员工持股

员工持股是国有企业探索较早、应用较广泛的混改方式，也是一种中长期激励手段。通过员工持股，国有企业的股权发生变动，员工由劳动者的单一身份转变为兼具企业股东者的双重身份，员工利益与企业利益实现最大限度的绑定，人力资本在为企业发展提供智力服务的同时，也注入更多的活力为企业提质增效服务，提升企业凝聚力和市场竞争力。

（1）政策要求

关于混合所有制企业员工持股的政策规定主要有：国务院《关于国有企业发展混合所有制经济的意见》（国发〔2015〕54号）以及《关于国有控股混合所有制企业开展员工持股试点的意见》（国资发改革〔2016〕133号），主要适用于非上市国有企业；上市国有控股企业的员工持股则适用于《关于上市公司实施员工持股计划试点的指导意见》（证监会公告〔2014〕33号）和《上市公司股权激励管理办法》（证监会令第126号）。由于国有企业的特殊性质，且国企实施员工持股的前置条件要求较多且严格，政策具有差异性和交叉性并存的特点。从政策规定层面看

（见表2–4），非上市和上市国有企业员工持股政策在适用范围、激励对象、股票来源、出资方式、持股方式、持股价格、持股比例、股权流转等方面存在一定的差异。

表2–4 非上市国有企业和国有控股上市公司员工持股政策比较

项目	非上市国有企业	国有控股上市公司
适用范围	处于充分竞争行业和领域的商业类国企，股权结构合理、治理机制健全、90%以上的营业收入和利润来源于企业集团外部市场的国有企业	·最近一个会计年度财务会计报告及其内部控制未被出具否定意见或者无法表示意见 ·上市后最近36个月内未出现过未按法律法规、公司章程、公开承诺进行利润分配的情形的国有上市公司
激励对象	与公司签订劳动合同，并在经营业绩和持续发展方面发挥直接或较大影响的科研人员、经营管理人员和业务骨干人员	董事、高级管理人员及核心员工
股票来源	增资扩股、出资新设，禁止国有股东无偿赠与	·来源相对较广，除了合法薪酬外，可回购股票 ·二级市场购买；认购非公开发行股票；股东自愿赠与等
出资方式	主要是货币出资，也可以科技成果入股	未明确规定
持股方式	个人持股或通过平台持股	个人持股
持股价格	不得低于经核准或备案的每股净资产评估值	按证券监管有关规定确定
持股比例	个人持股比例原则上不高于公司总股本的1%，股票总数原则上不高于公司总股本的30%，并预留股权	·个人持股比例不得超过公司股本总额的1% ·股票总数累计不得超过公司股本总额的10%
股权流转	36个月的锁定期满后，公司董事、高管人员每年可转让股份不得高于所持股份总数的25%	并未规定转让的具体限制，符合计划约定，可由员工自身享有，也可以转让、继承

资料来源：作者根据相关资料整理

员工持股成为较多国有企业选择的重要混改方式之一，是因为这一路径有其优越性，能够将企业与员工有效地“捆绑”。首先是企业与人力资本的捆绑。现行政策要求持股员工应当是对企业具有较大贡献或者有一定影响力的员工。这类员工所具备的人力资本往往具有很强的依附性和专用性，通过员工持股将人力资本与企业捆绑，可以有效减少“敲竹杠”等机会主义行为的发生，提升企业竞争优势。其次是企业与员工利益的捆绑。员工持股不同于普通的资本市场股票买卖，现行政策要求实施员工持股应设定锁定期，对高级管理人员转让股份的比例也有一定的限制。这种“限制性”要求将企业效益与员工利益捆绑，将岗位与业绩紧密挂钩，构建企业与员工之间“利益共享、风险共担”的共同体，使业务和管理岗位员工“像股东一样思考”，切实调动员工的主观能动性、激发劳动创造性。最后是企业与中长期激励机制的捆绑。员工持股无疑是员工中长期激励机制的一种有效手段。市场化机制改革是实现国企混改既定目标的重要环节，而市场化机制改革的重要内容就是建立激励机制以提升国企运作效率。混改推行员工持股发挥其激励作用，最终推进市场化机制的改革。

（2）制度缺陷和实际运行问题

制度激励与物质激励、精神激励同等重要，一项好的制度亦能激发员工的工作动力。从公司治理的角度来看，员工持股政策在适用范围、资金规模、资金来源、股权定价、进入退出机制等方面都存在阻碍落实的问题，因而在实施过程中因其制度障碍和现实问题而不断被规范甚至叫停，这些问题的克服也将成为推动国企混改的强大动力。

第一，在员工持股范围方面，相关政策文件规定了国企实施员工持股应满足的基本要求。目前地方国企开展员工持股需试点申请，经有关部门批准后才能进一步开展，这限制了员工持股在国企的大范围实施。就实务而言，地方国企开展员工持股以稳定和激励管理人员为主，员工持股范围仅局限于企业的管理层，实际股权激励范围不足；将核心员工的评定与员工职级相挂钩，打击有些职级不高但对企业长远发展有影响人才的信心；一些企业将员工持股作为企业融资的工具，实施“全员持股”“永续持股”；一些员工持股意愿不强，无法实现员工持股的效用最大化。

第二，在员工持股规模方面，无论企业选择自上而下或者自下而上的混改模式，导致企业可能面临两类困境：一类困境是员工持股的总体比例较低，而员工的数量较多，员工难以在股权结构中发挥股权制衡的作用；另一类困境是员工持股的总体比例过高，员工人数太少，使员工个人持股规模过大，只能扩大员工持股范围。还有一些企业盲目跟随政策中员工持股总规模30%及个体规模1%的上限要求，认为员工持股比例越高，彰显混改的魄力越大（沈红波等，2020），实则背离了混改的初心。

第三，在员工入股定价方面，员工持股被视为企业激励员工的一种手段，许多企业低价甚至无偿赠予员工，但是在混改中员工持股的核心是绑定员工和企业的利益，而非单纯的激励手段，因此导致员工持股失去通过实施激励优化股权结构、提升国企经营效率的作用。

第四，在入股资金来源方面，员工持股旨在通过利益绑定，牵引员工参与企业治理，形成员工与企业共进退的压力，然而在一些传统重资产型企业，即便是1%的股份也可能需要巨额资金，员工的薪酬难以支撑出资金额，外部股东的财务资助容易形成员工与外部股东的关联，损害公司的治理结构。

第五，在持股流动与退出机制方面，混改企业持股员工的变动会导致股权结构的持续变化和工商登记的变更，较难对除有限售规定的高管外的其他员工公开抛售股票加以限制。目前中央层面关于国企员工持股的规定基本是指导意见，并没有正式的法律法规，相关的指导文件中缺少对员工持股退出机制的规范，使员工持股呈现进易退难的局面，也成为国企实施员工持股的顾虑。

（3）员工持股的选择

员工持股一般不宜单独选择作为混改方式，更应该作为已参与混改企业的辅助或者配套混改方式，其实质是深化国企混改以进一步激发员工工作动力和企业活力。从已有的实践经验来看，并非所有的员工持股都能达到理想的激励效果，其实际效果与企业所处的生命周期、行业以及规模等条件密不可分。

员工持股的激励效果首先取决于企业所处的生命周期（沈昊和杨梅

英，2019）。高速成长期的企业一般拥有乐观的发展前景，甚至有后续上市的良好预期，实施员工持股对绩效的正向影响最为显著；处于平稳成长期的企业次之，其良好的市场表现带给持股员工较为丰硕的收益回报，因而员工持股实施效果良好；对于已处于成熟期的企业，其未来发展空间受限，且员工获得股权一般需溢价购入，因此获得的经济利益也就相对有限，激励效果稍显不足，甚至不如提高奖金。若不尊重企业发展规律而盲目选择，必然连带影响混改效果。

员工持股的激励效果还要看企业所处的行业及规模。对于高成长、新业态的技术和智力密集型的产业，尤其是轻资产企业和中小型企业来说，其建立时间相对较短，员工构成相对简单且以高学历的年轻人为主，采用员工持股的方式能较好地抓住企业发展最关键的人力资本，激发工作热情和潜力。对于劳动密集型的重资产企业及大型国有企业而言，企业资产和员工基数相对较大，并且员工的构成较为复杂，知识资本的贡献相对较小，实施员工持股不仅较为复杂困难，取得的激励效果也可能相对较小，应慎重选择员工持股这一混改方式。

2.3.4　反向混改

混改旨在实现国有资本的集中、重组与扩张。混改的基本范式不应被限定为民企参与国有资本的单一方向，国企也可以在资本市场上寻找股权层面可以嫁接的民营企业，因而实践中混改的过程可以是双向的，不仅可以实施“引进来”的战略，也可以实施“走出去”的战略，扩大市场化机制的创新空间。国有资本直接或间接入股具有潜力的民营企业，通过并购重组的方式帮助民营企业提高融资能力、获取关键资源等，国企亦可以在产业发展过程中获得可观的财务回报，因而国有企业可以“引进来”和“走出去”互补，双管齐下实施双向混改。

（1）反向混改的动因

国有企业“走出去”入股民营企业，民营企业引入国有资本进行反向混改，主要受以下因素驱动。

第一，民企被动混改，国企助力纾困。这类混改通常主要是生产经营深陷资金流动危机的民营企业，在当地政府主导下，以纾困为目的被动地接受国资驰援，具有一定的政治特性。尤其是受新冠疫情的影响，一些民企陷入经营困境甚至出现资金链断裂的情况，负债率过高导致企业难以正常运营下去，国有企业以参股方式入股为民企纾困，可以发挥国企在稳定经济增长方面的带动作用，此时的反向混改更多呈现出被动的特征。

第二，民企主动混改，与国企实现战略协同。这类混改主要是部分发展良好的民营企业基于战略合作的目的，主动地选择与国资合作，将国企的平台优势和民企的效率优势结合起来，也是当前反向混改的主要特征。国企在资金和资源方面占有明显优势，与政府、银行关系密切，融资约束和预算约束少。民企以利润最大化为经营目标，经营模式上大多选择轻资产，创新动力相对较强。因此，国企可以选择生态环保、环境治理、半导体等战略性、新兴产业或是与自身核心业务密切相关且符合自身产业结构调整方面的民营企业参股，借助于国企平台资源与民企管理技术的协同优势，双方实现合作共赢；国企也可以参与民企下游高端产品的研发和生产环节，纵向整合产业链上游与下游的资源，产品价值链实现更多增值，既实现经济目标，也带动民企进入发展新阶段。

（2）反向混改的选择

在研究反向混改标的选择时，以降低国有资本投资风险、提高国有资本投资收益率、缓解民营企业经营困境为出发点，基于财务投资者和战略投资者两个视角分析选择的考量因素。

第一，基于战略投资者的选择。以战略投资者身份入股民营企业的国有资本，一般指的是各行业的大型国企，更多的是出于优势互补、相互促进的目的，以达到“共赢”的效果。国有资本入股不仅可以为民营企业带来资金支持，而且可以优化企业的资源配置。国有企业也可以完善其自身的产业布局，充分利用自身的优质资源发展新的业务增长点，更有效提升自身价值。国有资本选择民营企业时，主要基于以下几方面的考量因素。

首先是所属行业是否属于国家政策导向型行业。通常来说，与国家产业政策相符的行业、与产业升级的方向一致、有创新技术、利于民生的产业，国有资本的投资意愿更强（张伟和于良春，2019）。基于稳健投资的需要和国有资产保值增值的要求，资产质量优良、拥有核心竞争力的民企是国资入股的最优选择对象，业绩不佳、没有核心能力的“空壳公司”基本不在国资战略性投资选择的范围。

其次是民营企业是否具有营运优势。许多民营企业经过多年运营，已在经营区域具备区域优势或者在某一领域具备行业优势。由于产品技术的独创性较强，有较高的市场占有率。对国有企业而言，投资于具有发展潜力的优质民营企业，是一条快速建立新业务能力或进入新兴行业的捷径。因此，民营企业的产品或服务是否具有较高的技术壁垒、是否具有较大的市场空间和成长性是国有资本考量的重要方面。

最后是未来业务开展能否产生协同效应。实现业务协同是国有资本入股民营企业后，是否能够补齐国有资本短板的衡量标准之一。国有资本入股民营企业后整合各自的优势，通过协同合作、共享信息增强整体实力，既提升民营企业市场竞争力，也确保国有资产保值增值，实现共赢。

第二，基于财务投资者的选择。以财务投资者身份入股民营企业的国有资本，主要是一些国有资本投资运营公司或者国有企业具有投资性质的公司，以实现资本增值为目标，通过股权运作、有序进退等方式实现国有资本合理流动和保值增值，盘活国有资本存量，并引导和带动社会资本同步发展。民营企业可能在暂时遇到经营困境或是面临现金流、企业转型等压力时，优先考虑引入财务投资者（杨丹等，2020）。此时国有资本若将其纳入国有企业战略布局中，则能够最大程度发挥它的潜力。国有资本入股民营企业时，更多考量的是以下几个方面的财务状况。

首先是目标企业的盈利能力。作为财务投资者的国有企业更注重盈利性，将目标企业的财务业绩指标与其历史业绩作纵向对比，同时与行业业绩进行横向对比，以明晰企业的发展变化及在行业中的地位，长短期财务指标还可以反映企业的潜在风险（戚聿东，张任之，2016）。

其次是目标企业的资产质量。由于双方信息不对称，财务报表仅展示表层数据，还需深入业务层剖析企业的运营情况。资产质量对于判断企业的未来发展能力、偿债能力及营运能力具有重要价值。不良资产会影响企业资产的真实性、降低企业资产的整体质量，也会阻碍企业未来的可持续发展，直接造成国有资本损失，加重国有企业经营负担。

最后是目标企业的隐藏风险。税务问题与企业健康发展息息相关，国有资本参股民营企业时，必须开展尽职调查以清除潜在风险，发现民营企业是否涉诉、征信是否良好、是否有历史遗留税务问题和税务处理不合规等问题，否则可能为后续推进混改埋下隐患。

2.3.5 其他路径

随着混改中非国有资本入股国企，民营企业主导国企的运营管理也成为一种常见的模式。如何保证国有资产不流失或者保值增值，此时设计差异化的股权制度如优先股、黄金股和AB股成为良策。

（1）优先股

2013年，国务院发布《关于开展优先股试点的指导意见》，首次从法律法规层面明确优先股政策。2015年在发布的该意见中指出，“国有企业引入非国有资本，或是在国有资本参股非国有企业时，允许将部分国有资本转化为优先股”。2020年出台的《关于新时代加快完善社会主义市场经济体制的意见》，又进一步明确了优先股的具体实施范围，即“对充分竞争领域的商业类国企和国有资本运营公司出资企业，探索将部分国有股权转化为优先股，强化国有资本收益功能”。

持有普通股的股东身份使国有股东的决策受限于国资监管规定，可能带来公司决策障碍，也隐含着投资回报不确定、承担市场经营风险等问题。优先股天然地兼具权益和债务的二元特征，这就使优先股股东在国企混改中具备双重优势。一方面，国有股东保留所有权强化收益权，能够获得较为稳定的股息收入，保障国有资本的安全性与收益性，满足国有资本保值增值的现实需求，对公司剩余财产的求偿权也仅次于债权人，风险较小。另一方面，国有股东在日常经营中不具有表决权，无法干预实体企业的具体经营管理，但具有重大事项的表决权，可提升非国有资本的话语权。不参与公司治理、回报稳定的特征厘清了商业类国企的市场主体属性，要求混改企业形成内生的市场机制和财务约束机制，对非国有资本具有更大的吸引力；国有股东的经济收益权优于经营决策权，契合权利与义务对等的法律理念；国有股东和非国有股东形成紧密的责权利链条，有效避免国有资本“一股独大”，使市场化遴选产生的管理团队在硬约束和软激励的作用下真正发挥效用。

在商业类混合所有制企业中，可探索将国有股东的部分股权设计为可转换的优先股，同时仍应保留34%以上的普通股，削弱国有资本管理权，同时提高民间资本话语权（何瑛等，2022）。这样国有资本虽然不再享有控股地位，但仍有一定的控制权，只是在董事会和股东会的影响力有所减弱；待时机成熟时可将优先股转换为普通股在二级市场出售，以实现企业收益最大化。为防止股东会和董事会的决策失误致使优先股国有股东的利益受损，可设定特定情况下恢复表决权的权利；也可设定回售条款，若企业经营不力，国有资本可以通过回售避免企业经营风险导致的国资流失。国有资本通过减持和增持优先股引导社会资本的投资流向，间接起到宏观指导和调控的作用。

（2）黄金股

在关系国家安全和国计民生的混改企业中，也可以考虑建立符合我国国情的“黄金股”等国家特殊管理股制度。黄金股只是名义上的1股（或少量股票），并没有实际经济价值，且不会参与收益分配，但是可以保证国有股东在重大问题上行使一票否决权，保护国有资产不流失。这意味着即使非国有资本进入后，国有资本占比被不断稀释乃至失去控股地位，依然可以在关键时刻行使这一特权以主导公司决策，对重点行业和关键领域进行控制，有效维护公共利益。我国市场发展尚未完善，民营资本的力量相对有限，因此有必要在实施国有相对控股的竞争性行业的重要领域、涉及国计民生与国家安全的行业中，设置国有资本“黄金股”等特殊股以防国有资产流失，也防止国有力量的迅速撤退给经济带来的不利影响。

（3）AB股

国资监管机构强调在让利的同时，通过股权制度安排实现对国有企业的控制，或者在控制权做出让渡的同时防止国有资产流失（徐怀玉等，2019）。因此，从防范国有资产流失的角度看，国企可以设计差异化股权制度以迎合国有控股要求。这一差异化的股权结构被称作AB股，简单来说就是将投票权与分红权相分离，同股不同权。例如每股A类股票代表1票投票权和1票分红权，而每股B类股票代表N票投票权和1票分红权。这可以保证在股权被稀释的情况下，依然不丧失自己的控制权。所以在国有企业混改过程中，为了稳固国资的控股地位，可以运用AB股，将国资的股权设计为B股，出让分红权而非投票权，这样即使混改过程中国有资本不断稀释，最终的控制权仍掌握在国资手里。

（4）PPP模式

PPP即Public-Private-Partnership的首字母缩写，指政府与非国有企业之间，基于城市基础设施建设项目或是提供公共物品和服务的共同目的，以特许权协议为基础而形成的一种伙伴式的合作关系。政府以发行债券的方式募集建设资金具有一定的偿还风险，PPP成为政府和民营企业合作的一种良好模式。双方从项目方案的制定、规划、建设到运营实现全程透明和共同参与，因而双方构建“利益共享、风险共担”的合作共同体实现共赢，并不是单纯的金钱关系。PPP模式将政府的部分责任以特许经营权的方式向非国有领域开放，优先支持引入社会资本投资，参与基础设施及公共服务领域等政府的重点工程项目。通过政府与社会资本的合作，政府主体可减轻财政负担，社会主体能降低投资风险。社会主体承接项目可拓宽融资渠道，资金投入机制更加多元化且具有持续性；多元化的投资主体整合社会资源，激发社会资本的投资活力，盘活社会存量资本。

第3章

国企分层分类改革理论和实践

本章首先界定了基础性概念，继而从理论依据和逻辑支持两个维度，系统阐述了国有企业分类改革与监管的必要性。在理论层面主要依托委托代理理论、交易费用理论和科斯理论三大理论体系，在实践层面则聚焦于公司治理和政企关系两大核心问题。最后，对日本、韩国、法国、德国、美国、新加坡等具有代表性的国际国企监管模式进行了比较分析。

3.1 基础概念界定

3.1.1 国有企业分类改革

“国有企业”这一概念在我国经历了从“国营企业”到“国有企业”的演变过程，反映了从计划经济向现代企业制度的转型。历史经验表明，早期基于企业规模的分类方法未能触及国企功能差异这一本质特征，因而缺乏可行性。20世纪90年代以来，按照公益、功能和竞争三大领域进行分类管理成为改革的重要方向。2015年国务院颁布的《关于国有企业发展混合所有制经济的意见》（以下简称《意见》）从分类和分层两个维度构建了改革框架。根据《意见》，国企混改可按照功能特征分为三类进行：一是对于商业Ⅰ类国企要稳步推进混改；二是对于商业Ⅱ类国企要积极有效探索混改；三是对于公益类国企要分情况引导混改。

国家层面的国企混改分类分层设计具有指导性而非约束性特征，为地方实践提供了弹性空间。基于区域经济发展特点和国企实际状况，地方政府可在中央框架下进行适应性调整。以山东省为例，其《关于省属国有企业发展混合所有制经济的意见》将省属国企划分为产业类和资本运营类两大类别；广西壮族自治区则通过《自治区国资委监管企业分类方案》进一步细化为商业一、二、三类和公益一、二类五大类型，其中商业三类特指金融类企业，公益二类则涵盖文化宣传类国企。值得注意的是，当前多数国有企业呈现出跨领域、多业态的复合型经营特征，这就要求在实施混改过程中，既要遵循宏观分类指导原则，又需结合企业具体业务结构进行微观层面的精准分类，从而确保改革措施的有效落地。

3.1.2 国有企业分层改革

按照政府管理国有企业的层级，遵循《中华人民共和国企业国有资产法》总则第四条的规定，我国的国企分为两类：国务院国资委监管的中央企业和地方国资委监管的国有企业。总体而言，中央和地方国有企业在资产结构、资产规模、资产质量、资产分布及功能定位方面有很大的差异，中央国有资本经营效率更高，国有资产利用率更高；地方国有企业的经营性国有资产占比较低，资产质量、资产分布、收益水平和盈利能力等与中央企业尚有差距。因此，对中央与地方国有企业的改革路径也应具有差异性。

按照国有企业的管理层级，可分为集团和子公司两个层面。国有企业大多具有多层级的组织架构、多模块的业务分布以及多板块的业务布局，因而企业集团成为国企的重要组织形式。子公司通常面向市场从事具体业务的经营，而集团公司承担决策和行政管理职能，运作灵活度较低，且资产规模一般较为庞大，因而集团层面推进改革难度相对较大，这就要求在推进混改时区分集团公司和子公司，选择不同的混改路径。同样地，国企混改也可以按照行政隶属和不同层次分为三种情况进行：一是对于子公司层面的混改应积极引导；二是对于集团层面的混改应稳步探索；三是各地方国有企业的混改应强调从实际出发积极推进。

3.2 理论依据

3.2.1 委托代理理论

委托代理理论不仅构成了现代企业制度的理论基础，更深刻揭示了国有资产授权经营的本质特征。Wilson的研究表明，“委托代理关系的形成源于信息不对称条件下的博弈行为，其本质是所有权与经营权的分离”。Spence和Zeckhavser等学者进一步指出，“委托人与代理人效用函数的不一致性是问题的根源”，即委托人追求企业价值最大化，而代理人则倾向于追求包括薪酬、福利和工作环境等个人收益的最优化，这种目标差异必然引发利益冲突。为此，需要建立完善的制度框架和技术支持体系，以确保代理人行为与股东利益保持一致。

在国有资产监管领域，委托代理关系呈现出三个递进层次。首先是“全体人民-政府”层面的委托代理关系，由于全民意志难以形成统一表达，客观上需要将分散的所有权集中交由政府代为行使；其次是“政府-国资委”层面的委托代理关系，政府作为出资人代表，通过设立专门的国有资产监督管理机构（国资委）来协调公共管理目标与企业盈利诉求之间的矛盾；最后是“国资委-国有企业”层面的委托代理关系，这一层次的特殊性在于，行政干预的存在使得其与典型股份制公司中的委托代理关系存在显著差异（见图3-1）。具体表现为国资委在人事任免上的行政倾向以及政策因素导致的市场竞争不完全，这些特征容易引发行政干预的路径依赖，从而制约市场机制的有效发挥。

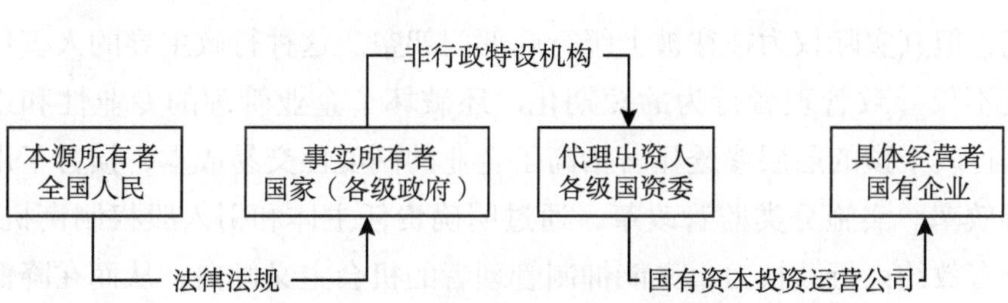

图3-1　三层委托代理关系示意

在多层次委托代理关系中，如何平衡代理人经营自主性与委托人控制权之间的张力始终是核心议题。国有产权的多级委托特性导致信息不对称现象进一步加剧，表现为上一级代理人同时兼任下一级委托人的双重身份。当前国企改革的重要突破在于，国资委通过向商业化运作的国有资本投资、运营公司（由大型企业集团改组而成）适度下放监管权限，构建了新型监管架构。在这一制度安排下，两类专业公司负责授权范围内企业的具体资本运作，而国资委则通过设定保值增值等考核指标实施监督与激励约束机制。这种以资本管理为核心的监管模式创新，通过管理权限的合理让渡，不仅在形式上更在实质上突破了传统政企不分的体制障碍，为推进国企分类改革奠定了制度基础。

3.2.2 交易费用理论

作为现代产权理论的重要基石，交易费用理论揭示了制度安排与交易成本之间的内在联系。科斯（1937）在《企业的性质》中首次系统阐述了“交易费用”概念，指出其源于有限理性、机会主义、不确定性和资产专用性等因素。威廉姆森在此基础上构建了包含“行为主体、交易特性和市场环境”的三维分析框架，袁庆明和刘洋评价其“开创了资源配置研究的新范式”。随着现代交易活动的日益复杂化，交易成本持续攀升的趋势对经济活动构成了严峻挑战，这使通过制度创新来抑制机会主义行为、降低交易成本具有重要的现实意义。

传统监管体制下的国有企业治理呈现出典型的行政化特征。如图3–2所示，人事部门、国家发展改革委等行政机构对国企董事会和经理层的过度干预，使企业治理结构沦为行政附庸。虽然国资委在法律上被赋予双重职能，但其实际权力往往被上级行政部门架空。这种行政主导的人事任免制度不仅导致管理者行为的短期化，还破坏了企业管理的专业性和连续性。行政干预的层层渗透显著抬高了企业的制度性交易成本，损害了市场运行效率。实施分类监管改革，通过明确责任主体和引入股权制衡机制，既能有效约束行政权力，又能抑制管理者的机会主义倾向，从而在降低交易成本的同时提升企业经营绩效。

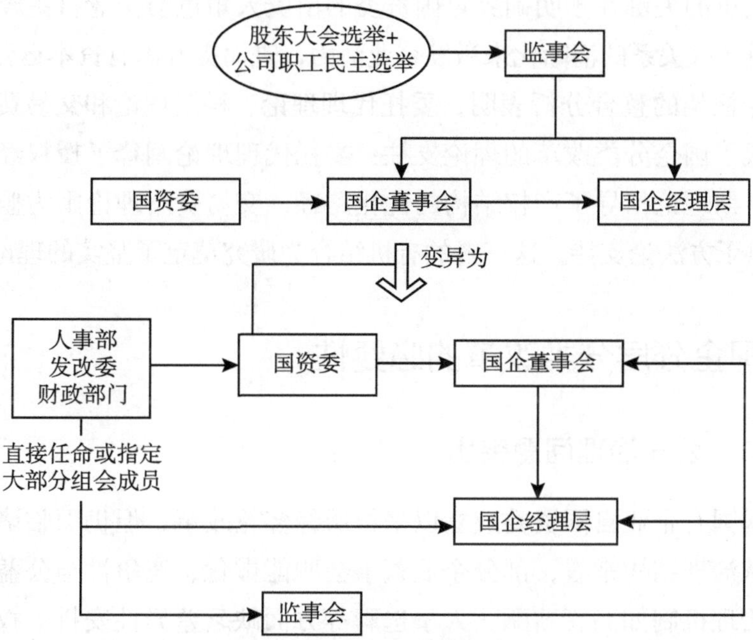

图3–2　早期的国资监管

3.2.3　科斯理论

科斯定理的核心命题在于：在产权明晰且交易成本为零的条件下，无论初始产权如何分配，市场机制都能实现资源配置的帕累托最优。这一理论的反向推论表明，"当交易成本客观存在时，产权界定的差异将导致资源配置效率的显著分化"。科斯理论的学术价值主要体现在建立了产权制度与资源配置效率之间的理论桥梁，为现实世界中通过产权制度改革来优化资源配置提供了理论依据。

国有企业分类改革本质上是一场产权制度的重构过程，涉及国有资产所有权、法人财产权、经营权等多项权能在政府、国资委、平台公司和国企之间的重新配置。传统监管体制下，国资委既行使出资人职责，又深度介入企业人事管理、绩效考核乃至具体经营事务，这种"全能型"监管模式造成了严重的权责错位：在战略决策层面存在监管缺位，在微观经营层面又表现为过度干预。特别是对于竞争类国有企业，这种体制严重抑制了市场活力。改革的关键在于明确界定国资委的出资人角色与企业自主经营权边界，通过产权关系的清晰化来激发企业活力，进而提升国有资本运营效率。

理论框架的整合分析表明，委托代理理论、科斯理论和交易费用理论共同构成了国企分类改革的理论支柱：委托代理理论阐释了授权经营的必要性，科斯理论指导了产权结构的优化路径，交易费用理论则为监管模式创新提供了方法论支持。这三者的有机结合为研究奠定了坚实的理论基础。

3.3 国企分层分类改革的必要性

3.3.1 公司治理问题突出

我国国有企业自国资委成立以来虽历经多轮改革，但仍面临诸多治理困境。从治理结构来看，部分企业董事会职能虚化，竞争性与公益性国企在关键治理机制如高管薪酬、人事选聘等方面缺乏差异性安排；权责配置方面，董事会与管理层之间的制衡机制失效，权责边界模糊不清；监督体系则存在结构性缺陷，监事会过度聚焦经理层监督而忽视对董事会决策的制衡，导致国有资产使用效率低下。这些现象共同表明，传统的一刀切监管模式已难以适应现代企业治理要求。

究其根源，在考核机制层面，为迎合行政化考核指标而采取的粗放式经营模式，使企业过度追求规模扩张而忽视质量提升；监管体制方面，政企不分的监管越位现象助长了利益输送行为，高管难以有效防范资产流失风险；企业自身则受制于单一的股权结构和过度集权的产权安排，既抑制了创新活力，又为权力寻租提供了制度温床。这种多层次的治理困境凸显了分类监管改革的紧迫性。

3.3.2 政企不分现象严重

我国自1984年推行国有企业两权分离改革以来，政企不分的体制性难题始终未能得到有效解决。这一现象的形成具有多重制度性根源：

其一，改革进程中既得利益集团的阻挠。尽管中央政府三令五申要

“坚决破除政企不分”，但在政策执行层面，部分官员为维护自身利益而消极应对，导致改革成效大打折扣；

其二，社会主义制度下国有企业与政府存在天然的体制关联。由于国有资本的特殊属性，政府不仅掌握企业的人事任免权，还深度介入企业经营决策，这种政企同构的治理模式使企业难以真正实现自主经营；

其三，国有资产管理体制的内在矛盾。政府作为国有企业的控股股东，通过股权控制实施行政干预，加之中央与地方政府管理权限的重叠交叉，造成产权关系混乱和管理效率低下。

这种政企不分的体制严重制约了国有企业的市场活力，不仅导致企业经营机制僵化，更阻碍了社会主义市场经济的健康发展。

3.3.3　资源配置效率有待提升

在社会主义市场经济体制不断完善的过程中，国有企业资源配置效率的差异化特征日益凸显，这成为分层分类改革的重要现实依据。传统“一刀切”的管理模式难以适应不同类型国有企业的资源配置特性：商业竞争类企业需要快速响应市场信号，实现资本要素的高效流动，战略支撑类企业则更强调资源投入的稳定性和长期性，而公共服务类企业的资源配置必须兼顾经济效益与社会效益的双重目标。这种差异化特征在央企与地方国企、集团公司和子公司中也同样存在。资源配置目标的异质性要求必须建立差异化的改革路径，分层分类改革通过构建“分类授权—分类考核—分类监管”的三维制度框架，可有效解决资源配置中的“制度错配”问题。比如，对商业Ⅰ类企业实施以资本回报率为核心的资源配置机制，强化市场在资源配置中的决定性作用；对商业Ⅱ类企业采用“负面清单+弹性监管”模式，在确保国家战略安全的前提下提升资源配置灵活性；对公益类企业则建立以公共服务效能为导向的资源配置体系。

3.4　典型国家的国企改革及监管模式比较

国有企业作为各国经济体系的重要组成部分，其改革与监管模式因历史传统、制度环境和发展阶段的差异而呈现出多元化特征。从国际比较视角来看，日本—韩国模式、法国—德国模式、美国模式以及新加坡模式等典型范式，为我国国企改革提供了有益借鉴。与此同时，我国探索形成的分类监管与分层对接的创新路径，也为深化国企改革提供了新的制度框架。

3.4.1　国外代表性国家的国企改革模式

（1）日韩模式——国资集权管理

日本和韩国代表了典型的政府主导型监管模式。日本实行高度集中的国有资产管理体制，其国有企业体系由直营事业、特殊法人事业和第三部门构成。其中，直营事业实质上是政府行政部门的延伸，工作人员具有国家公务员身份；特殊法人事业虽在法律形式上独立于行政机关，但仍需遵循特别法规定，实质上受政府严格控制；第三部门虽采用股份制组织形式，但由于政府控股而难以实现真正的经营自主。这种集权式监管模式层级精简但政府干预程度较深。韩国在借鉴日本模式的基础上进行了制度创新，通过设立国有企业管理委员会和实施股权多元化改革，实现了从直接管控向间接指导的转型，如图3–3所示。

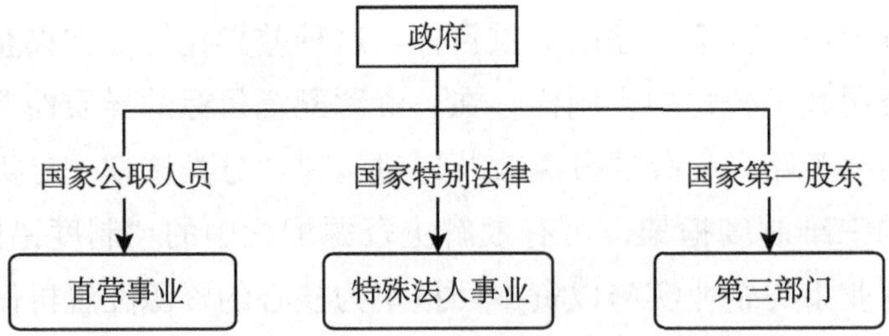

图3–3　日本国企改革体系框架

日本国资监管体系呈现出显著的中央集权特征，政府在国有企业运营中保持高度主导权，其监管层级设置相对精简。

韩国在改革初期基本沿袭日本模式，但通过设立国有企业管理委员会和实施股权结构优化等制度创新，逐步实现了从直接行政干预向间接政策指导的转型，这一转变具有重要的制度突破意义。

（2）法德模式——分权集权相结合的监管体系

欧洲国家普遍采用分权与集权相平衡的监管模式，在确保国家控制力的同时赋予企业适度自主权，这种制度安排在实践中验证了平台公司运作模式的可行性。

法国作为典型代表，其国有企业监管体系具有以下特征：对全资公共企业实行市场化运作；对非法人公共企业适用行政管理规范；对国有参股企业则按照股权比例行使股东权利。该国的监管架构以议会为决策核心，由财政经济部牵头实施计划合同制管理，各行业主管部门（如运输部、邮电部等）负责具体执行。然而，这种多头监管体制存在机构重叠、职能交叉等问题，影响了监管效能（见图3–4）。

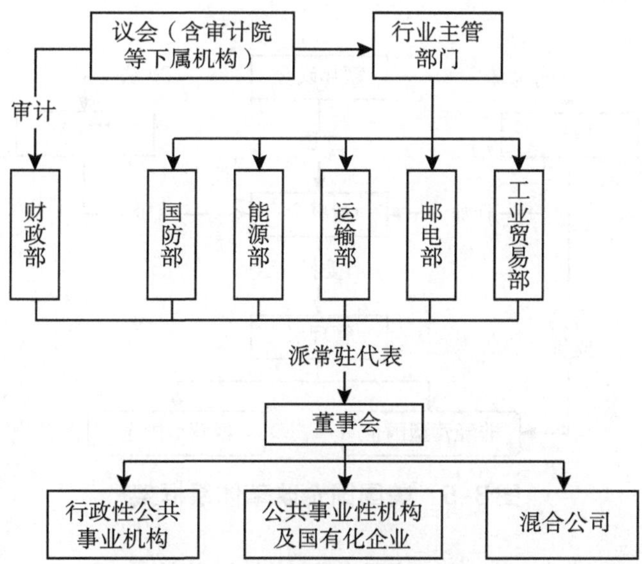

图3–4 法国国企改革体系框架

德国的国有资产按规模大小，分属中央、省、地方三级所有，建立了更为清晰的“联邦议会—财政部—监事会—董事会—国企”分级监管链条，国有资产实行三级所有制度，权力层层下放，互不干涉，国企服从市场竞争，盈利是首要，社会福利是其次。企业绩效评价以市场指标为核心，充分体现了“政企分开、权责明确”的监管原则。

（3）美国模式——高度分权的国资监管体系

美国建立了极具特色的分权式国有企业监管制度，其核心特征在于政府仅实施宏观调控而赋予企业充分的市场竞争自由。在资本主义国家中，美国的国有经济比重处于较低水平，其监管体系采用典型的“两层次”分类管理模式。其中，非经营性国有企业（85%）由行政服务总局统一管理，这类企业资产归属于联邦或地方政府，运营资金主要来源于法定预算拨款；而经营性国有企业（15%）则采取公私合营方式，政府保留所有权但将经营权完全下放，通过契约化管理实现市场化运作。美国独特的监管架构以国会为决策中枢，构建了“政府执行+审计监督”的双轨制运行机制，虽然企业董事会成员仍由政府任命，但整体上形成了较为清晰的权责划分体系（见图3–5）。

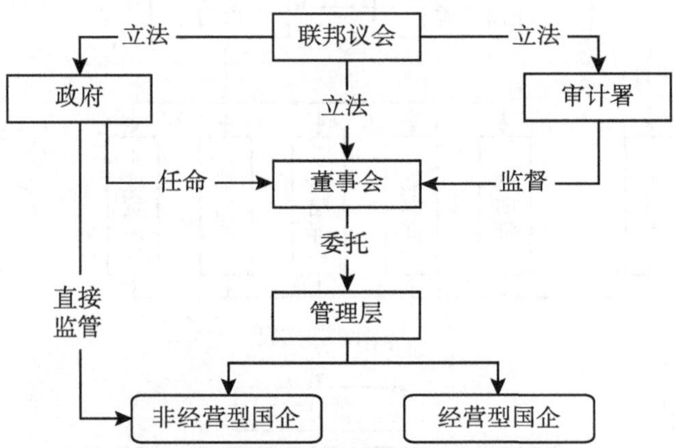

图3–5 美国国企改革体系框架

（4）新加坡模式——基于控股公司的分层监管体系

新加坡在国有资产管理领域构建了独具特色的分权模式，其制度创新不仅表现为政府对市场的“有限干预”和不同所有制企业的公平竞争环境，更突出体现在以“控股公司市场化运营”为特征的三级监管架构。该国对国有企业实施精准分类监管：将具有公益属性和垄断特征的国有企业与市场化运营的政府控股公司、国联公司进行明确区分。针对公益垄断类企业，新加坡建立了“议会—政府部门—法定机构（如港务局）—国有企业”的直接监管链条；而对于竞争性领域的国有企业，则采用“议会—政府部门—控股公司（如淡马锡）—国联公司”的间接管理模式（见图3–6）。这种差异化的监管体系既确保了关键领域的国家控制力，又为市场化运作提供了制度保障。

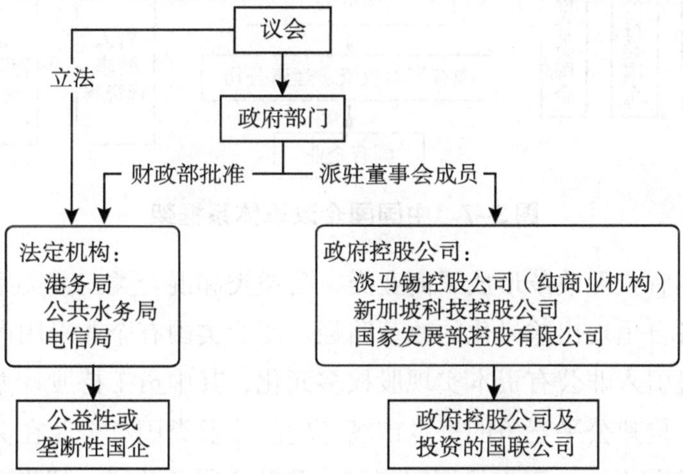

图3–6　新加坡国企改革体系框架

3.4.2　中国国企改革路径

在系统总结我国国有企业改革数十年实践经验的基础上，当前改革路径明确将分类监管作为核心突破口，通过构建底层分类管理与顶层分类监管的协同机制推动改革向纵深发展。我国国有企业改革采取分类推进策略，将企业划分为商业类、公益类和混合类三大基础类别，同时允许地方政府根据区域特点进行细化分类，如上海市将公益类细分为功能保障型和公共服务型。针对不同类型企业实施差异化监管：公益类企业重点强化成本控制和社会效益评估，同时适度关注经营效益；商业类企业则完全遵循市场规律，政府仅保留参股权而不干预经营决策，并允许国有资本在资本市场自由流动；混合类企业实行更为灵活的监管方式，重点激发企业创新活力。这一改革体系的核心在于实现国有资产监管从“管企业”向“管资本”的根本转变，其具体实施路径如图3–7所示。

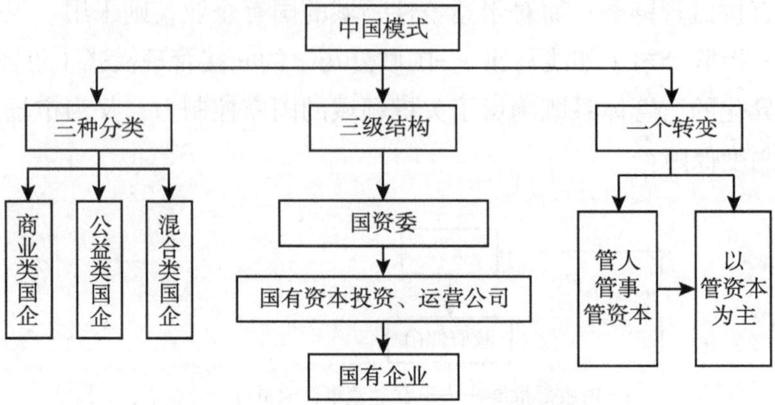

图3-7 中国国企改革体系框架

我国国有企业改革形成了商业类、公益类和混合类三大类型并行发展的格局，各自呈现出差异化的改革路径。商业类国有企业采用市场化运作模式，通过引入非公有资本实现股权多元化，其中员工持股计划得到广泛推行，旨在构建公平竞争的资本市场环境。公益类国有企业在保持国资委适度监管的前提下，着重发挥宏观调控和社会服务功能，其改革进程与宏观经济形势和政策导向密切相关。混合型国有企业作为改革试验田，着力完善产权结构和公司治理机制，通过股东制衡实现政企分离，同时跨区域股权互持有效打破了市场分割，为全国范围内的改革实践提供了示范效应。

在深化国有企业改革的进程中，授权放权机制通过建立出资人责任清单得以制度化，其中国资委主要承担跟踪督导职责，并可根据实际情况动态调整授权范围，通过国有资本投资公司和运营公司两大载体实现精准授权。分类考核体系构建方面，各省级政府在中央"三分法"指导下，结合本地国有资产规模和产业特点，建立了与国企层级相匹配的差异化考核机制，重点推进考核指标个性化、薪酬分配梯级化和激励措施透明化。这种分类改革与监管模式已成为当前国企改革的主导方向，并将持续影响未来改革进程。

从政策实施层面来看，各省份积极响应中央关于分类监管的指导精神，在保持授权放权的核心理念和分类考核基本原则统一性的前提下，允许地方政府根据属地国企特点对分类标准进行适应性调整，形成了既统一又灵活的监管体系，其具体实施路径如图3-8所示。

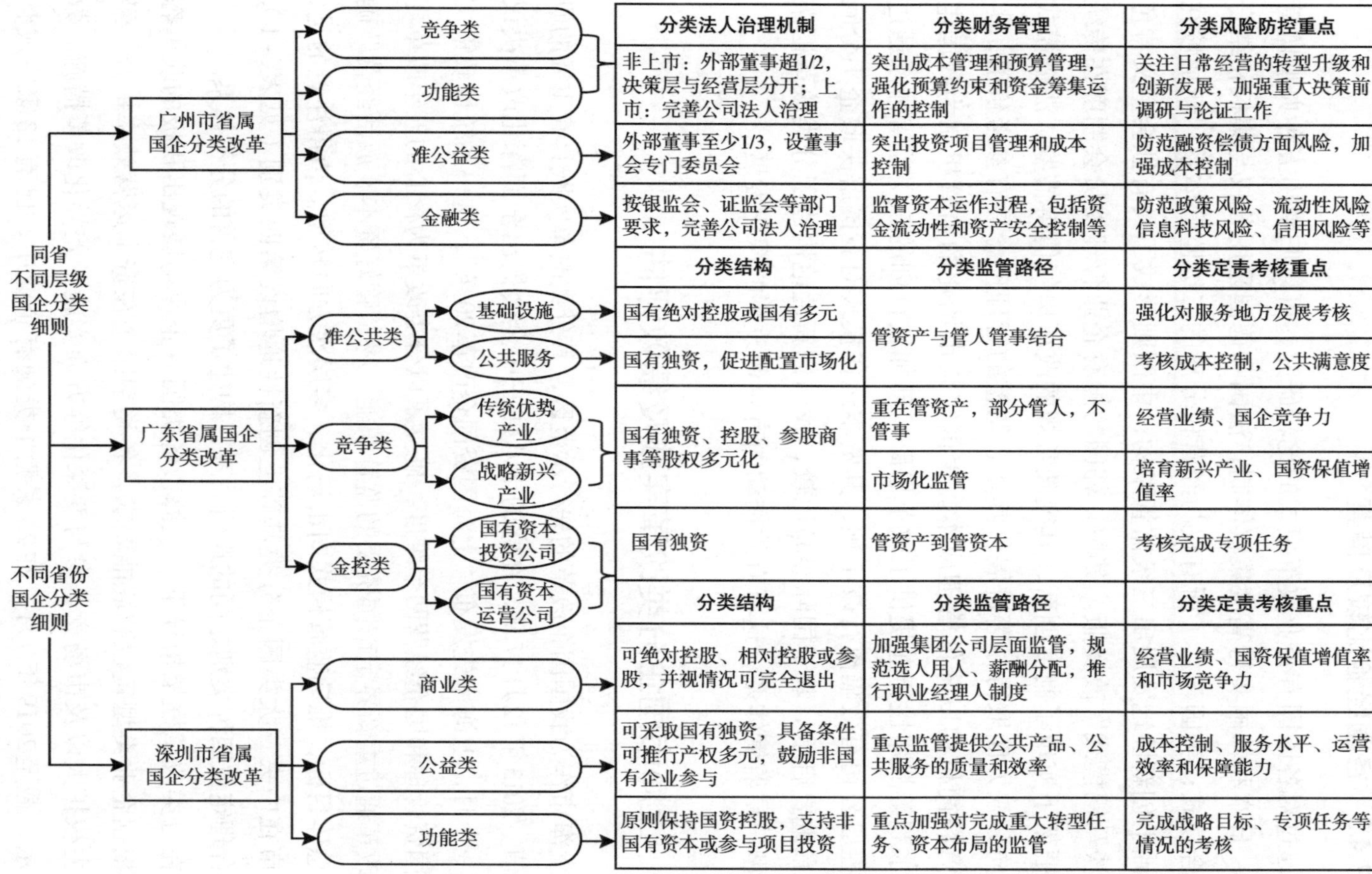

图3-8　广东省、广州市、深圳市国企分类改革路径对比

3.4.3 各国经验比较及借鉴

通过对各国国有企业改革模式的比较研究，可以归纳出五种典型监管模式：日本和韩国实行高度集权体制；法国和德国采用分权与集权相结合的混合模式；美国建立了所有权与经营权分离的二级监管体系；新加坡在此基础上创新性地发展出三级监管架构；中国则形成了具有社会主义特色的“淡马锡模式”改良版。其中，韩国的国有企业管理委员会制度在传统集权框架下实现了制度创新，其突破常规的改革勇气值得借鉴。法德模式在纵向分权方面取得显著进展，其动态调整的管理理念具有参考价值，但需注意精简机构以降低管理成本。美国完全市场化的监管机制为我国电网、水利等战略性行业提供了改革思路。新加坡首创的三层监管体系通过政府控股公司有效隔离行政干预，其资本运作模式对我国解决政企不分问题具有重要启示。基于国际经验比较，我国创新性地构建了分类改革框架和新型三层监管体系，这将有效推动国有企业改革的深化发展。

3.5 上海市国企分类改革实践及绩效评估

上海市作为我国国企改革的先行示范区，其分类改革实践具有重要的研究价值。2013年12月17日，在党的十八届三中全会提出全面深化改革决议后仅一个月，上海率先发布“上海国资国企改革20条”，这一系统性政策文件从国资管理和国企经营两个维度，确立了以分类改革为核心的五年改革规划。改革通过重新界定市国资委的监管职能，将“管好资本、放活经营”确立为总体目标，推动监管模式向市场化、多层次方向转型。值得注意的是，上海市在中央三大类国企分类基础上创新性地增设第四类别（见表3–1），并且合理定位四种类别之间的逻辑关系，构建了更为完善的分类体系。

在分类改革框架指导下，上海市各类国有企业均展现出积极的改革态势。根据企业类型定位和职能要求，各类型国企在资本运营效率提升、经营自主权扩大以及市场竞争参与度深化等方面实施了差异化改革措施。数据显示，截至2019年9月，在25家竞争类国有企业中，已有13家完成整体上市，其余12家正处于上市筹备阶段。特别值得注意的是，作为国际金融中心的核心载体，上海市金融类国有企业在分类监管体系下实现了监管精准化和激励有效化，切实履行了其功能保障和公共服务职责。表3-2系统呈现了四类国有企业的典型改革措施。本章将采用事件研究法和杜邦分析法相结合的研究方法，选取各类别代表性企业，对其分类改革前后的短期经营绩效变化进行量化分析。

表3-1 上海市国有企业分类

市场竞争类（25家）	衡山集团、上汽集团、上化院、上海仪电、上港集团、上海建工、东方国际、交运股份、上海电气、百联集团、上海实业、华建集团、东浩兰生、绿地集团、上缆所、隧道股份、联交所、长江联合、光明食品、锦江国际、上海建科、华虹集团、华谊集团、自仪院、申能集团
功能保障类（10家）	科创投、联合投资、国际集团、国盛集团、临港集团、机场集团、上海信投、申通地铁、上海地产、上海申迪集团
公共服务类（6家）	上海农商行、浦发银行、上海银行、申通集团、久事集团、上海城投
混合储备类（3家）	海通证券、国泰君安、太保集团

资料来源：作者根据国资委和企业官网数据整理

表3-2 上海市国企分类改革代表性举措

竞争类国企	功能类国企	公共服务类国企	混合型国企
1.整体上市或核心资产上市企业已占竞争类集团总数2/3（如绿地集团、现代设计集团、上海城建） 2.实施各类股权激励超过43例，扩大中小股东权益保障圈，实质性缩减大股东的股权份额（如上港集团、上汽集团、上海建工、光明食品集团）	1.资本运作平台成功完成转型，划转股权项目资产总额800亿元，盘活存量资金400亿元（如上海国际、上海国盛） 2.重大城市功能区域建设按节点进展顺利，民众好评度上升（如同盛集团承担的国际旅游度假区功能、临港先进制造业装备基地功能）	进一步理顺与政府关系，积极探索“政府购买服务+特许经营”等市场化运营模式，初见成效，公共服务效率提高（如久事公司）	仅2015年一年，上海市就对14家企业42项跨类业务进行了认定，并实行分业考核（如将申能集团由公共服务类企业调整为竞争类企业，并确立其面向全国发展的综合性能源企业目标）

资料来源：作者根据国资委和企业官网数据整理，以下数据来源同

3.5.1 竞争类国企——以上海国际港务集团为例

作为上海市国有企业改革的核心对象，竞争类国企在地方经济中占据主导地位。截至2018年末的统计数据显示，该类企业在企业数量中占比72%、资产规模占比89%、员工人数占比86%以及经营效益占比96%，在关键指标上均具有显著优势。从经济贡献度和社会影响力两个维度考量，竞争类国企无疑是上海国有资产保值增值的主要载体。上海市针对此类企业实施了一系列市场化改革措施：首先，通过推动整体上市和股权多元化改革优化资本结构；其次，引入职业经理人制度和外部董事机制完善公司治理；最后，构建新型三层监管体系，由国有资本投资运营公司担任政企之间的"防火墙"。这些制度创新既解决了行政干预过度的问题，又提升了企业经营活力，为混合所有制改革创造了有利条件。基于此，本书选取员工持股计划这一典型改革举措，重点考察其对竞争类企业经营绩效的影响机制。

（1）选择原因

2016年《关于国有控股混合所有制企业开展员工持股试点的意见》的出台，为上海市竞争类国有企业改革提供了制度保障。作为市场化改革的重要举措，员工持股计划因其通过定向增发引入增量资金、在科学定价机制下保障国有资产安全等优势，成为企业转型的首选方案。数据显示，上海市员工持股企业数量从2017年的338家快速增长至2018年的80%普及率（见表3–3）。

表3–3 上海市员工持股计划普及情况

入选员工持股试点名单的时间	试点企业举例	试点思路
2014年	上港集团	先上市，后员工持股
2015年	上汽集团	先上市，后员工持股
2016年	上海建工	先上市，后员工持股

续表

入选员工持股试点名单的时间	试点企业举例	试点思路
2017年	第一批：上海电气国轩新能源科技有限公司、上海久事智慧体育有限公司集团、上海新金桥环保有限公司 第二批：上海云海万邦数据科技有限公司、上海综合保税区国际物流有限公司、上海杨树浦文化创意产业有限公司	第一批：新行业、新公司居多，四家试点企业均属于市场化且属于政策扶持的新兴行业 第二批：因在实施员工持股计划前已经引入了非公股东，故普遍采用增量进入的方式
2018年	上海自动化仪表有限公司	方案结构化，持股方式三层

上海国际港务（集团）股份有限公司是我国乃至全球最大港口集团之一，由上海市国资委、招商局集团等五家单位发起设立，注册资本近20亿元，于2006年10月26日登陆上海证券交易所。2015年，母港的集装箱吞吐量突破3.6亿标准箱，连续六年保持全球领先地位。作为竞争类国企改革的标杆，上港集团率先响应国资监管转型政策，通过市场化方式实施员工持股计划，在改革深度和市场反响方面均取得显著成效。

（2）财务绩效分析

上港集团于2014年11月18日发布员工持股计划公告，采取非公开发行A股方式实施，发行总量限定为42 000万股。首期发行定价为每股4.33元，设置36个月锁定期。在集团约2万名员工中，实际参与持股员工达1.6万人，参与率达到80%。从资金来源看，99%的认购资金来源于员工自筹，其中12名高管合计持股比例仅为1%，占当时流通A股的2%。本次计划共计认购4.1亿股，募集资金总额17.5亿元，扣除发行费用后全部用于偿还银行贷款。该持股计划采取分阶段实施策略，首期从2014年11月草案审议至2015年6月股份变动公告发布，历时逾半年。值得注意的是，受2014年度利润分配方案影响，2015年5月初发行价格由原定的4.33元/股调整为4.18元/股。

①员工持股计划实施后股权结构变动情况。员工持股计划作为上港集团股权结构改革的核心举措，其政策效果在持股比例变化中得到显著体

现。根据表3–3数据显示，2015年上海国资委直接持股比例较实施前下降10个百分点，至2017年其直接与间接合计持股比例由原先的60%大幅降至44%，降幅达30%。这一数据变化充分印证了上海市国资委持续推进的股权下放政策，实现了国资运营模式的实质性转变。从股权集中度演变来看，2013年由国资委、亚吉投资和同盛集团构成的”三股独大”格局，到2018年已转变为多元持股结构，其中中小股东持股比例从不足1%提升至约5%（详见表3–4），充分体现了混合所有制改革的成效。

表3–4 上港集团前四名大股东持股情况 （单位：%）

股东名称	2013年	2014年	2015年	2016年	2017年	2018年
市国资委直接持有	40.80	40.80	31.36	31.36	31.36	31.36
亚吉投资有限公司	24.48	24.48	24.04	24.04	25.15	25.15
上海同盛（集团）有限公司	23.26	23.26	19.86	19.86	4.86	4.86
中国远洋海运集团有限公司	0	0	0	0	15.0	15.0
上海城投（集团）有限公司	0.85	0.85	4.21	4.21	12.03	12.03
市国资委直接或间接持有股份合计	70.80	70.80	61.07	59.38	44.38	44.38

②公布员工持股计划的市场效应——基于股价变动。本研究采用事件研究法对员工持股计划的市场效应进行量化分析，将2014年11月18日预案公告日确定为事件日。这一选择的合理性在于：尽管上海市早在2013年12月就发布了国企改革纲领性文件，但其仅提供了方向性指导，缺乏具体实施方案。相比之下，上港集团的员工持股计划作为竞争类国企市场化改革的实质性举措，通过股权分散化实现了经营自主权的提升，标志着企业从国资委直接监管向市场化运营的转型。

事件研究法的实证分析中，窗口期与估计期的科学设定对研究结果的可靠性具有决定性影响。本研究在窗口期设置上采取了审慎的权衡策略：

短期窗口（±5日）虽能有效隔离其他事件的干扰效应，但可能无法充分捕捉市场的完整反应；而长期窗口（±30日）虽能覆盖更长的市场消化过程，却增加了混杂因素介入的风险。基于此，本研究采用多窗口期设计，分别设定为（-5，5）、（-10，10）和（-30，30），并严格剔除休市日与停牌日数据。在估计期选择方面，为构建有效的基准模型，分别选取事件日前45日（-50，-5）、90日（-100，-10）和180日（-210，-30）作为估计窗口，以确保研究结论的稳健性。这种多期对照的设计既考虑了市场反应的时效特征，又有效控制了潜在干扰因素，为后续分析奠定了严谨的方法论基础。

第一，设定市场模型，公式如下：

$$R_t=\alpha+\beta\cdot R_{mt}+\varepsilon \tag{3.1}$$

其中，R_t和R_{mt}分别表示上港股份和市场组合在第t时点的回报率；α、β是待估参数，分别为估计截距和估计斜率；ε是干扰项（此处不予考虑）。R_{mt}此处使用上证指数。

分别代入三个窗口期，在Stata中进行回归估计参数α、β，计算结果如表3-5所示：

表3-5 估计窗口对应的待估参数值

估计窗口45天	估计窗口90天	估计窗口180天
α =0.002795	α =-0.003246	α =-0.002353
β =0.7014936	β =0.9049355	β =1.126023

第二，把上述参数代入，计算窗口期的预期收益率。计算公式为：

$$E(R_t)=\alpha+\beta\cdot R_{mt} \tag{3.2}$$

其中，$E(R_t)$是股票第t日的预期收益率；R_{mt}是市场第t日的收益率。

第三，将预期收益率与实际收益率作差，得上港集团每日超常收益率，计算公式为：

$$AR_t=R_t-E(R_t) \tag{3.3}$$

其中，AR_t表示股票第t日超常收益率；R_t是股票第t日实际收益率；$E(R_t)$是股票第t日预期收益率。

第四，将个体超常收益率累加即为上港集团累计超额收益率，计算公式为：

$$\mathrm{CAR}\ (t_1,\ t_2) = \sum_{t_1}^{t_2} AR_t \tag{3.4}$$

其中，$(t_1,\ t_2)$ 表示事件窗口期；AR_t 表示股票第 t 日超常收益率。

依据市场模型估算预期收益率后，上港集团员工持股计划公告前后5日、10日、30日的累计超额收益率计算结果如图3-9至图3-11所示。

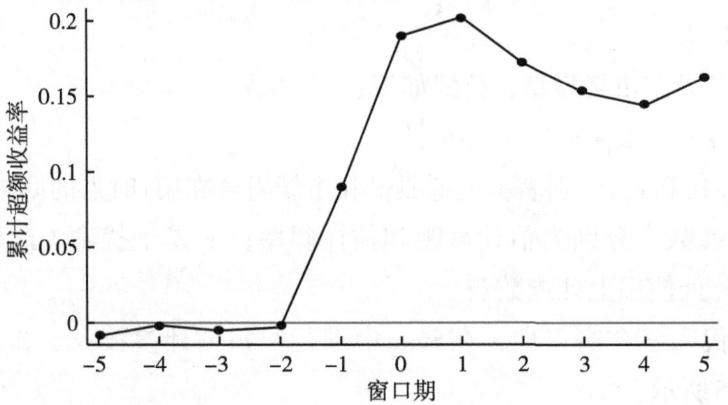

图3-9　窗口期（-5，5）超额累计收益率

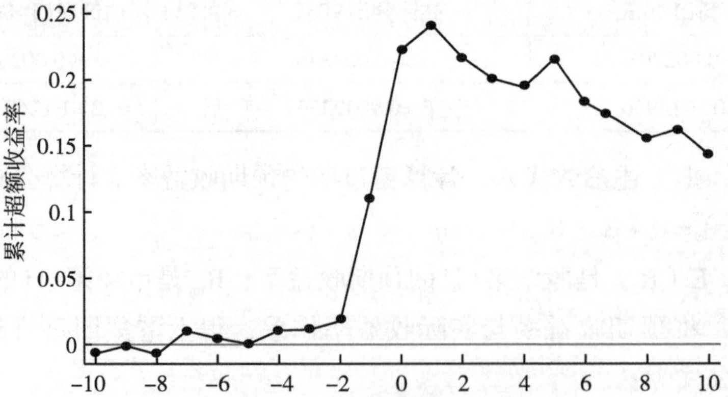

图3-10　窗口期（-10，10）超额累计收益率

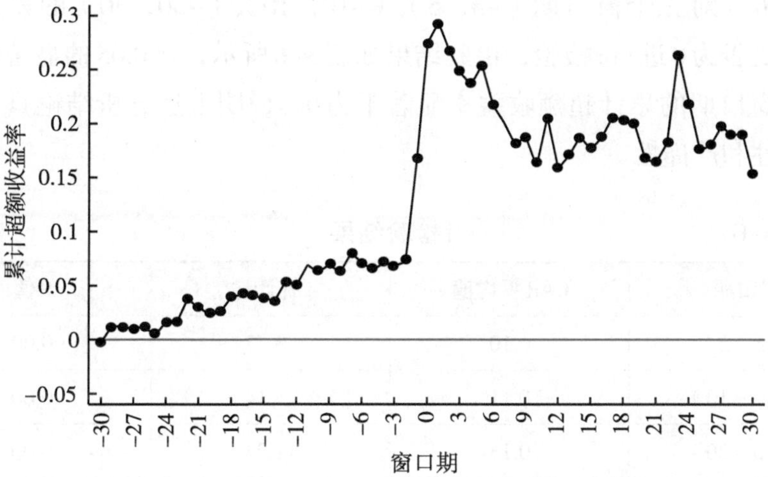

图3-11　窗口期（-30，30）超额累计收益率

根据结果，图中显示三个窗口期的累计超额收益率在事件日前后均呈现正值，且在公告日前两日出现显著跃升。这一现象可能与此次员工持股计划是委托给长江养老管理机构代为运营，该机构作为专业的保险资金运营机构，可能在信息披露前通过非公开渠道传播消息有关，造成市场反应提前。值得注意的是，与员工持股计划同时披露的还有一份《股权转让协议框架协议》的收购资产意向，方案可能也对市场预期产生了叠加效应。从动态变化来看，事件日后首日累计超额收益率达到峰值，随后逐步回落，至第30日稳定在2%左右波动，表明市场对该事件的消化过程已基本完成。

作为国资控股的混合所有制企业代表，上港集团通过员工持股计划实现了80%的员工覆盖率，并采用自愿持股区间等创新机制，有效激发了员工积极性。非公开发行方式规避了外部干扰因素，使该集团在9月5日停牌前持续为负的累计收益率在方案公布后迅速转正。虽然涨幅相对大盘有限，但考虑到停牌前显著偏离市场整体走势的情况，该计划确实显著缩小了与市场基准的差距。综合来看，资本市场对这一制度创新给予了积极反馈，证实了员工持股计划在短期内的正向市场效应。

第五，对三个窗口期（–5，5）、（–10，10）、（–30，30）的累计超额收益率是否为0进行t检验，检验结果如表3–6所示，在0.05的显著性水平下，各窗口期的累计超额收益率显著不为0，说明上述分析结论具备一定的科学性和严谨性。

表3–6 t检验结果

窗口期	CAR平均值	t统计量	P值
（–5，5）	0.10	3.77	0.00
（–10，10）	0.11	5.14	0.00
（–30，30）	0.13	11.24	0.00

3.5.2 功能保障类国企——以上海国际集团、上海国盛集团为例

上海国资改革的重要创新在于将功能保障类作为独立的企业分类，这一做法区别于国内多数省份竞争类、公益类、混合类的三分法，将类似功能归入公益类国企。上海国际集团与上海国盛集团被明确界定为功能保障类而非公共服务类，其核心考量在于二者在新三层监管体系中的枢纽地位。在转型初期，这类企业主要承担政府指令性任务，重点在于实现国有资本的有效配置与运营管理，而非直接面向公众提供服务，这种制度设计为其快速适应新角色、推动后续监管转型奠定了基础。

2014年，上海率先落实党的十八届三中全会决议提出的“以管资本为主”改革要求，确立了两大功能互补又适度竞争的国资运营平台：上海国盛集团聚焦战略产业股权投资，上海国际集团则专司金融股权投资（具体差异参见表3–7）。这种职能划分体现了上海改革的重要特征——通过精准界定业务边界避免职能重叠，并以完成特定功能任务为核心目标，同时建立专门监管部门确保资本运作规范。上海国际集团与上海国盛集团的实践表明，科学区分投资与运营职能、有序推进国企股权收购、实施资本分类重组，是构建高效国有资本运营体系的有效路径。

表3-7　上海国际集团与上海国盛集团职能定位异同

内容	上海国际集团	上海国盛集团
共同点	推动完善国有资产管理创新机制，带动国企改革发展，充分发挥长三角地区创新股权投资和产业协同的作用，本质上讲都是国资运作平台	
职能侧重点	优化国有资本投资布局，健全市场化的资产配置和投资模式	完善国资运营质量，优化资产整合处置的效率和效果
功能定位	服务“五个中心”，围绕自贸区、科创中心等重大发展战略，以“直投+基金”相结合的方式，强化主动性增量投资	通过资产置换和管理提升等多种形式，平稳有序推进重组整合、清理退出一批企业，不断提升集团资产质量和流动性
具体行业	服务重大国家战略项目，关注新兴金融领域，支持各类全国性金融要素市场落户上海	积极参与制造业项目和乡村振兴。做好民用大飞机、集成电路、软件信息、海洋核动力等领域项目投资和服务

（1）上海国际集团、上海国盛集团作为研究样本的原因

①上海国际集团的标志性资本运作案例。作为由原上海市投资信托公司改制设立的国有资本运营平台，上海国际集团自1981年成立以来，通过系统性地持有市属金融机构股权，逐步构建起专业化的金融投资体系。2014年明确国有资本运营平台定位后，该集团确立了兼具资本运营与投资管理的双重战略目标。其代表性运作案例体现在2015年1月成功受让锦江航运48%股权，并于同年10月实现向上港集团的股权转让。这一完整的资本运作闭环不仅实现了“资本—资产—资金”的良性循环，更通过收益全额上缴展现了显著的经济效益，具体运作流程如图3-12所示。该案例的成功实践为研究功能保障类国企的资本运作模式提供了典型样本。

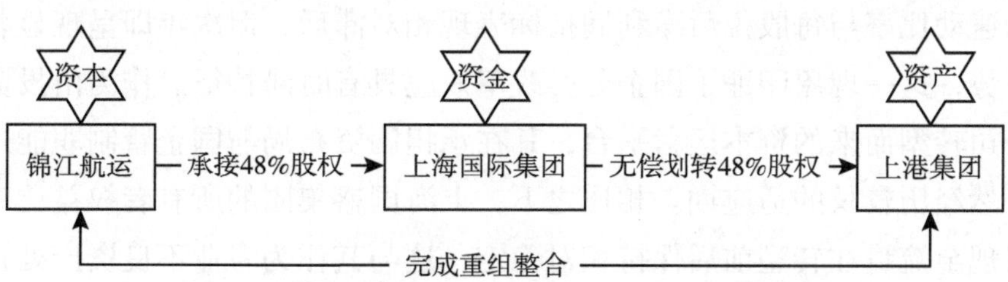

图3-12　上海国资“第一单”具体运作流程

②上海国盛集团的业务创新转型实践。作为2007年9月成立并于2008

年6月正式运营的大型国有独资投资控股集团，上海国盛集团在2014年被确立为国资运营平台后，实现了重要的业务转型。该集团创新性地构建了“股权流入—资本运营—收益投资”的运作模式，通过业务创新和投资布局优化推动战略转型。2015年，集团在上海证券交易所（以下简称上交所）成功发行以划转国资运营为标的的可转换公司债券，标志着其市场化运作取得突破性进展。转型后的上海国盛集团在推动上海基础平台整合和上市公司股权盘活方面成效显著，相关典型案例如图3-13所示。这一系列实践充分展现了国有资本运营平台在市场化改革中的创新路径。

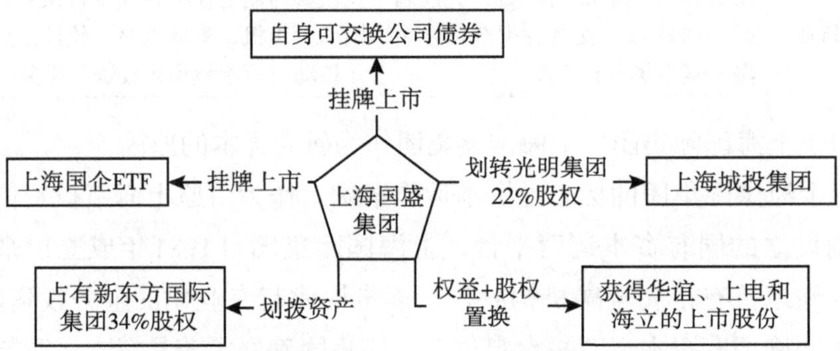

图3-13　上海国盛集团典型资本运作事件

（2）上海国际集团与上海国盛集团财务绩效比较分析

首先，基于偿债能力（速动比率、所有者权益比率）和营运能力（每股现金流量、每股税后利润）两大维度的财务指标分析显示，上海国际集团与上海国盛集团呈现出差异化的发展轨迹。2015—2016年，上海国际集团的速动比率与每股税后净利润指标表现相对滞后，但次年即呈现显著增长态势，这一现象印证了国企分类改革效应具有时滞特征。作为由投资信托公司转型而来的资本运营平台，其在承担国资布局与国企管制职能过程中必然经历较长的适应期。相比之下，上海国盛集团的所有者权益比率与每股现金流量在转型前后保持相对稳定，这与其作为专业不良资产处置平台所形成的成熟运作模式密切相关。

绩效差异的深层次原因在于两家企业截然不同的战略定位：上海国

盛集团侧重通过市场化手段推动企业联合重组，实施行业横向整合；而上海国际集团则依托浦发银行、中国太保等核心企业开展金融领域的纵向整合。金融行业特有的高风险属性及其对宏观环境的敏感性，使纵向整合面临跨企业协同、资本运作效应管控等复杂挑战。相较之下，涉及基础民生领域的横向整合具有更强的业务流动性和协同性，操作难度相对较低，这在一定程度上解释了上海国际集团初期绩效表现相对逊色的现象。

其次，两家企业的财务指标呈现出显著的协同波动特征。如图3–14、图3–15所示，两家企业的每股税后净利润在2016年均出现由正转负的转折，这一现象可能与当年票据交易所和保险交易所的设立，以及5月大规模国企股权划转导致的资本消化压力有关。值得关注的是，上海国盛集团的速动比率在2015—2016年维持在1以上，且应收账款在速动资产中的占比低于10%，显示出较强的短期偿债能力，但随着转型深化，该指标呈现合理下降趋势。

最后，从财务稳健性来看，两家企业的所有者权益比率在观察期内保持相对稳定，表明整体财务风险可控。绩效波动特征表明，资本运作平台的经营表现与具体运作事件高度相关，呈现出较强的非连续性特征。这种波动性恰恰反映了国有资本运营平台在转型过程中的探索特性，也印证了监管转型策略的有效性。特别值得注意的是，上海国盛集团在2018年已基本恢复至亏损前的盈利水平，展现出较强的自我修复能力。

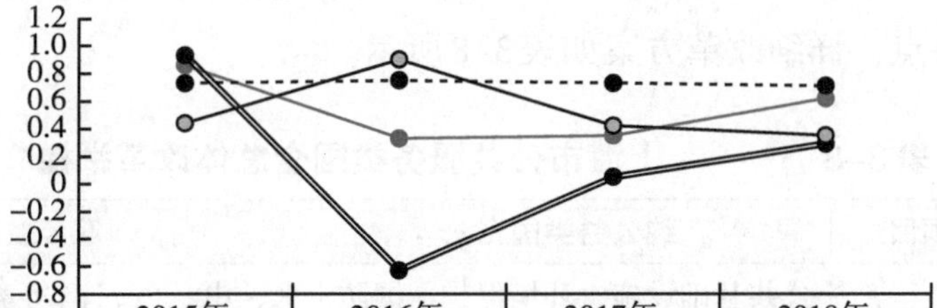

	2015年	2016年	2017年	2018年
速动比率	0.86	0.33	0.35	0.62
所有者权益比率	0.73	0.75	0.73	0.71
每股税后净利润	0.93	−0.63	0.05	0.29
每股净流量	0.44	0.9	0.42	0.35

图3–14　上海国际集团2015—2018年主要财务指标

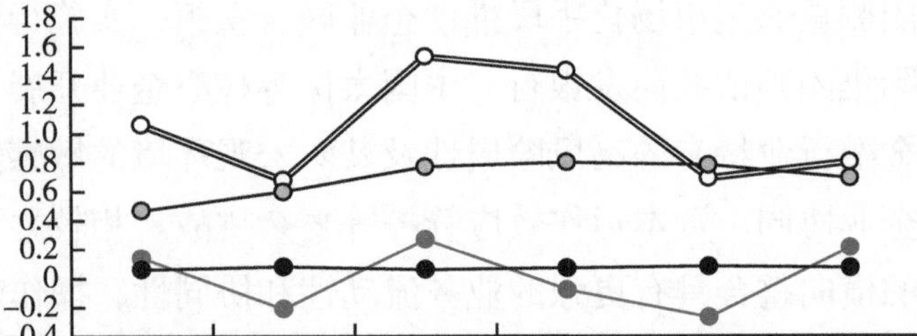

	2013年	2014年	2015年	2016年	2017年	2018年
速动比率	1.06	0.68	1.53	1.43	0.69	0.8
所有者权益比率	0.47	0.60	0.77	0.8	0.78	0.69
每股税后净利润	0.14	−0.21	0.27	−0.08	−0.27	0.21
每股现金流量	0.06	0.08	0.06	0.07	0.08	0.07

图3–15 上海国盛集团2015—2018年主要财务指标

3.5.3 公共服务类国企——以上海浦发银行为例

上海市对公共服务类国有企业的职能定位主要体现在保障城市运行稳定性和实现社会效益最大化两个维度。这类企业以提供优质公共服务为首要目标，通过引入社会评价机制，推动社会效益与经济效益的有机统一。由于公共服务职能与功能保障职能均属于社会责任范畴，建立完善的企业法人治理机制显得尤为关键，这不仅能确保委托代理关系下的规范运作，更能有效防止过度追求盈利目标而挤占公共服务资源，从而凸显其与竞争类国企的本质区别。在具体实施层面，上海市将公共服务类国企划分为纯公益和准公益两个子类别，二者在功能定位和运营模式上既存在共性又各具特点，详细改革方案如表3–8所示。

表3–8 上海市公共服务类国企总体改革举措

项目	纯公益类国企	准公益类国企
涉及领域	公共基础设施、环境保护、国防事业	水、电、气，高等教育及培训、通信、非营利性医疗卫生事业
控股形式	国有独资形式	投资主体多元化，可采取国有控股、参股与非国有企业参与经营等形式
改革导向	调控社会效益与经济效益受众不均的失衡问题，通过购买服务、特许经营或者委托代理等方式与其他企业科学接轨，在资金和技术上相互补充	

续表

项目	纯公益类国企	准公益类国企
改革禁区	不参与任何形式的商业类竞争项目；避免重复投资、高度垄断或资源浪费	
存续路径	精简机构，降低运营成本；申请政策倾向或财政补给；拓展融资渠道，可利用社会募集资本或竞争类国企移至社保部门的红利	

（1）选择浦发银行作为研究样本的典型性分析

在上海现有的6家公共服务类国有企业中，银行业占据重要地位，其中上海浦东发展银行作为国有控股商业银行具有显著代表性。该银行于1999年在上海证券交易所完成上市，是《中华人民共和国商业银行法》和《中华人民共和国证券法》颁布实施后首家规范上市的商业银行，在公共服务类国企中具有独特的竞争性特征。在中国加入WTO后的发展进程中，浦发银行展现出较强的战略前瞻性，不仅率先引入国际战略投资者，更在治理结构优化、经营管理创新等方面实施国际化标准，包括早期推行组织架构扁平化改革和首创客户经理制度等现代化银行管理模式。2016年《财富》世界500强排名显示，浦发银行位列第227位，较上年提升69个位次，这一成就充分印证了其作为上海银行业标杆企业的发展实力。然而，历经二十余年的发展历程，该银行在经营管理方面也显现出若干深层次问题。值得注意的是，即便在上海市全面推进国企分类改革背景下，浦发银行虽系统性地完善了治理体系和业务架构，但其改革成效尚未实现质的突破。基于此，本研究将运用杜邦分析体系，深入探讨浦发银行在国企分类改革进程中的具体表现。

（2）浦发银行财务绩效分析

从历史发展轨迹来看，浦发银行在2009年之前不仅资产规模持续领先于民生银行和兴业银行等主要竞争对手，其净资产收益率指标更是长期保持行业领先地位。2019年的财务数据显示，在金融行业平均销售净利率仅为0.02%的市场环境下，浦发银行实现了33.02%的销售净利率，这一表现在上海市165家金融机构中位列第47位。就净资产收益率而言，该行排名第27位，其数值达到行业平均水平的148倍。虽然资产负债率指标略逊于行业均值，但考虑到银行业普遍存在较高不良贷款率的行业特性，加之浦发银行以对公业务为主的经营特点，其整体财务表现仍显著优于同业机构。通过横向比较可以确认，浦发银行的财务绩效呈现出明显的相对优势。具体数据参见图3-16至图3-18所示。

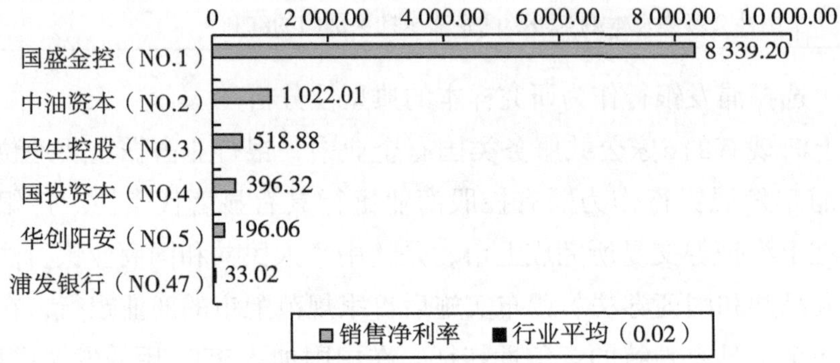

图3-16　2019年浦发银行销售净利率行业对比

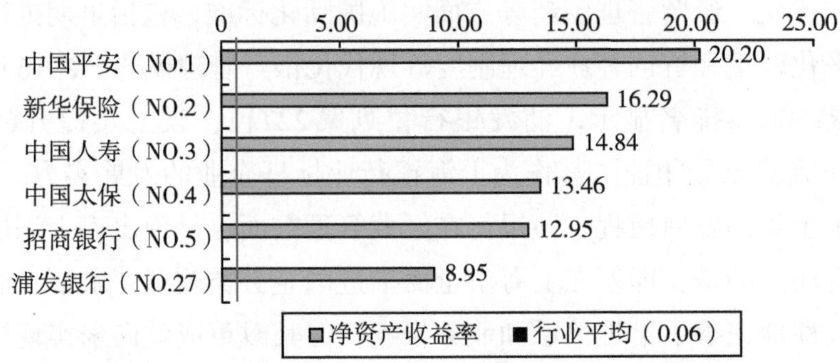

图3-17　2019年浦发银行净资产收益率行业对比

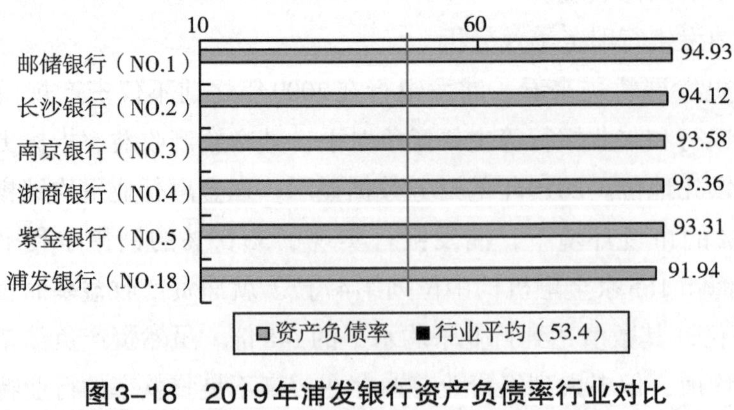

图3-18　2019年浦发银行资产负债率行业对比

通过对浦发银行财务数据的纵向分析可以发现，2013—2018年该行权益乘数呈现持续下降态势，这一变化趋势表明债权人权益保障程度逐步提升，企业整体财务风险得到有效控制。然而值得注意的是，自2009年该指标骤降至19.45%后，浦发银行的净资产收益率便长期处于较低水平。特别值得关注的是，在2013—2018年的六年间，其净资产收益率呈现出明显的持续下行特征（详见表3–9）。

表3–9 2013—2018年浦发银行杜邦分析体系

时间	净资产收益率	=	销售净利率	×	总资产周转率	×	权益乘数
2013年	20.02%	=	40.92%	×	0.03	×	17
2014年	19.18%	=	38.18%	×	0.03	×	16
2015年	17.42%	=	34.53%	×	0.03	×	16
2016年	15.20%	=	33.02%	×	0.03	×	16
2017年	13.28%	=	32.18%	×	0.03	×	14
2018年	12.27%	=	32.59%	×	0.03	×	13

为深入探究这一现象的内在成因，本研究基于杜邦分析框架，从总资产周转率、销售净利率和权益乘数三个核心维度展开系统分析。

第一，总资产周转率在连续六年间始终维持在较低水平，这一现象直接反映了该行资产利用效率不高和销售能力偏弱的问题。这种状况不仅严重制约了企业的投资变现能力，还对整体盈利能力产生了显著的负面影响，同时也预示着销售净利率可能呈持续下滑的发展趋势。2012年金融脱媒政策和利率市场化改革的实施，对以对公业务为核心特色的浦发银行造成了较大冲击。究其原因，一方面大型企业客户在利率谈判中相比中小企业具有明显优势；另一方面，对公贷款业务高度依赖政府资源，加之股份制银行在该领域的激烈竞争，多重因素共同导致浦发银行在对公业务发展过程中面临诸多障碍，最终难以实现资金周转效率的有效提升。

第二，销售净利率呈现出逐年递减的趋势，这一现象与其持续低迷的净利润增长表现密切相关。2016年，该行单季度利润增长率仅为4.93%，创下上市以来的历史最低水平。造成这一状况的主要原因在于：在新型国资监管政策实施背景下，浦发银行主动调降了托管及其他受托业务的手续费标准，相关业务收入同比下降14.42%，进而导致非利息净收入整体下滑。数据显示，2018年该行实现非利息净收入596.98亿元，较上年减少3.26%。值得注意的是，在行业横向比较中，浦发银行的盈利能力表现相对落后。截至2020年1月23日，18家已披露2019年度业绩快报的A股上市银行均实现营收和净利润双增长，其中15家银行营收增幅超过10%，15家净利润增幅超过10%，而浦发银行5.36%的净利润同比增长率在同行中排名垫底（详见表3-10）。

表3-10　　2019年部分A股银行经营情况

指标	营业收入（亿元）	营收同比增长（%）	归属上市公司股东净利润（亿元）	净利润同比增长（降序）（%）
常熟银行	64.53	10.80	17.93	20.66
成都银行	127.31	9.84	55.51	19.40
江阴银行	34.06	6.91	10.12	18.09
青农银行	87.32	17.02	28.25	16.78
招商银行	2 697.50	8.53	928.67	15.28
平安银行	1 379.58	18.20	281.95	13.60
无锡银行	35.63	11.62	12.45	13.59
长沙银行	170.17	22.07	50.80	13.43
西安银行	68.45	14.54	26.75	13.25
……				
浦发银行	1 906.88	11.60	589.11	5.36

第三，权益乘数连续六年维持高位运行，这一现象直接反映了该行负债水平偏高的经营特征。究其原因，主要源于其以对公业务为主导的战略定位，特别是与企业银行的深度合作模式，导致不良贷款存量规模较大。在国有资本监管透明度不断提升的政策环境下，监管部门强化了不良风险暴露要求，同时出台支持民营企业贷款的政策导向，并要求商业银行提高拨备覆盖率，这些因素共同对浦发银行的负债结构产生了负面影响。2017年的年报数据显示，该行贷款质量持续恶化，其非正常贷款同比增速在

16家老牌上市银行中位居首位，不良贷款余额同比激增57%，环比增长13%。尽管贷款迁徙率由年初的7.2%降至2.7%，关注类贷款占比从50.2%下降至28%，但由于不良贷款基数较大，其财务状况的实质性改善仍面临挑战。表3-11的统计数据进一步显示，2019年浦发银行以2.05%的不良贷款率位居行业最高水平，这一异常值主要源于第四季度的突发性增长。具体而言，截至2019年9月末，该行不良贷款率为1.76%，较2018年末下降0.16个百分点；然而至12月末，该指标却快速攀升至2.05%，在短短3个月内上升了0.29个百分点。

表3-11 2019年部分A股银行风险控制情况 （单位：%）

指标	不良贷款率	较上年末增长	拨备覆盖率	较上年末增长
浦发银行	2.05	0.13	/	/
江阴银行	1.83	–0.32	259.13	25.42
平安银行	1.65	–0.10	183.12	27.88
中信银行	1.65	–0.12	175.25	17.27
光大银行	1.56	–0.03	/	/
兴业银行	1.54	–0.03	/	/
苏州银行	1.53	–0.15	224.40	50.07
青农银行	1.46	–0.11	310.23	20.18
贵阳银行	1.45	0.10	290.58	24.53

3.5.4 混合储备类国企——以太平洋保险集团为例

作为以公有制为主体、多种经济成分并存的国有控股企业，混合型国企的产生与发展具有深刻的经济体制背景。从宏观层面分析，这类企业组织形式充分体现了市场主体的多元化特征，与社会主义市场经济体制的内在要求高度契合；从微观运作来看，经过三十余年的国企改革历程，国有企业内部的经济成分不断丰富完善，各类资本与国有资本之间形成了优势互补、相互制衡的良性互动机制。

太平洋保险集团被上海市列为混合型国企的典型案例，主要基于以下特征：该集团自1991年成立以来，业务范围已全面覆盖财产保险、健康保险、人寿保险、投资融资及海外业务等多个领域。在功能定位上，该集团不仅是上海国际金融中心建设的重要参与主体，同时秉持“推动和实现可持续的价值增长”的经营理念，致力于为包括客户、股东、员工和社会公众在内的各利益相关方创造价值，实现了经济效益与社会效益的有机统一。特别值得注意的是，资本来源多元化构成了太平洋保险集团最显著的组织特征，这种多元化的融资渠道直接促成了其产权结构的多样化格局。在此背景下，建立清晰的产权制度安排对于保障混合型国企的规范治理具有决定性意义。根据相关研究，上海市混合所有制经济的形成主要遵循四种典型路径（见图3-19）。

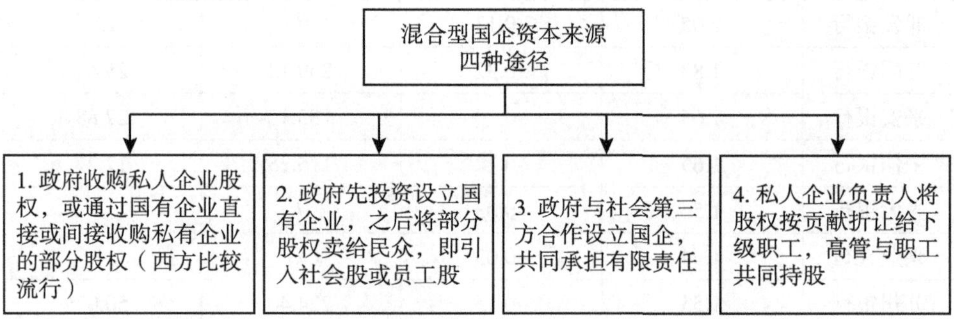

图3-19 上海市混合型国企混合资本主要来源

2017年度经济数据显示，上海市地方国有企业在总营业收入、利润总额及资产总额三项核心指标上均位居全国省级行政区首位，加之其在《财富》世界500强榜单中的优异表现，充分印证了上海国企发展成就已获得国际社会的广泛认可。这一成就的取得，在很大程度上得益于混合型国企作为战略储备力量所发挥的关键作用。混合型国企因其业务构成的多元性及发展路径的多样性特征，目前尚难以被明确归类于前三类国企范畴，但其战略价值不容忽视。从功能定位来看，这类企业需要保持高度灵活性：既要在市场机制失灵时补充竞争类国企的功能缺位，又要在国家实施重大宏观调控时配合功能保障类国企发挥作用，还需在公共服务类国企出现效能不足时及时补位。这种特殊的组织形态决定了混合型国企改革面临更为复杂的挑战：一方面因其缺乏明确的类型归属而需要探索多元化发展路径，另一方面其改革难度与阻力均显著高于单一类型的国有企业。

特别值得关注的是，鉴于保险类企业在混合型国企中占据较大比重，此类企业的改革进程对上海国际金融中心建设具有重大战略意义。上海市在推进混合型国企改革过程中，确立了多样化的核心改革方针，具体体现在三个维度：一是构建多元化的股权结构体系；二是实施差异化的监管主体配置；三是完善多样化的治理制度安排。在改革实践中，既充分考虑各企业的历史沿革特征和未来战略定位，又严格遵循混合所有制改革的市场化导向原则。通过大力推行股权激励计划、培育差异化利润来源等创新举措，鼓励混合型国企率先开展改革试点，从而充分发挥其作为战略储备力量的关键作用。

（1）样本选择依据：太平洋保险集团的典型性分析

中国太平洋保险（集团）股份有限公司作为股份制商业保险机构的典型代表，其发展历程具有显著的研究价值。该集团于1991年5月13日正式成立，随后在2007年12月25日完成上海证券交易所上市，并于2009年12月23日实现香港联合交易所挂牌，形成了覆盖人寿保险、财产保险及再保险等多元化业务格局。特别值得关注的是，该集团在《财富》世界500强榜单中的排名呈现持续跃升态势：从2013年的第429位逐年攀升至2014年第384位、2015年第328位以及2016年第251位，这种连续四年的显著排名提升在全球顶尖企业竞争中实属难得。财务数据显示，2013年度该集团实现净利润92.61亿元，同比增幅高达82.4%，展现出强劲的盈利能力。在国企分类改革政策实施背景下，当银行业普遍快速响应而保险业相对沉寂之时，太平洋保险集团于2014年底率先启动股权激励计划，并筹划收购上海某基金公司，体现了其作为保险业改革先锋的战略定位。作为上海地区重要的金融企业，该集团在改革进程中实施了一系列创新举措：从市场化股权激励计划的推出，到产品业务结构的优化重组，再到经营管理团队的重大调整，这些改革措施充分彰显了其作为混合型国有企业的独特定位，以及在探索多元化发展路径、构建全方位业务体系方面的积极实践。

（2）太保集团财务绩效分析

为系统评估分类改革政策对混合所有制企业的实际影响，本研究选取太平洋保险集团作为典型案例，通过资产负债率、净资产增长率及净资产收益率三项核心财务指标，分别衡量其偿债能力、成长能力与盈利能力，并基于财务数据变动趋势绘制趋势线，以量化分析改革成效。

首先，净利润、主营业务收入与总资产三项关键指标均呈现稳定上升态势，其中总资产增长率的提升幅度最为突出，这一结果有力印证了上海市实施国企分类改革战略的正确性，特别对保险等金融行业实施差异化管理的必要性。值得注意的是，2012—2013年度该集团净利润实现82.41%的显著增长，这一业绩突破与其2013年实施的战略转型密切相关：从侧重内部体系创新转向积极拓展外部战略合作，特别是2014年与华为建立战略伙伴关系后，双方在人工智能运维、影像识别及数字化风险研究等领域的深度合作，为集团创造了显著的利润增长点（见图3-20）。

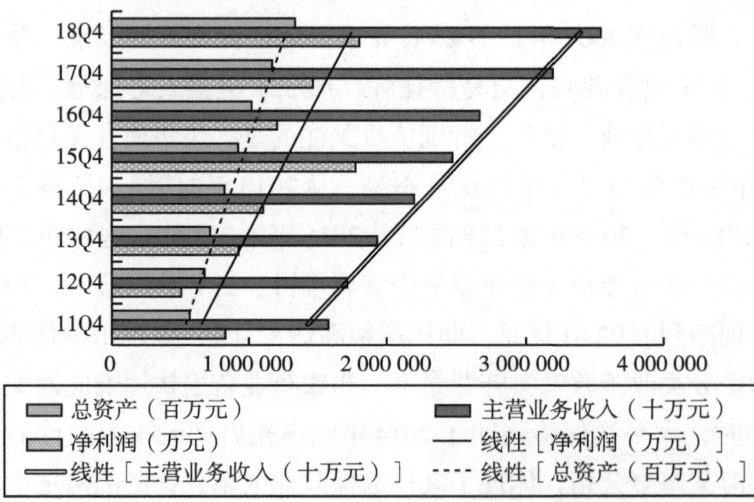

图3-20　太保集团2011—2018年度部分财务指标

其次，资产负债率、净资产收益率和净资产增长率等关键绩效指标上呈现出相似的波动趋势，这反映出其偿债能力、成长能力与盈利能力之间存在显著关联性。这种关联性主要源于国家宏观政策环境与政治经济形势的外部影响，导致各指标变动趋势趋同且未来走势存在较大不确定性。从行业发展视角来看，尽管我国保险业整体发展水平持续提升，但供需结构性矛盾依然突出，具体表现为现有保险产品与市场需求匹配度不足，这不仅制约了太保集团的发展空间，也在一定程度上限制了保险行业整体功能的充分发挥。图3-21的实证数据显示，2013年上海启动国企分类改革后，2013—2014年太保集团的各项财务指标均呈现明显上升态势。特别值得注意的是，2016年后该集团成功实施"以客户需求为导向"的战略转型，并于2017年出台综合保险集团发展规划，将人才建设与科技创新确立为核心发展战略，通过持续推动创新驱动发展和开放式经营模式，有效激发了企业内生动力，获得了员工的高度认同。这些改革实践充分证明，太保集团作为混合所有制企业的典型代表，其多元化发展战略的实施取得了显著成效，整体发展态势保持稳健。

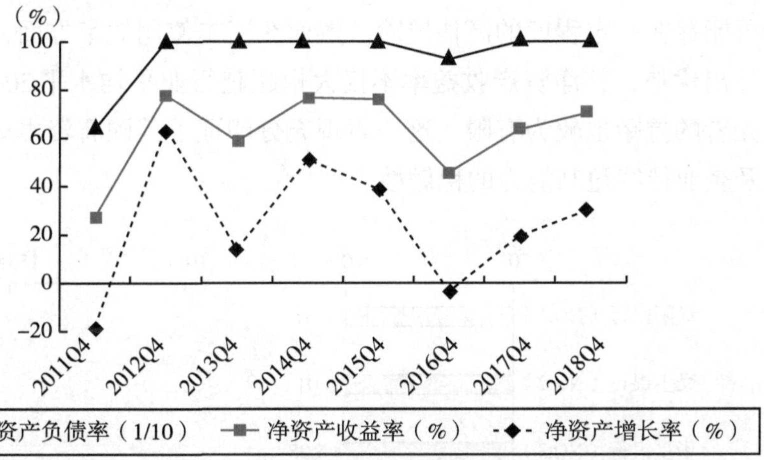

图3-21 太保集团2011—2018年度偿债、成长、盈利能力指标

（3）太保集团与金融同业横向比较

在行业转型背景下，2019年上半年数据显示，包括太平洋保险集团在内的国内大型上市险企普遍面临保费增速放缓的挑战，其营业收入达2 203.86亿元，其中保险业务收入2 078.09亿元，同比增长7.9%，这一表现与行业整体趋势相符。当前寿险行业正经历从规模扩张向质量提升的关键转型期，这标志着太平洋保险集团自2018年启动的“转型2.0”战略已进入攻坚阶段。该战略涵盖人才体系建设、业务协同发展等13项关键转型目标，旨在推动企业发展模式从依赖代理人规模扩张向注重队伍质量与效益并举的方向转变。为科学评估这一转型战略的实施效果及其未来发展前景，选取市盈率、每股收益、主营业务收入及净资产收益率四项核心财务指标，通过横向对比分析方法，将太平洋保险集团的经营表现与行业平均水平进行系统性比较。

作为上海市金融行业165家上市公司之一，太平洋保险集团的财务表现具有典型研究价值。根据图3–22至图3–26的实证数据显示，该集团在五项关键财务指标的行业排名分别为：市盈率（第35名）、每股收益（第6名）、净资产收益率（第6名）、主营业务收入（第8名）和净利润（第17名），整体处于行业前30%的领先位置。值得关注的是，其市盈率指标显著高于行业均值，达到前五名平均水平的2.5倍，这一估值差异暗示其股价可能存在一定程度的高估风险。然而在资本使用效率方面，该集团展现出突出优势，其净资产收益率不仅大幅超越行业平均水平204倍，与行业领先者的差距也较为有限，这一表现充分印证了其国有资本运营的高效性以及企业持续盈利能力的稳健性。

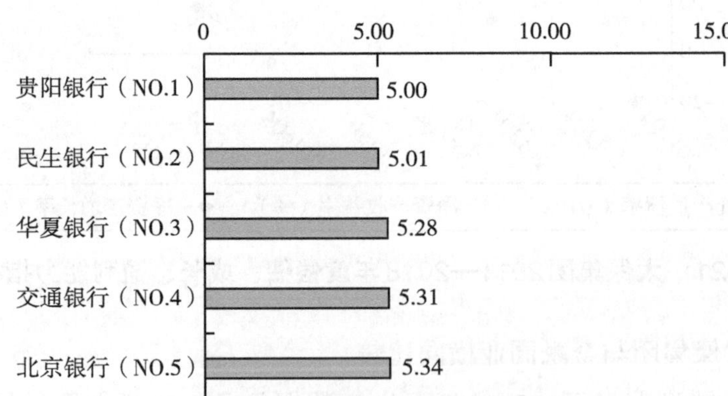

图3–22　市盈率横向对比［行业平均水平（10.07）］

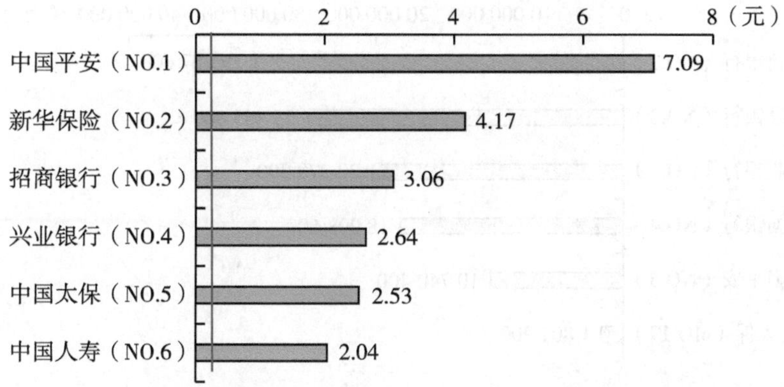

图 3-23　每股收益横向对比［行业平均水平（0.33）］

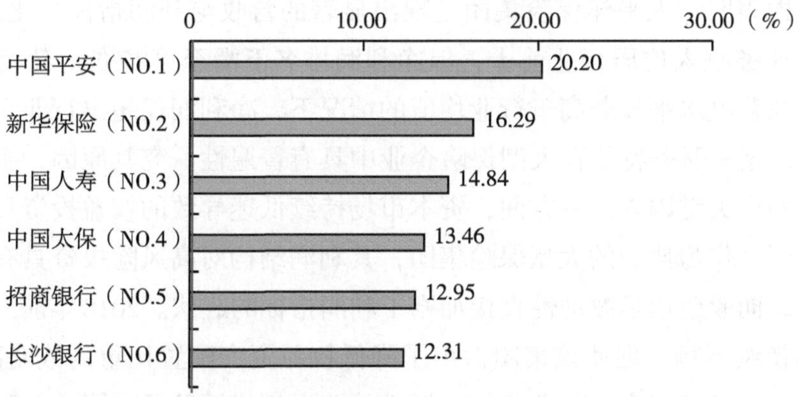

图 3-24　净资产收益率横向对比［行业平均水平（0.06）］

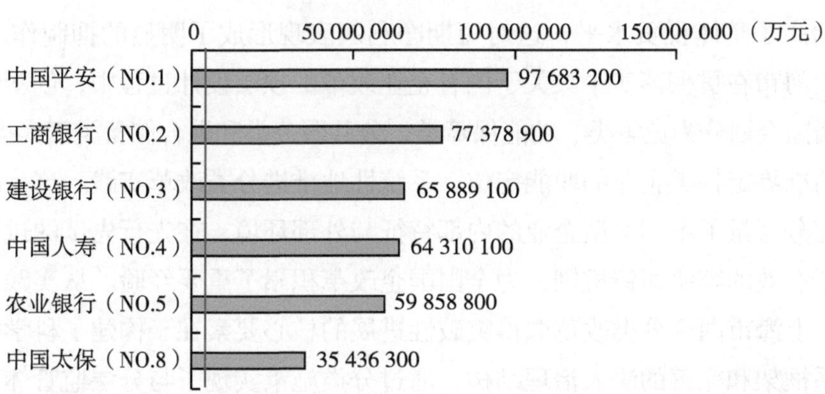

图 3-25　主营收入横向对比［行业平均水平（4 421 375）］

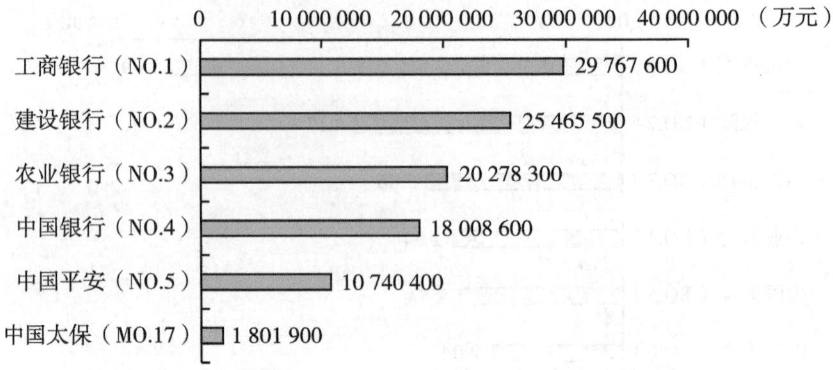

图3-26　净利润横向对比［行业平均水平（1 042 749）］

数据表明，太平洋保险集团呈现出显著的营收与利润指标分化现象：其主营业务收入位居行业前十，但净利润排名下滑至第17位。值得注意的是，在营收水平显著高于行业均值的情况下，净利润仅超出行业平均水平72%，这一财务特征在大型保险企业中具有普遍性。究其原因，主要可归因于两个关键因素：一方面，资本市场持续低迷导致的权益投资亏损是重要诱因。作为典型的大型保险集团，其利润结构对高风险投资具有较强依赖性，而股票市场波动性直接加剧了利润指标的起伏。2018年前三季度股市的持续下行，促使该集团做出了降低权益资产配置比重的战略决策。另一方面，近年来实施的业务结构调整战略也产生了阶段性影响。随着保障型长期险产品比重的提升，相应增加的佣金支出导致可抵扣税基缩减，进而抬高了整体税负水平，这对短期净利润表现形成了明显的抑制作用。

上海市在贯彻落实中央关于国有企业改革的顶层设计过程中，创新性地将市属国企划分为竞争类、功能保障类、公共服务类和混合储备类四大类别，通过精准界定各类企业的职能定位，系统性地推进分类改革实践。这一改革举措充分考量了不同类型企业的内部特征与外部环境，在先行先试的过程中建立了有效的容错纠错机制，为全国国企改革积累了重要经验。从实践成效来看，上海市国企分类改革取得突破性进展的核心要素在于构建了科学的分类体系框架和完善的法人治理结构，通过分类施策实现了与分层监管体系的无缝衔接，从而建立起与“管资本为主”监管要求相适应的动态调整机制。

第4章

基于分层分类的国企混改路径选择

我国国有企业体量庞大、分布广，且具有不同的功能定位、行政隶属关系以及管理层级，显然不能忽视国企存在的以上差异，要求所有国企采取一致的混改路径。从业务范围看，既有集团公司和国有资本投资运营公司，还有归属集团管控的子公司；从经营目标看，既有商业类公司还有公益类公司；从股权结构看，既有国有独资公司，也有国有控股公司和国有参股公司；从监管主体看，由于我国特殊的行政分层，既有隶属国务院国资委及财政部管理的国企，也有归属地方国资委或者财政部门管理的企业。由于国有企业的战略定位、发展目标以及业务类型不同，国有企业混改路径的选择也会有所不同。同时由于我国国有企业具有强烈的中国特色，导致可借鉴的理论经验少之又少。因此，本部分分别从功能类别、隶属关系及所属层级三个不同层面探讨国企混改路径。

4.1 不同功能特征下的国企混改路径选择

从20世纪90年代提出分类改革起，学术界对国企分类的讨论就没有停止。在2015年《关于国有企业功能界定与分类的指导意见》出台之前，主要是讨论分类的必要性，大体遵循着从需要分类，到分两类还是三类，再到提出更多更具体的分类标准这一路径。该指导意见的发布为国企分类提供了标准，国企改革向纵深推进。国企混改是国企改革的一个阶段，因而无论是国企改革还是混合所有制改革，基本遵循这一变化规律，其分类标准可以说既保持一脉相承，又有所发展。国有资本的高效管理要求设立不同类型的国有企业，大体可分为经济目标下的市场参与者和社会目标下的公益服务者。本部分结合国有资本的战略目标和发展定位，将国有企业按功能和类别分为商业类国企和公益类国企，针对其特征提出差异性混改路径。

4.1.1 基于功能特征实施混改的科学性

首先，科学合理的国企分类是明晰混改路径的逻辑起点。要以功能定位为基础的分类改革推动国有企业发展，必然要求对不同功能定位的国有企业实施差异性混改。功能定位体现了国有企业的设立目的及核心目标，是追求效益最大化以实现保值增值，还是为社会提供公共产品和服务、追求社会效益，亦或是二者兼而有之。科学、合理地分类是国企改革顶层设计的首要问题，也是混改顺利推进的逻辑起点。

其次，明确国企功能定位可以为国企混改提供坚实的概念基础。国企功能定位的核心在于从设立该国有企业的目的出发，找准国企双重属性（经济属性和社会属性）的侧重点（吉军，2018），按照功能对国有企业进行分类管理，设立差异化的发展战略和管理目标。以国有企业的功能分类为切入点，实施差异化的国企混改策略，兼顾混改的科学性和有效性，有利于国有企业走向市场，实现经营与市场深度融合，激发经营活力。只有遵循所属类别的本质属性，才可以保证国企运营质量的提高，为实现混改目标打好基础。

4.1.2 国有企业的不同功能特征

首先，公共服务类国企和商业类国企的功能定位具有本质差别。任何一个国家都存在不同体量的国有资本。国有资本兼具资本的自然属性和社会属性，不同行业和企业中国有资本的分布有异，国有资本的自然属性和社会属性组合比例不同，因而国有资本体现出的双重特性也具有其差异性。商业类国有企业的主业处于竞争行业（领域），其经营的根本目标是利润最大化，但其经营效率偏低是关键问题，因此这类国有企业是最为典型、最需要混改的对象，在避免“一股独大”的基础上。国有股小于或最多与主要的非国有股持平，实现国有股与非国有股的平等与合作。在积极引入各类资本形态实现股权多元化的过程中，不追求国有资本的绝对控股地位，根据情况可实施相对控股或参股。

公益类国有企业比较特殊，以社会效益最大化为经营目标，其主要业务是提供公共产品或准公共产品，或者在自然垄断领域提供服务，其投资领域具有明显的社会公共服务和公共产品的特性。这类企业的使命在于弥补市场失灵而不是参与市场竞争获取盈利，例如基础设施、教育、医疗卫生等社会事业领域，或者交通、水电等与民生密切相关的领域，其生产销售的产品和提供的服务均属于生活必需品，具有较强的公共目标和功能的外部性。这类国企通常由国家单独出资，其运营以实现政策目标为主、收益目标为辅。公益性国有资本投资目标的实现，尽管不是以盈利为第一目标，但实际上，投入到基础设施领域中的国有资本发挥了对国民经济整体结构的支撑作用，基础设施所提供的社会再生产竞争性领域的有效运作环境，保障了竞争性领域的资本运营绩效的实现（张晖明，2019），与之相伴的是对国家财政收入的贡献，从而间接地实现了保值增值的目标。由此可见，商业类和公益类国有企业具有不同的资本属性，表现出不同的经营目标和发展路径，具有不同的市场影响力和竞争力。因此，适宜有选择地参加混改或者合理地释放股权。

其次，商业Ⅰ类和商业Ⅱ类国有企业的功能定位也具有差异性。商业Ⅰ类国有企业“处于充分竞争领域”，以追求资本收益、促进产业结构优化为目标，因此混改重在优化资源配置，实施资源重组整合，鼓励非国有资本参与公司治理以及经营发展，从而增强国有企业的活力，实现国有资本的增值保值，优化资源的配置。对于商业Ⅱ类国有企业而言，其主业“关系国家安全与国民经济命脉”“主要承担重大专项任务”，需要根据行业特点确定主业范围，发挥其在国家宏观调控方面的服务作用，保障国民经济安全运行。此类国有企业可根据自身的发展目标，先剥离不良资产，然后与优质企业进行并购重组；引入多元化投资主体时，要保证国有资本的绝对控股权或者相对控股权，防止国有资产的流失，放宽行业准入限制，引导非国有资本进入，借助竞争机制提高行业整体运行效率。

需要明确的是，国有企业的功能分类并非固化的，不可一概而论，允许存在区域差异和动态调整。基于功能的国有企业分类并不要求全国统一模式，应允许各区域因地制宜。各省份可根据行政区域内国有企业的实际运营，参考国务院国资委的分类标准，结合当地实际对辖区内的国有企业进行分类。上海市在国企改革中较早确立了分类改革新细则，明确以经济属性为侧重点的竞争类国企以资产保值增值为营利性目标、作为中央和地方财政收入的重要来源或者控制国民经济发展主方向为己任；以社会属性为侧重点的公共服务类国企，则主要作为宏观调控政策的抓手，为调节市场与就业提供功能保障，虽处于亏损状态，大部分亏损仍由政府部门承担；对于暂时无法确定属性侧重点的国企，将其放入混合储备类，等时机成熟或是需要作为前三种类别国企的替补时进行动态调整。再如，广州将市属国有企业分为竞争类、功能类、准公益类；广东将省属国有企业分为准公共类、竞争类、金控类；深圳将市属国有企业分为商业类、公益类、功能类。总之，各区域应以对国有企业的不同分类为基础，选择适合的混改路径。

4.1.3 基于功能特征的国企混改路径

我国的国有企业不仅总体数目多、分布行业广、资产规模大，论其发挥的作用可以称为我国企业的“领头羊”。在国企的发展过程中存在两个突出的问题：效率低下以及债务膨胀。其中有两个最主要的原因，一是由于股权结构不科学，即国有资本一股独大，缺乏制衡机制；二是激励机制不完善，存在平均主义的倾向。杨瑞龙（2014）认为，提供公共产品的国有企业宜选择国有国营模式，垄断性国有企业宜选择国有控股模式，竞争性国有企业一部分宜进行产权多元化的股份制改造，一部分宜实行民营化。以国有企业的功能分类为基础，遵循商业Ⅰ类、商业Ⅱ类和公益类国有企业的基本特征，尊重国有资本的逐利性，保证增进民生的公益性，选择匹配、适用的差异化混改路径。

（1）商业类国企的混改路径

对经营性国有资产的运营是国有经济的主要形式（罗新宇，2014），国有及国有控股企业是经营性国有资产的运营载体。商业类国企具备市场化竞争的基础，是最易推进混改的部分。此类国企可多途径优化调整国有资本流向，强化国有资本收益功能：通过国有产权流转、增资扩股、定向增发等方式引入战略投资者，开展产权多元化的股份制改革，逐步削弱国有资本在国有企业中的控制权；支持和鼓励发展优势产业，以推进整体上市的方式引入非国有资本；以混改为契机，通过动态调整投资组合和及时退出低回报资产等方式，剥离此类国有企业的社会职能，或者将不良资产进行分离，与优质企业进行并购重组。

引入非国有战略投资者的同时，可以尝试与其他混改方式相结合，组合利用多种混改方式发挥混改效应最大化。先行引入非国资性质的战略投资者实现股权多元化，再进一步实现整体上市，可提升企业价值；当引入战略投资者与员工持股方式相结合时，股权结构可以进一步优化，更好地提升企业活力；引入战略投资者还可以与资产重组相结合，改变企业股权结构与改变市场竞争模式并举，实现企业运营效率与公司治理效率的双重提升。

商业Ⅰ类国企的主业处于充分竞争行业与领域，主要承担商业性功能，以“经济目标”为主，所以该类国企更加注重经营绩效、国有资本的增值保值以及市场竞争力。应当加大混改力度，充分发挥非国有股东的治理作用，不限制商业Ⅰ类国有股权的比例，不需要保持国有绝对控股权。国有资本可以相对控股或者参股，鼓励非国有资本参与公司的治理以及发展经营，从而增强国有企业的活力，实现国有资本的增值保值，优化资源的配置。商业类国有企业的“主业处于关系国家安全、国民经济命脉的重要行业和关键领域并且承担着重大专项任务”，所以该类国有企业引入多元化投资主体时，应保证国有资本的绝对控股权或者相对控股权。相对控股甚至是参股的股权结构更强调各股东积极参与治理，更注重通过提高企业的市场化程度和活力，实现国有资本的价值最大化而非片面强调国有资本的控制权，因此各方找寻共同的利益诉求点，构建治理有效的董事会，实现治理过程的透明规范，重视股东利益的实现。

（2）公益类国有企业的混改路径

公益类国企以特定服务为导向，在兼顾国计民生等社会责任的同时，追求经济效益、开展创新活动，提高企业的生产效率和收益能力。此类国有企业既要承担商业性功能，又要承担政策性功能，其不营利的特点可能成为打消甚至是阻碍非国有资本参股积极性的主要原因，但公益类国企混改的效果与提升民众幸福感有着密切联系。因此，应对该类企业混改给予高度重视，虽然公益类企业在国有企业中占比较小，不能因为其混改推进困难、混改进程艰难等原因而懈怠。当然，并不是所有公益类国企都可以作为参与混改的主体，应该首先判断是否适合进行混改，不应该为了“混”而进行“混”。

由于公益类国企具有特殊性，既要避免直接套用竞争性国企的混改政策，也要避免片面强调公益类国企的特殊性而忽略了混改具有的一般性特征。如表4–1所示，公益类国企混改在大方向上与改革保持一致，在整体上要坚持国有资本对企业的绝对控股权，或者保持1/3以上的持股比例，通过一票否决权保证国有企业的决策权和领导地位，形成对国企决策的制约权；在实施细则方面要体现其特殊性，做到“因企制宜”；也可以施行优先股政策，确保国有资本的控制权；还可积极推行PPP模式，鼓励社会资本参与社会公共基础设施的建设，实现政府与社会资本的合作。

在保证国有资本控股地位的前提下，可以选择其下属的子公司积极释放股权，吸引多个战略投资者参与并按照市场化方式运行，更好地提升企业竞争力、创造力；也可以选择公益类国企的竞争性环节实施混改，通过增资扩股的方式引进非国有资本，扩大企业的资本规模和资金实力，形成新的生产能力，便于建立有效制衡的公司治理结构和市场化经营管理机制。当然，公益类国企引入战略投资者必须预先设定前提，拟定潜在投资者的资格条件，否则非国有资本可能干扰国企实现多目标任务。投资者需要接受公益类国有企业履行社会责任所必须付出的代价，在投资协议中要求非国有股东必须服从政府关于服务和保障民生所做出的有关安排，并在各个层面明确其权利。在公司治理层面，非国有股东以出资人的身份参与监督和治理。在企业决策层面，非国有股东依照公司章程的规定，虽不参与公司的日常经营管理活动，但依法在股东会、董事会享有决策权，保障公司治理的规范运作。公益类国有企业肩负特殊的发展责任，顺利完成改革需有相应的改革配套制度。鉴于非国有资本对提升该类国有企业治理效率不显著的特点，公益类国企应同时深化以政企分开、政资分开、特许经营、政府监管为主要内容的改革，严格监管自然垄断环节。再就是建立公共利益保护制度，通过在公益类国企经营管理过程中设立公益代表或公益董事来代表公共利益，对公益代表资质、选拔程序、职能范围、实际权力等多方面给予明确的规定以完善制度细节，以保证混改企业坚持追求公共利益最大化的目标，避免偏离价值目标。

表 4–1　　基于功能定位差异的国企混改

内容	商业 I 类国企	商业 II 类国企	公益类国企
功能定位	市场导向：以经济效益最大化为目标，突出市场导向和产业发展	市场+产业战略导向：促进公共资源配置，承担战略任务或重大专项任务	公共服务或特定功能导向：理顺与政府关系，确保公共服务项目有效运营和社会效益最大化
基本特征	主营业务处于充分竞争行业和领域，全面参与市场竞争	参与市场化竞争，兼顾完成政策性任务，承担政府的重要投资、重点工程建设或重大基础设施项目等任务	关系到国民经济发展的重要民生领域，社会效益高于经济效益
目标定位	资本回报：优化国有资本布局、提高国有资本回报、规范国有资本运作、维护国有资本安全	资本回报与产业发展：监管国有资本布局，企业突出主业，服务于国家重大战略和宏观调控政策	公共利益与特定功能：提供公共产品、公共服务的成本控制、质量和效率
股权结构	国有参股或者相对控股	国有参股或者相对控股	国有绝对控股
混改路径	引入战略投资者、公开上市、员工持股、反向混改等	引入战略投资者、公开上市、员工持股、反向混改	引入战略投资者、发行优先股、PPP

资料来源：作者根据相关资料自行整理

4.2 不同行政隶属关系下的国企混改路径选择

我国国有企业发展迅速，1978年国有企业数量不足万家，2022年已增至46万家[①]。按照政府管理国有企业的层级，遵循《中华人民共和国企业国有资产法》总则第四条的规定，我国的国有企业分为两类：国务院国资委以及财政部监管的中央企业（以下简称央企）和地方国资委以及财政部门监管的国有企业。截至2019年底，国资监管系统企业共1.3万家，其中央企共97家，省级企业共990家，地市及区县级企业共12 294家，各级子企业共16.7万户。截至2022年底，央企混合所有制企业的户数占比超过了75%，地方国企混合所有制户数占比达到54%。[②]央企成为混合所有制改革企业的主力军，并且前两批混合所有制改革的试点企业全部为央企，其成功的混改经验为地方国企推进混改提供参考，混改试点由央企延伸至地方国企。国有企业受到各级政府控制，其决策行为必然受到各级政府的影响（刘启亮等，2012），加之体制机制约束以及政府干预程度的差异，非国有股东参与国企治理可能会受到国企行政层级的影响，混改路径必然会有所不同。

4.2.1 实施分级混改的科学性

国有资产统归国家所有，中央与地方各级国资监管机构分别对中央和地方国有资产履行出资人职责，根据本级企业的国有资产总量、行业布局、经营状况制定具体管理规划与方式方法。通过分级管理，从中央与地方的区域层面进一步服务于国企功能定位，有益于将企业国有资产的产权在各层级、环节上予以人格化，进一步明晰国有资产的产权主体，使国资监管摆脱产权虚置现状，建立清晰有效的责、权、利关系。权力下放促使地方政府拥有国有资产的控制权和收益权等权利，缩短国有资产管理的委托代

① 数据来源：天眼查。

② 数据来源：《国务院关于2019年度国资系统监管企业国有资产管理情况的专项报告》。

理链条，减少信息与决策的不对称程度，有助于调动地方政府参与管理的积极性，因时制宜、因地制宜、因境制宜管理国有资本。不仅如此，分级管理下的明晰产权有益于促进产权主体多元化，同级不同地区之间形成区域竞争，强化市场机制建设。基于此，分级管理要求推进混改时，央企和地方国企的混改路径应既符合统一的制度规范，又突出地方企业的特色。

4.2.2　央企和地方国企的不同特征

首先，中央和地方国有企业的资产分布领域不同。总体来说，中央国有资产主要集中在大型国家出资企业、基础设施及重要自然资源等，涉及的领域关系国民经济命脉和国家安全，集中于电力、石油、天然气、铁路、民航、电信、军工等七大领域，但并不局限于这七大领域，担负了“培育具有全球竞争力的世界一流企业”的使命。与中央国资相比较，地方国资涉及的领域分布更为广泛，主要是关系国计民生的经营性资产及与本地密切相关的公益性资产，还有一些是地方政府直接投资或拨款形成的资产。其中，省级国有企业主要分布于地方基础设施、能源资源、装备与交通航运等行业，市级国有企业主要分布于供水、供热、供气、公共交通和公共设施等行业和领域。具体来说，商业Ⅰ类地方竞争性国企主要分布在支撑地方经济发展的支柱产业，商业Ⅱ类地方国企主要是城市建设功能性企业，公益类国有企业主要是保障民生。

就行业分布而言，国有企业主要分布在与国计民生息息相关的行业和领域，承担基础设施建设、提供社会服务、保证供给、稳定价格、改进技术等公共职能。具体分布情况是：工业（23%）、社会服务业（19%）、批发和零售餐饮业（13%）、房地产业（11%）、地质勘查及水利业（11%）、交通运输业（9%）等行业。图4–1和图4–2显示了中央和地方国企的行业分布。央企多集中在工业领域，占比54%，其次是交通运输业占比为12%，电子通讯业占比为9%，其他行业则相对分布较为均匀。而地方国有企业整体分布较为均匀，但仍以工业为首，占所有行业的23%，其次是社会服务业，与工业分布较为接近，占比为19%，批发零售业占比为13%，房地产业占比为11%，交通运输仓储业占比为9%。

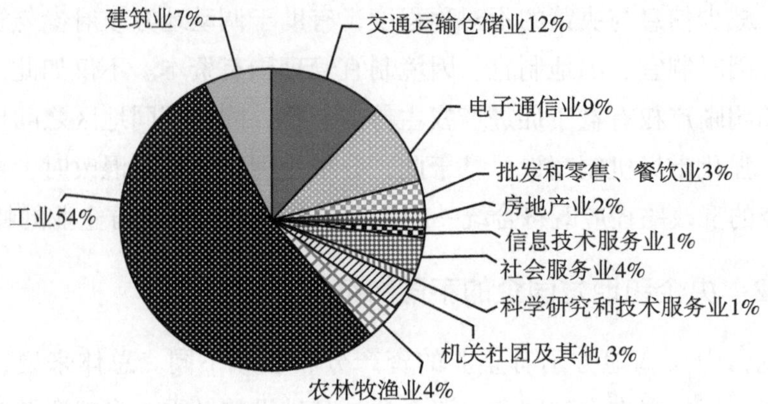

图4-1　2021年央企行业分布占比

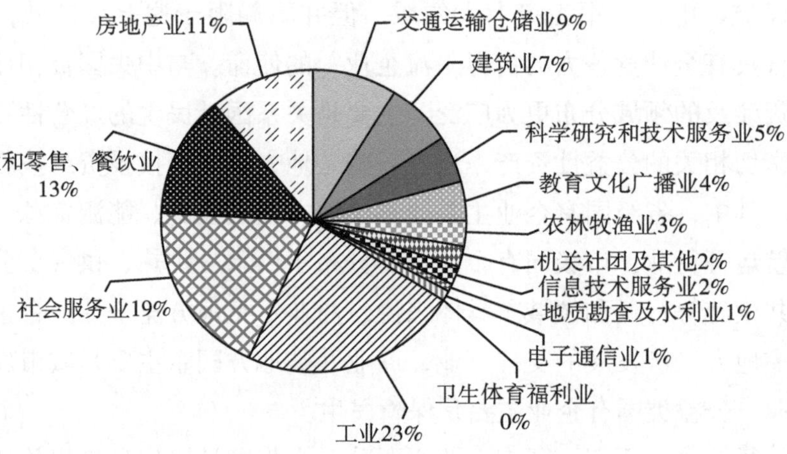

图4-2　2021年地方国有企业行业分布占比

其次，中央和地方国有企业的资产规模不同。自2014年以来，央企与地方国企资产总额呈稳定上升趋势，且有增长逐步加快的趋势。2020年和2021年，我国国企资产总额分别为268.5万亿元和308.3万亿元，其中央企资产总额分别为94.0万亿元和102.1万亿元，增速达8%；地方国企的资产总额分别为174.5万亿元和206.2万亿元，增长速度高达18%。地方国企在2017年之后一直稳步上升，说明地方国企改革的系统性、针对性、时效性在增强。与地方国企相比，央企控股股东为中央各部委，虽数量不多但通常规模更大、经营业务更加复杂；央企需要承担维持经济社会秩序、维护国家经济安全、协调区域经济平衡发展、落实国家宏观经济调控目标等多目标任务，其政策性负担更突出，政府对央企的控制更强，控制权与经营权往往掌握在政府手中（魏明海等，2016）；由于央企所属行业关系到国计民生，占据更重要的战略地位使其承受的监督远高于地方国企，来自内外部的压力促使央企更为积极地完善公司治理机制进而提升治理效率；央企在资金、人才等方面占有更大优势，在公司治理建设方面走在国企的前列（李小斌，2018），目前央企公司治理建设已初见成效。相反，地方国企内部治理建设远远落后于央企，处于亟待完善的状态。综上，央企享有较多的政治和经济资源，并且在行业中常常占据领先地位，因此非国有股东有很强的动机参与央企的混合所有制改革（张任之等，2019）。但非国有股东进入中央企业后，参与央企公司治理的难度相对较大，即使进入也难以拥有话语权（刘运国，2016）。

再次，中央和地方国有资本的功能发挥不同。央企大多处于国民经济关键领域，是国民经济的支柱性产业，承担着维持经济社会秩序、实现创新驱动发展的重任。中央国有资本的主要功能体现为“保障国家安全和实现宏观战略目标”，新经济环境下面临的主要任务是如何在战略性新兴产业领域占领制高点，将资本合理配置到科技创新成果转化的前沿；如何进一步放大国有资本功能，提高国有资本在经济活动中的控制力和影响力。对于中央经营性国有资本，主要通过简政放权以增强活力，在更好地体现国有资本保值增值和参与国际竞争等方面发挥作用；对于中央政策性国有资本，主要在实施国家战略，实现政府意图等方面发挥作用。地方国有资本的功能主要体现在为地方提供公共服务和发展重点产业，促进地方经济发展。中央和地方差异化的功能划分理顺了二者的产权关系，明晰了国资监管的层次和责任，有利于形成中央和地方责权利相统一的利益格局，提高国有资产的配置效率。地方国资委尤其是县级国资委，独立性相对较低，地方政府在主动调整区域国有资本布局上有较多的参与和协调，例如将地方国有资产大量注入地方融资平台，用于地方基础设施建设或者服务民生等。总体上看，地方国企整体规模庞大且市场独立性差、国有资本效益逊于央企，因而混改的迫切性和动力更加强烈。

4.2.3 基于行政隶属关系的国企混改路径

当前，国企混合所有制改革在稳定中逐步推进。初期选择央企作为改革试点，再逐步推广至地方国企，但在实际推进中衍生一个问题：地方政府推进国企国资改革往往受限于中央的政策，而中央希望地方积极探索，为中央出台优化统一的指导政策提供实践经验（黄群慧，2015）。这就因此陷入中央需要地方先行探索、地方需要中央先给政策的循环。地方改革以中央的指导意见明确地方政府探索的方向，需要坚持“因地制宜、明确底线”的改革原则，明晰改革的底线或红线，拥有充分自由裁量权。

（1）央企和地方国企多种共性混改路径并举

央企和地方国企拥有共同的社会目标和经济目标，其混改路径必定具有共性。具体来讲，央企和地方国企主要可以采取以下混改路径[①]。

①推动资产证券化。混改首先就是要实现资本上的“混”，央企和地方国企可选择首发上市（IPO）和借壳上市的方式提高资产证券化率，吸引非国有资本的注入，推动股权多元化。上市公司的规范、公开透明和广泛影响力更加有利于吸引潜在投资者，同时更有利于市场化运作，减少政府的行政干预，这也是混合所有制改革的初衷。

②引入战略投资者。央企和地方国企通过多种途径，引入享有控股或者参股地位的战略投资者，促进股权多元化。一方面，战略投资者可以带来优势资源与国企进行战略重组，实现资源互补、优化资源配置，有效提升企业的内在价值和核心竞争力；另一方面，战略投资者与国企具有一致的长期战略利益，通过董事会实际参与公司治理，建设多元化董事会，推动公司治理结构的完善，提升企业整体的治理水平。

③实施员工持股。仅仅实现资本的混合是不够的，一个企业的稳健高效发展不是仅仅靠董事会或者企业高层就能实现的，而是需要企业整体的共同努力实现，核心员工的激励是一个企业的内在动力。央企和地方国

---

① 2019年国资委发布的《中央企业混合所有制改革操作指引》中指出：“中央企业所属各级子企业通过产权转让、增资扩股、首发上市（PO）、上市公司资产重组等方式，引入非公有资本、集体资本实施混合所有制改革。”

企可以根据自身情况选择员工持股，给予管理层及核心业务人员一定比例的股份，辅之以“落实科技成果所有权、创新科技成果使用权，实现以知识价值为导向的分配”，促进企业科技创新能力和活力，构建利益共享、风险共担的体制，提高国有企业创新发展能力，实现企业与员工的互利共赢。

④推行优先股。央企和地方国企可以选择将企业的部分国有股权转化为优先股，一方面国企可以享受稳定的分红收益，促进国有资本的增值；另一方面，可以保证非国有资本拥有一定的话语权和公司治理权，避免国有资本“一股独大”对民营资本利益的损害，对非国有资本具有更大的吸引力。

⑤实施反向混改。国有企业具有强大的资本实力，根据自身的资产规模、资源优势和行业占有率等限制因素，寻找切合发展战略的目标企业并实施反向混改，吸收外部资源并且进行内化，实现资源整合，加快国有企业市场化进程，提高企业的运营绩效。如果国有企业掌握被并购企业的控制权，还可以实现用较少数量的资金控制更多的企业，实现对资产的倍数控制。

（2）央企和地方国企混改应具有适度差异

中央和地方国企的混改虽然具有更多的共性，但在股权结构、实现路径和管控模式等方面具有差异性，不可以搞“一刀切”。由于央企和地方国企自身定位的不同，中央和地方国有资本在行业分布、资产规模、资本结构、资产质量和功能定位上有很大的差异，中央国有资本经营效率更高，国有资产利用率更高；地方国有企业的经营性国有资本占比较低，资产质量、资产分布、收益水平和盈利能力等与央企尚有差距。央企承担了“培育具有全球竞争力的世界一流企业”的使命，因此央企首当其冲成为国企混改的第一批试点企业。若央企所处的行业主要是掌握国家命脉的行业、处于国计民生领域的主业，混改时要强调国资控制力，保证国有控股的地位，以免造成国有资本的流失或者重要资源控制权的丢失；对央企处于一般性竞争领域的业务，由市场决定产权结构，引入多元化、分散化的非国有股东，不强调国有股东的控股地位（杨瑞龙，2017），旨在通过混改实现做大做强。地方国有资本主要集中在公共服务领域，地方国企的改革路径更为广泛，“国有股权可以绝对控股、相对控股或者参股”，这需要厘清公司资源、财务状况和未来发展等众多因素，依照所处的地区、行业以及自身情况因地制宜，选择性地探索混改路径，而不能一概而论。

央企与地方国企对混改路径的选择兼具共性与特性。央企多通过并购重组或者选择IPO推动企业上市等方式，地方国企集团旗下大多没有上市公司，且混改多以当地政府的引导为主，适宜选择引入战略投资者或者借壳上市的方式上市。央企所涉及的领域主要是掌握国家资源命脉的垄断领域，所以混改时更加强调国有资本的控制力及做大做强，必要情况下可选择参股；而地方国企以竞争领域企业为主，混改时可根据自身实际情况灵活选择绝对控股、相对控股或参股。另外在推行员工持股计划时，中央企业的员工持股比例一般在5%~10%，地方国企在设置比例时可以更多。表4–2更加直观地呈现出央企与地方国企混改路径的异同。

表4–2　　基于行政隶属关系的国企混改路径比较

分类	中央			地方		
	商业Ⅰ类	商业Ⅱ类	公益类	商业Ⅰ类	商业Ⅱ类	公益类
资本分布	竞争性领域	国民经济支柱、主导产业领域	公共产品领域、国家安全领域	一般工商领域	地方支柱产业和主导性产业	以基础设施和公共服务等领域为主
涉及行业	节能环保、信息、生物、高端装备制造、新能源、新材料等战略性新兴领域	煤炭、民航等行业	电力、军工、石油、石化、电网、通信服务	一般工业制造、商贸服务、地产和建交等	地方基础设施、能源资源、装备交通航运等行业、特定区域的建设、重大项目建设	供水、供热、供气、公共交通和城乡公共设施等行业和领域
职能定位	追求国有资本的保值增值	重在保障国家安全，实现战略目标	提供政府公共管理和服务	自主化经营，促进地方经济发展	提供地方公共服务，发展重点产业	提供公共服务
控股方式	国有参股或者相对控股	国有参股或者控股	国有独资或绝对控股	国有参股或者相对控股	国有参股或者控股	国有独资或绝对控股

续表

分类	中央			地方		
	商业Ⅰ类	商业Ⅱ类	公益类	商业Ⅰ类	商业Ⅱ类	公益类
混改方式	公开上市、引入战略投资者、员工持股、反向混改等	公开上市、引入战略投资者、员工持股、反向混改等	引入战略投资者、发行优先股、PPP	引入战略投资者、员工持股、公开上市、反向混改等	引入战略投资者、员工持股、反向混改等	发行优先股、PPP

资料来源：作者根据相关资料自行整理

（3）地方国企因地制宜、因企制宜地推进混改

国务院大力推进国企混改工作及优化混改战略布局，其目的是激发国有企业活力，提高国企竞争力、抗风险能力，使国企更加适应市场化经济环境。目前地方国企的现代企业制度已基本建立，这为混改提供了先决条件（张文魁，2017），但地方国企的混改主要是政府引导，地方政府和地方国企对推进国企混改的认知不一定同步，存在较大的区域差异且呈现两极分化趋势。有的地方国企的意识形态与中央思想一致，以国企混改为契机，促进国有企业高质量发展，带动本地经济发展、社会进步。有的地方国企则对中央的混改政策认识不深，缺失混改内在动力的推动，仅仅是为了落实中央政策，存在“为了混改而混改”的行政指令型、运动式或表面型混改。比如在混改方案中设计改革的时间表和任务书，提出诸如混改企业占比、资本证券化率等量化指标，这很可能导致地方政府抛弃市场运行规则，片面追求数量考核目标，混改的市场化程度并不高，混改的整体质量低下。

地方国企是落实区域国民经济发展战略的关键主体，各区域的政策环境、政府管控意愿和资源禀赋不同，国有资本的存量和优势产业也有差异性，其混改应切合区域发展的总体规划与企业功能定位，助力推动区域经济高质量、高速发展。因而地方国企的混改既要考虑区域发展“因地施策”，也要结合行业功能与主业特征“因业施策”，还要尊重企业个体差异“因企施策”（何瑛，2022）。长三角、北京、山东等地作为经济发展的重

点区域，自然也是混改的重点区域，这些地区紧跟国家政策的步伐，市场化进程较快，相关的法规制度也比较健全，是混改的成功示范地区，应继续加大资产证券化、引入战略投资者的混改力度。而东三省、西北地区等偏远或经济落后地区的混改进程远远落后于经济发达地区，仍存在国资国企改革进程慢、国企竞争力不强的体制机制障碍，“僵尸企业”也较多（黄速建等，2020）。面对多年来积累形成的困境，这一类地方国企进行混改时，最先需要解决的是清理“僵尸企业”与去产能等问题，在此基础上推进渐进式混改。对“僵尸企业”、技术已经落后或者属于产能过剩行业中的“低能低效”中小型国企，应当采取“清理一批、重组整合一批”的原则处置其无效资产，暂不纳入混改的范围；对经营状况良好、属于重要行业、对区域经济发展具有重要作用的优秀企业或者一般企业中的优质资产，大力推进混合所有制改革（綦好东等，2017）。发达地区常用的国有资产证券化的改革模式，可能对这类地区企业不太适用，更适合采用引入战略投资者（吕景春和李梁栋，2020），地方政府应深化“放管服”改革，充分促进市场在资源配置中发挥决定性作用，打造更好的营商环境吸引投资者。

（4）扩大地方国企混改范围和层级

针对增量型混改和存量型混改两种模式，当前地方国企存在前者重后者轻的问题。很多地方国有企业采取新设企业时直接采用混合所有制的形式，顺势引进优质民营资本实现增量型混改。存量型混改目前尚存在以下问题：混改主要发生在集团公司下属的二级、三级子公司，一级或二级层面的集团公司较少，说明混改的层级较低；由于目前地方国企存在较多的功能性或公益性的企业，存量资产是其核心资产，考虑到自身利益及控制国民经济命脉的需要，多数不选择以存量资产参与混改；较大规模的投资额和较低的预期收益之间的失衡，一定程度上减少了民营企业参股的积极性；一些地方国企不愿意非国有资本分享国企优质资产的混改收益，或者因经营困难无法吸引非国有资本，非国有资本虽有参与混改的意愿，但现有质量的国企混改供给或者现有数量的优质国企混改供给却无法满足非国有资本参与混改的需求。这一系列问题使存量型混改的难度远大于增量型混改，但恰恰是存量型混改的力度反映出地方国企参与混改的决心及成效（余澳和贾卓强，2019）。与央企相比，地方国企规模相对较小的特征使其具有“船小好调头”的灵活性，因此一方面推进竞争性国企全面参与混改，扩大混改范围；另一方面提高国企混改层级，选择历史遗留问题少、利益关联小的地方国企尝试集团层面的存量混改，将更多的集团公司纳入混改主体范围，以此达到改善国企治理机制和优化资源配置的双重目的。

（5）积极推进央地合作

除了引入非国有资本、资产证券化、员工持股等混改探索之外，也鼓励国有企业之间实施兼并重组，央企参与到与地方国资的混改中，通过股权深度绑定，推进业务渗透，而地方也借助央企品牌影响力、先进技术经验、雄厚资金力量实现质的飞跃。作为国有企业混改的路径之一，开展央地合作一方面体现了国家政策对于地方经济发展的扶持。地方国企存在规模较小、力量薄弱、经营管理经验匮乏等问题，央企目前存在某种程度的主业不突出、资源分布不集中、同质化和无序竞争等问题，需要围绕主业、产业链条实施专业化重组。央地合作能够推进区域资源低成本整合，优化国有资本结构和布局，避免同质化和无序竞争，促进产业链整合与升级，甚至形成新的组织结构。另一方面也是市场变化下国有企业寻求突破的机制引领，央企需要进一步拓展业务，地方国企也需要优质资源注入盘活资产，“双向奔赴”可实现互补共进。

央企的资本实力和经营管理能力与地方资源完美匹配，双方目标一致，具有良好的合作基础。央企和地方国企充分利用各种信息平台，加强信息互通和合作对接，地方国企吸引央企投资，通过央地合作支撑资源扩张。央企围绕主业、产业链条和专业化重组，结合各地的产业优惠政策，推进区域资源低成本整合，优化国有资本布局，促进产业链整合升级，加快产业集聚。除了战略性领域外，央地合作还应渗透到高端制造业等资本密集型领域，这些领域对资本投入与技术的要求较高，或者存在规模效应，对于一些地方国有企业来说存在一定资金或技术壁垒，央地合作可以充分发挥央企雄厚的资本实力、较低的资源成本与创新能力更强的优势，突破地方资源条件的客观限制或者技术壁垒，加速地方的经济建设；央企围绕城市建设与治理、区域战略资源重塑开发等主题，与地方政府形成顶层合作框架、以资本嫁接与资源运作为主要手段的多层次、多方面的合作，提升资源配置效率。

4.3 不同管理层级下的国企混改路径选择

企业集团是由多层级的法人企业组合而成的经济组织，我国的央企和地方国企大多为集团性公司，因而企业集团已成为国有企业的重要组织形式。集团层面的一级法人被称为集团公司，通常只承担决策和行政管理职能，而不直接从事具体业务的经营，对资本额的要求较少，国有股东独立出资亦基本能满足资金需求；集团公司也可选择吸引非国有股东加入，增加集团公司的资本金。二级及以下层级的法人企业为子公司，从事具体业务的经营，通常需要较高的资本投入，单一国有股东的资本投入往往较难支撑发展需要，吸收非国有资本参与即可增加企业的可支配资金（许保利，2022），亦可形成多元化的股权结构。集团公司和子公司不同的职能定位，决定了分层对国企进行混改无疑是必要的。

4.3.1 集团公司实施混改的意义

目前在央企集团和地方国企集团中，一级的集团公司仍多数是全资企业，混改主体主要是子公司。这是因为国有企业集团通常规模较大、业务多样且分散、区域跨度大以及管控模式相对固定（魏如山，2020），加之涉及诸多历史遗留问题和复杂的利益主体，集团层面混改推进难度较大。鉴于这一现状，应逐步从三级以下子公司向二级子集团公司提升，再向集团层面延伸或者直接由集团公司自上而下推进混改。现阶段集团层面推进混改，既存在混改空间也有其必要性，其好处显而易见。

首先，从国企所有者缺位角度分析，我国在国企改革过程中，形成了“人民—政府—国资委—国有资本投资运营公司—国企集团公司—子公司—业务运营层”的多重委托代理关系，衍生出代理环节多、代理链条长、代理成本高的委托代理问题。从代理源头上看，国家是一个虚位的所有者，无法监督管理者，而政府及国资委对国企的监督管理缺少足够的动力，因而是一种“廉价投票权”（张维迎，1995）。所有者缺位容易衍生国企内部人控制、治理效率低下等问题，解决这一问题的方式就是引入非国有股东发挥其以积极股东身份参与治理的作用，提升对管理层的监督强度。非国有股东的引入可以基于子公司层面或者是集团公司层面（即控股股东层面）。基于集团公司层面实施混改，可有效避免因“只改子公司、不改集团”而遗留的集团对子公司“旧制度管新制度”的弊端。

其次，从政策性负担角度分析，作为经营性国有资产运营的主要载体，国企具有稳定经济发展的政策功能和工具属性（郭敏等，2020），使国企的经营目标具有多元化的特点。另外，国企集团的高管人员实行政府任命制，为了保障国企经营目标与政府目标趋于一致，政府往往引导国企积极承担重大项目推进、引领新兴产业发展等政府任务，并且通过考核或者排名等手段，将政策性任务的承担与完成情况与企业高管人员的政治晋升挂钩。因此，来自政府的外部干预导致企业可能过多关注社会责任目标而非企业经营业绩目标，不利于企业经营效率和治理效率的提升。集团层面的混改引致集团公司所有者角色的回归，非国有股东的逐利天性驱使集团公司更强调经营业绩，降低集团公司过多承担政策性任务的不合理行为，进而传递给下属子公司的政策性负担也会有所降低；非国有股东的加入有助于促进企业异质性资本的利益分化，增强控股股东对子公司的监督动力，提升整个集团的公司治理效率。

4.3.2　集团公司和子公司的混改模式

根据国企混改的推进方向及切入层级，可将混改分为两种模式：一种是从集团公司到子公司的自上而下模式，另一种是从子公司到集团公司的自下而上模式。

（1）从集团到子公司的自上而下模式

自上而下模式即从集团层面引入非国有资本股东，集团层面首先实现规范化的公司治理，集团公司变为多元化股东的集团企业。集团公司引入的外部股东向董事会委派外部董事履行职责，有效地对国有股东施加监管，促使国有股东“归位”，避免国有股东“一股独大”下的完全控制，从顶层实现公司治理的现代化。同时，集团公司推动从事专业化经营的子公司实现股权多元化，在业务层面实现市场化改革。从理论上讲，自上而下的改革是混改的最优选择模式（徐怀玉，2022）。

相较于子公司层面的混改，从集团层面推进混改有以下好处：立足于企业经营的最高层统筹考虑，可以有计划、有步骤地将市场化体制机制由上而下逐层向子公司传递，从总体上推动管控模式变革，来自源头的改革驱动更为彻底；便于推广全局性的改革举措，从整体上改变企业股权结构，从顶层实现公司治理结构的优化，上行下效地推动子公司治理结构优化的股权多元化。但是集团层面的混改也存在劣势。首先，集团企业资产体量大，对战略投资者的资金量要求高，具有投资能力又符合投资条件的民营企业数量有限，即使民企入股后，也可能因持股比例较低难以发挥实质性作用；其次，集团企业前期的历史遗留问题通常较多，牵涉的问题一般较为复杂，可能并不具备推进混改需要的前置条件；再次，企业集团通常业务多元且跨区域运作，集团公司的专业性不足，较难引入业务协同的非国有股东或者股权转让估值不足；最后，混改后期管控模式调整难度较大，很难在统一决策下维持统一的运营管理（魏如山等，2021）。一般来说，处于充分竞争行业，且主业单一或者主业多元但关联度高的中小型国有企业集团，可采用此模式。通过引入积极参与的战略投资者，构建完善的市场经营机制，将优势主业做大做强，提升国有资本配置效率和运营绩效。若集团层面业已成立国有资本投资运营公司，对下属子公司形成以“管资本为主”的管控模式，则宜选择其下属的二级产业集团推进混改，促成集团管控模式和经营体制机制的变革。

（2）从子公司到集团的自下而上模式

该模式一般是选择国企集团下属具体从事业务经营的子公司推进混改，比较适合业务多元化程度高、主业间的业务关联度有限的大型国有企业。选择从子公司层面推动混改有其原因：子公司通常负责具体业务运营，更容易和战略投资者产生业务协同；子公司主业突出、资产优质，对战略投资者更具吸引力；子公司的体量通常不大，战略投资者的持股份额能够更好地发挥其在公司治理中的影响力和话语权；子公司规模适中，便于控制改革进程、规范治理机制，可以减少改革探索风险、及时修正混改过程中出现的问题，降低对整个集团可能产生的潜在负面影响；子公司层面的成功改革可产生示范效应并形成倒逼机制，推动集团内其他子公司参与混改，并反向推动整个集团的体制机制改革；子公司混改的成功为整个集团的发展提供支撑，吸引民营企业积极参与集团层面的混改。但是从子公司层面推进混改也并非完美，因为混改的实施限制在子公司这一空间范围，对整个企业集团的改革影响有限，难以辐射到整个企业集团，推动集团层面治理结构的完善。

4.3.3　基于管理层级的国企混改路径

混改应避免盲目性，不能一概而论。成功的改革路径通常不是唯一的，既可以是自下而上或是自上而下的单向推动，也可以是上下结合的双向协同推进，这样既激发基层改革创新的积极性和动力，又可以实现有序、理性改革。

（1）基于企业（集团）价值最大化的原则决定集团公司是否需要混改

首先，根据集团价值最大化原则确定是否需要混改。国有企业市场化程度不高，其根源在于产权问题。混改是国企股权层面的“开放”，以开放促进体制机制变革、促进企业发展。集团层面的股权结构不改变，意味着仍存在未突破的混改瓶颈。企业集团应从整体战略角度来审视：是否需要扩大国企混改层级，推进集团公司层面的混改，使其成为真正的市场主体；如何混改才能发挥集团的最大价值，达到优化资源配置和改善国企治理机制的目的。集中管控是集团公司实现集团战略目标的保障，国企集团具有行政化集中管控的路径依赖，对于不实施混改的集团公司，应当由行政化管控转为市场化管控，为未来推进集团层面的混改奠定基础。

其次，可选择国有资本投资运营公司下属的二级产业集团推进混改。在现行分类分层混改和控制权安排下，确实存在处于金字塔结构尖端的集团公司混改难度较大的特定情况，导致当前国企混改中“混下不混上”纵向结构失衡问题。国有资本投资运营公司是国有资本市场化运作的专业平台，作为国资委与其下属公司之间的隔离带，其公司治理相对较为规范，可优先选择一定比例的非国有资本引入其下属的二级产业集团，优化集团公司及其管控子公司的公司治理机制。

最后，根据集团公司的业务范围推进混改。现阶段情况表明，对于主业多元化的国企来说，自上而下的混改模式大大增加了混改的难度，也会降低混改的预期效果。一方面可能需要大量的拆分和重组、剥离主业，一些发展前景不佳的企业找不到新的主体承接；另一方面，很难找到与业务完全契合的单一战略投资者，如果每项主业都找到匹配的战略投资者，则给股权设计工作带来很大难度。因此，主业多元化的企业需要根据自身行业特点和发展战略引入相匹配的战略投资者，或者以设立混改基金、产业投资基金的方式参与混改（张冰石等，2019）。为进一步激发国企活力，发挥资产证券化的多重积极效应，对于发展成熟的集团公司，可直接以公开发行方式实现整体上市，或者通过控股上市公司实施反向并购。对于业务单一或主业虽然多元化但高度关联的企业来说，推行集团层面的混改难度较小且预期效果较为理想，可以采取“整体上市+配套融资”的路径，比如企业集团可选择旗下的一家上市公司，将整个集团的低效业务置出、高效业务置入，然后反向吸收母公司，实现拥有该集团优质资产的企业整体上市，上市之后再引进战略投资者；或者将集团下属非上市公司的优质资产重组整合后，注入一家上市公司，实现整体上市后再引进战略投资者。

（2）子公司依据其业务性质及内容灵活推进混改

子公司是独立开展业务经营的市场主体，具有较强的经营自主性，这使非国有资本具有较高的投资意愿和较大的选择空间，因而子公司成为实施混改的主要参与者和积极参与者。如何多渠道引进不同性质的非国有资本并赋予其充分的决策参与权，实现企业投资决策的合理性与公司治理的规范性是需要解决的关键问题。子公司应首先支持业务多元化的公司剥离不良资产和不具核心竞争力的非主营业务，“聚焦主业，主辅分离”，然后分别考量不同业务的功能、性质，相继采取增资扩股引入非国有资本、与非国有资本共同新设子公司、并购非国有资本持股（控股）的公司、员工持股等多种形式的混改方式。混改表面上是产权的变动，实质则是将民企灵活的市场机制和高效的公司治理体制引入国企，进而提高国有资本的运营效率。混改实施过程中，一方面要营造国有股东与非国有股东按股行权、共生共赢的治理环境，防范国有资本不放弃实际控制权，仍依赖行政身份享受资源优势；另一方面要规避民营资本仅为了“搭便车”分享混改企业经营利润，而未基于市场主导，依据出资比例参与混改企业治理决策，牵引混改企业构建专业化的治理结构与治理机制。

第5章

基于DEA的混改国企效率评价研究

本章以2015—2021年A股上市的混改企业为研究对象，在对公司治理效率以及投资效率的相关理论的研究基础上，利用DEA方法中以投入为导向的BCC模型测算并分析混改企业的公司治理效率和投资效率，从行业、地域、生命周期、混改路径四个角度进行差异分析，并且从分层分类视角下进行异质性分析，最后选取排名前十名的典型企业进行案例分析，对其优势特征进行研究，期望能够对其他企业混改有所启示。

5.1 研究设计

5.1.1 模型选择

数据包络分析（Data Envelopment Analysis，DEA）是一种融合运筹学、数理经济学与管理科学的交叉研究方法。作为非参数效率评价的代表性工具，其理论渊源可追溯至Farrell（1957）提出的生产效率测度思想，后经Charnes、Cooper和Rhodes（1978）通过线性规划方法予以系统化发展。该方法的核心在于构建生产可能性边界，通过比较各决策单元（Decision Making Units，DMU）与前沿面的距离来测定相对效率值。在混合所有制改革研究中，DEA方法被广泛应用于评估企业创新效率、资源配置效率以及治理结构效率等关键指标。

DEA方法相较于传统效率评价工具具有三个显著优势：首先，其多投入多产出的分析框架能够全面反映企业运营的复杂性，尤其适合评估混改企业多维度的效率表现；其次，该方法采用数据驱动方式自动确定最优权重，有效避免了主观赋权带来的评估偏差；最后，DEA测算的相对效率值便于开展跨企业横向比较，这对分析不同混改模式的成效差异具有特殊价值。基于这些方法论优势，本研究选用DEA方法系统评估混合所有制改革对企业效率的影响。

在模型选择方面，DEA方法根据规模报酬假设的不同分为两大基础模型：CCR模型（Charnes等，1978）假设规模报酬不变，主要测算DMU的纯技术效率；BCC模型（Banker等，1984）则放宽规模报酬假设，可进一步分解出规模效率成分。考虑到国有企业普遍存在的规模调整需求，本研究采用投入导向的BCC模型进行分析，这种设定既符合国企改革中资源优化配置的现实需求，又能识别出规模因素对效率的影响。通过这种模型选择，可以更精准地评估混改政策对企业全要素生产率的提升效果。本研究选用投入导向的DEA-BCC模型进行分析，具体公式如下：

$$\begin{cases} \theta^{*}=min\theta \\ \sum_{j=1}^{n}\lambda_j X_j+S^{-}=\theta X_0 \\ \sum_{j=1}^{n}\lambda_j Y_j-S^{+}=Y_0 \\ \sum_{j=1}^{n}\lambda_j=1 \\ \lambda_j \geqslant 0 \qquad j=1，2，\cdots，n \\ S^{+}\geqslant 0 \qquad S^{-}\geqslant 0 \end{cases} \tag{5.1}$$

其中，X_j代表第j个DMU的所有投入变量；Y_j代表第j个DMU的所有产出变量；θ 代表各DMU的效率值；λ_j代表第j个DMU的投入产出变量的权重；S^+、S^-代表松弛变量。

5.1.2　样本选择与数据来源

（1）样本选择

本研究基于2016—2021年国务院国资委发布的三批混改试点企业名单（第四批因未公开予以排除），结合《国企混改实战100例》中的典型案例，构建初始研究样本库。为确保研究结论的科学性与可靠性，采用以下五种筛选机制对样本进行严格筛选。

第一，排除ST/*ST类特殊处理企业。这类企业因财务异常或持续经营能力存疑而被特别标注，其治理结构和经营绩效具有特殊性，若纳入研究样本将影响效率评估结果的有效性和可比性。

第二，剔除非上市企业样本。上市企业具有完善的信息披露制度，其财务数据、治理结构等关键指标可通过公开渠道获取，而非上市企业的数据可得性和完整性难以保证。

第三，对存在关键变量数据缺失的企业予以排除，这是确保DEA模型测算准确性的基本前提。

第四，鉴于金融类企业在会计准则、监管要求和商业模式等方面的特殊性，本研究将其排除以保持样本同质性。

第五，基于技术可行性考虑，剔除所有者权益为负值的企业样本，这类企业会影响计算结果的有效性。

（2）数据来源

本研究采用纵向研究设计，时间跨度为2015—2021年，这一设计具有双重优势：由于首批混改试点企业是2016年确定的，研究起点包含混改实施前一年的基准数据，能完整捕捉混改政策的中长期效果。数据采集主要依托两大权威金融数据库——Wind和国泰安（CSMAR），辅以企业年报的手工核对，确保数据来源的可靠性和一致性。

在数据处理环节，针对DEA方法的特殊要求采取了以下技术处理方法：由于DEAP2.1软件对负值输入的敏感性，同时考虑到各投入产出指标的量纲差异，本研究对所有原始数据进行归一化（Normalization）预处理。这一技术处理既解决了负值运算问题，又消除了指标间量纲差异对效率评估的影响，为后续的DEA模型分析奠定了科学基础。具体公式如下：

$$z_{ij}=0.1+\frac{z_{ij}-y_j}{x_j-y_j}\times 0.9 \tag{5.2}$$

其中，z_{ij}为DMU_i的第j项指标的原始数据；x_j和y_j分别是第j项指标的最大值和最小值；Z_{ij}为无量纲化处理后的指标数值。最后用DEAP2.1软件进行公司治理效率和投资效率分析。

5.2　公司治理效率评价

混合所有制改革作为深化国企改革的关键举措，其成效主要体现在公司治理效率的改善程度上。从实践效果来看，改革呈现出明显的分化特征：部分企业通过引入战略投资者实现了股权结构优化、董事会专业化程度提升等实质性改进；但更多企业仍停留在“形式混改”阶段，表现为国有股“一股独大”现象未根本改变、内部人控制问题持续存在、管理者行政化思维固化等治理困境。这种“重混轻改”现象暴露出改革表层化的问题，其根源在于未能准确把握“混”是手段、“改”是目的的本质逻辑。在此背景下，构建科学的公司治理效率评价体系，对准确评估混改成效、指导后续改革实践具有重要理论价值。

5.2.1　测算指标

本研究采用数据包络分析（DEA）方法，将各混改企业视为独立决策单元（DMU），通过投入产出分析框架评估其治理效率。指标选取遵循科学性、系统性和可操作性原则，在借鉴夏鑫（2021）、刘文虎（2012）等学者研究基础上，构建了包含两大维度、七项投入指标和三项产出指标的评价体系。

在投入指标设计上，着重考察治理结构与治理机制两个层面：从治理结构维度选取股权融合度、股权制衡度及两权分离度三项核心指标，这三项指标分别从股权多元化程度、股东制衡能力及代理成本角度反映治理基础特征；治理机制维度则包含监督机制（董事会规模、独立董事比例）与激励机制（前三名高管薪酬、管理费用率）两类指标，其中董事会特征指标反映决策监督效能，而薪酬与费用指标则体现激励约束效果。产出指标设计兼顾短期绩效与长期发展：总资产周转率衡量资产运营效率，反映混改带来的管理改善效果；资产收益率（ROA）表现资本获利能力，体现治理优化的经济成果；主营业务收入增长率则捕捉企业可持续发展能力，评估改革的长效机制建设成效。这三项产出指标共同构成了评价混改企业治理效率的多维标尺。综上，各投入产出指标名称及定义见表5-1。

表5-1 指标名称及定义

类别	指标名称	编号	指标定义
投入指标	股权融合度	X1	前十大股东中非国有股权与国有股权的比值
	股权制衡度	X2	第二大股东持股比例与第一大股东的比值
	两权分离度	X3	控制权与所有权之间的差值
	董事会规模	X4	董事会人数
	独立董事比例	X5	独立董事人数/董事会人数 ×100%
	前三名高管薪酬	X6	前三名高管薪酬/ln（所有者权益）
	管理费用率	X7	管理费用/营业收入
产出指标	总资产周转率	Y1	营业收入/平均资产总额 ×100%
	资产收益率	Y2	净利润/总资产平均余额 ×100%
	主营收入增长率	Y3	（主营业务收入本年金额-主营业务收入上年金额）/（主营业务收入上年金额）×100%

5.2.2 总体评价

（1）整体分析

通过测算，得到2015—2021年我国99家混改企业的公司治理效率情况。综合效率反映的是在既定产出下投入的效率高低或在既定投入下产出的效率高低，该值越大，说明公司治理效率越高。综合效率结果如表5-2所示。

表5-2 混改企业公司治理综合效率统计结果

年份	样本数	有效数	占比	均值	最小值	标准差
2015	99	15	15.15%	0.838	0.451	0.1187
2016	99	26	26.26%	0.858	0.445	0.1239
2017	99	37	37.37%	0.937	0.465	0.0799

续表

年份	样本数	有效数	占比	均值	最小值	标准差
2018	99	20	20.20%	0.742	0.377	0.1747
2019	99	38	38.38%	0.944	0.402	0.0796
2020	99	15	15.15%	0.766	0.314	0.1545
2021	99	19	19.19%	0.791	0.352	0.1642

从表5-2中可以看出，样本企业在动态效率演变过程中呈现出阶段性波动特征。具体而言，2015—2017年综合效率值为1的企业数量呈现持续增长态势，但2018年效率最优企业数量骤降至20家，2019年则显著回升至38家，占比38.38%，这一数值甚至超越了2017年的峰值水平。然而2020年DEA有效企业数量又急剧下降至15家，直至2021年才出现恢复性增长。整体观察表明，处于生产前沿的样本企业占比始终维持在相对较低水平。

为更清晰地展现DEA有效企业数量与效率均值的动态关联性，图5-1采用折线图与柱状图进行可视化呈现。数据分析表明，效率均值变动轨迹与DEA有效企业数量具有高度同步性：2015—2017年持续攀升，2018年形成阶段性低点；2019年创出新高后，2020年受宏观环境影响再度探底，2021年则呈现企稳回升态势。

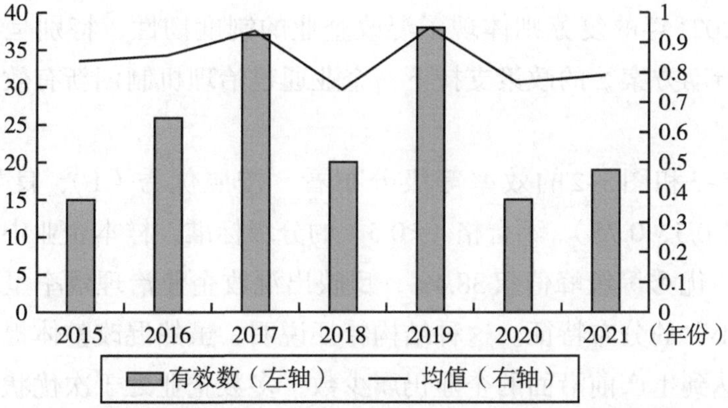

图5–1　混合所有制改革企业DEA有效数与均值变化趋势

根据上述数据统计结果，从以下几个方面给出效率波动的多维度解释。

第一，政策驱动与制度变革效应。2015—2019年，DEA综合效率有效企业数量由15家增加至38家，公司治理效率总体呈现上升趋势，说明99家样本企业进行混合所有制改革对公司治理效率起正向作用。2016年启动的混改深化阶段，通过股权多元化改革和治理机制创新显著提升了企业效能。2017年较2015年效率值的大幅提升，印证了非国有资本引入带来的“鲶鱼效应”，这种效应通过改善股权制衡度、优化董事会结构等渠道降低了代理成本。

第二，宏观经济冲击的影响传导。2018年DEA综合效率有效企业数量与均值均发生断崖式下降，效率滑坡具有典型的政策适应性特征：供给侧结构性改革带来的产能出清、中美贸易战导致的出口受阻、股市震荡引发的融资困难等系统性风险，通过企业经营绩效的中介作用影响了治理效率。这种冲击具有短期性，随着企业战略调整的完成，2019年效率指标实现“V”形反弹。

第三，突发公共事件的阶段性扰动。DEA综合效率有效企业数量与均值在2020年再次发生下降，2021年有上升趋势。2020年新冠疫情造成的全球供应链中断，使企业面临需求收缩和供给冲击的双重压力，这种外生冲击通过营业收入增长率和资产收益率等产出指标的恶化传导至治理效率层面。而2021年的复苏则体现了混改企业的制度韧性，特别是在《国企改革三年行动方案》的政策支持下，企业通过治理机制创新有效应对了危机挑战。

从表5-3和图5-2的效率等级分布看，按照优秀（1）、良好［0.75，1）、合格［0.5，0.75）、不合格（<0.5）的分级标准，样本企业中良好等级占比最高，优秀等级峰值仅38.4%，反映出混改企业治理效率呈现“中间大、两头小”的分布特征。这种结构特征说明，虽然混改整体提升了治理水平，但达到生产前沿面的企业仍属少数，多数企业处于次优状态，改革成效尚未充分释放。

表5-3 2015—2021年混合所有制改革企业公司治理综合效率分布情况

DEA有效性	等级	2015年		2016年		2017年		2018年		2019年		2020年		2021年	
		数量（个）	占比（%）	数量（个）	占比（%）	数量（个）	占比（%）	数量（个）	占比（%）	数量（个）	占比（%）	数量（个）	占比（%）	数量（个）	占比（%）
DEA有效	优秀	15	15.2	26	26.3	37	37.4	20	20.2	38	38.4	15	15.2	19	19.2
DEA无效	良好	64	64.6	60	60.6	60	60.6	24	24.2	60	60.6	43	43.4	41	41.4
	及格	19	19.2	12	12.1	1	1.0	51	51.5	0	0.0	37	37.4	35	35.4
	不及格	1	1.0	1	1.0	1	1.0	4	4.0	1	1.0	4	4.0	4	4.0

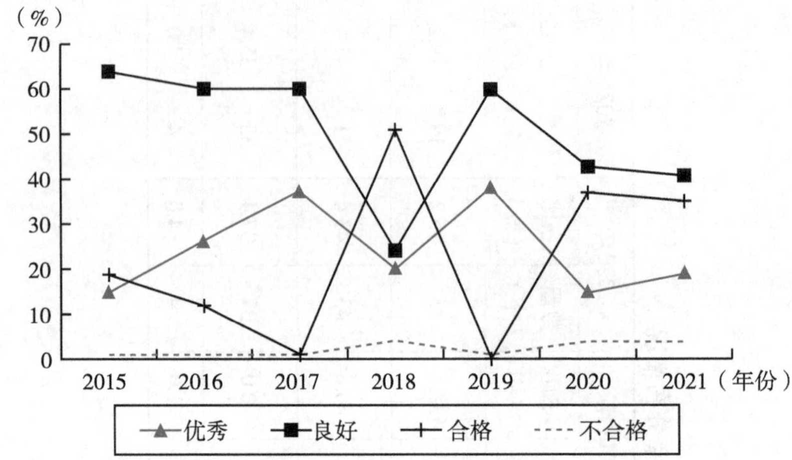

图5-2　混合所有制改革企业综合效率值区间比例分布变化趋势

（2）要素分析

根据BCC模型的分解原理，公司治理综合效率（TE）可表示为纯技术效率（PTE）与规模效率（SE）的乘积，即TE=PTE×SE。这一分解框架为诊断混改企业的效率瓶颈提供了理论工具。纯技术效率反映企业在既定规模下通过治理结构优化和管理水平提升所能达到的产出边界，而规模效率则衡量企业实际规模与最优生产规模的匹配程度。表5-4呈现样本企业的纯技术效率和规模效率。

表5-4　混合所有制改革企业公司治理纯技术效率和规模效率统计结果

年份		2015	2016	2017	2018	2019	2020	2021
纯技术效率	最小值	0.795	0.779	0.834	0.834	0.863	0.834	0.790
	均值	0.989	0.991	0.995	0.993	0.995	0.992	0.993
	标准差	0.0326	0.0291	0.0235	0.0258	0.0197	0.0269	0.0286
规模效率	最小值	0.526	0.445	0.465	0.377	0.402	0.321	0.353
	均值	0.845	0.866	0.941	0.746	0.948	0.771	0.796
	标准差	0.1121	0.1178	0.0739	0.1733	0.0740	0.1531	0.1605

表5-4的数据揭示了纯技术效率与规模效率之间的显著差异特征。在2015—2021年观测期内，样本企业的纯技术效率均值始终维持在0.99左右的高位区间，其中2015年0.989的最低值仍处于较高水平，这一现象表明混改企业的治理结构整体较为完善，管理水平相对较高。纯技术效率的标准差在0.025范围内平稳波动，2019年达到最小值0.0197，反映出样本企业在既定规模条件下对公司治理资源的利用效率差异有限，部分企业仅需对治理结构或机制进行适度优化即可实现纯技术效率有效提升。相比之下，规模效率的表现明显逊色：各年度均值均低于纯技术效率，2018年0.746的最低值尤为突出；同时其标准差显著高于纯技术效率，这充分说明不同企业在规模效率方面存在较大异质性。两种效率指标的动态演变趋势可通过图5-3进行直观观察。

图5-3的实证分析直观展现了2015—2021年纯技术效率与规模效率的差异化演变特征。数据显示，纯技术效率均值始终稳定在接近1的高位区间，波动幅度相对有限；而规模效率均值则呈现明显的波动特征，其变化轨迹与综合效率均值保持高度一致。这一现象表明，我国混改企业的公司治理纯技术效率整体表现良好，这主要得益于样本企业均为上市公司且具有较高的资产证券化率，混改提升了其股权结构多元化程度，董事会规模与独立董事比例等治理结构指标趋于优化，管理水平得到显著改善。因此，规模效率已成为制约样本企业公司治理综合效率提升的关键因素。实证研究表明，无论是规模报酬递增还是递减状态，都会导致决策单元出现规模不经济现象，进而影响规模效率的有效性。表5-5的统计结果显示，2015—2021年大多数样本企业处于规模报酬递增状态，反映出企业在投入规模与技术水平匹配度、资源配置合理性等方面存在明显不足。由此可见，混改提升公司治理效率的核心路径在于适度扩大治理相关指标的投入规模，使其与企业的治理结构和管理水平相匹配，从而提高治理效率水平并实现规模经济效应。然而，具体规模扩张策略的制定仍需结合企业个体特征进行系统性的分析与决策。

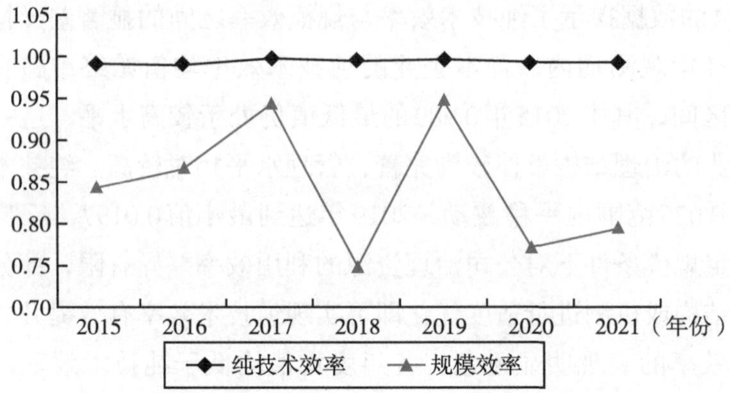

图5-3 混合所有制改革企业DEA纯技术效率与规模效率变化趋势

表5-5 混合所有制改革企业公司治理规模报酬类型统计结果

年份	2015	2016	2017	2018	2019	2020	2021
规模报酬递增	84	73	63	79	60	84	80
规模报酬不变	15	26	36	20	38	15	19
规模报酬递减	0	0	0	0	1	0	0

（3）差异分析

为了从更多的角度对混合所有制改革企业公司治理效率进行剖析，以下从行业、地域、生命周期、混改路径等角度进行差异分析。

①基于行业的差异分析。根据中国证监会2012年行业分类标准，本研究样本涵盖8个行业门类：采矿业（10家）、电力热力燃气及水生产供应业（14家）、房地产业（4家）、建筑业（4家）、交通运输仓储邮政业（7家）、批发零售业（8家）、信息技术服务业（5家）和制造业（47家）。

表5-6的统计数据显示，2015—2021年不同行业混改企业的公司治理效率存在显著差异。其中，批发与零售业以0.912的七年均值位居各行业之首，房地产业以0.848的均值次之，而建筑业则以0.753的均值处于末位。从时间维度观察，批发与零售业在这七年间的效率波动幅度最小，展现出较强的稳定性；相比之下，建筑业的效率波动最为剧烈。图5-4的折线图分析进一步验证了这一发现：2017—2021年，批发与零售业的公司治理效率曲线最为平缓，波动幅度显著小于其他七个行业；而建筑业不仅效

率均值持续处于最低水平，其波动幅度也明显高于其他行业。这一可视化呈现清晰地揭示了不同行业混合所有制改革企业在治理效率方面的差异化表现。

表 5–6　　不同细分行业的公司治理综合效率统计结果

行业		2015	2016	2017	2018	2019	2020	2021	七年均值
采矿业	最小值	0.532	0.445	0.862	0.580	0.904	0.492	0.639	0.636
	均值	0.820	0.846	0.922	0.688	0.964	0.738	0.817	0.828
	标准差	0.124	0.156	0.051	0.120	0.035	0.131	0.134	0.107
电力热力燃气及水生产和供应业	最小值	0.451	0.592	0.685	0.510	0.797	0.582	0.486	0.586
	均值	0.861	0.877	0.931	0.700	0.957	0.766	0.700	0.827
	标准差	0.135	0.118	0.084	0.123	0.055	0.121	0.143	0.111
房地产业	最小值	0.749	0.792	0.888	0.610	0.962	0.590	0.715	0.758
	均值	0.803	0.898	0.949	0.744	0.991	0.665	0.884	0.848
	标准差	0.063	0.078	0.051	0.158	0.016	0.044	0.122	0.076
建筑业	最小值	0.737	0.773	0.825	0.501	0.858	0.562	0.506	0.680
	均值	0.786	0.842	0.897	0.597	0.885	0.649	0.616	0.753
	标准差	0.031	0.093	0.065	0.067	0.020	0.058	0.089	0.060
交通运输、仓储和邮政业	最小值	0.808	0.792	0.878	0.534	0.864	0.314	0.352	0.649
	均值	0.910	0.888	0.972	0.744	0.948	0.664	0.692	0.831
	标准差	0.079	0.097	0.042	0.177	0.052	0.258	0.226	0.133
批发与零售业	最小值	0.836	0.862	0.465	0.499	0.402	0.592	0.674	0.619
	均值	0.953	0.950	0.927	0.852	0.910	0.879	0.911	0.912
	标准差	0.063	0.065	0.175	0.189	0.193	0.132	0.118	0.134
信息传输、软件和信息技术服务业	最小值	0.705	0.773	0.878	0.550	0.828	0.632	0.555	0.703
	均值	0.794	0.824	0.922	0.666	0.931	0.743	0.797	0.811
	标准差	0.065	0.032	0.027	0.066	0.065	0.063	0.142	0.066
制造业	最小值	0.526	0.535	0.758	0.377	0.750	0.356	0.462	0.538
	均值	0.817	0.837	0.943	0.766	0.943	0.788	0.814	0.844
	标准差	0.119	0.131	0.064	0.192	0.064	0.149	0.150	0.124

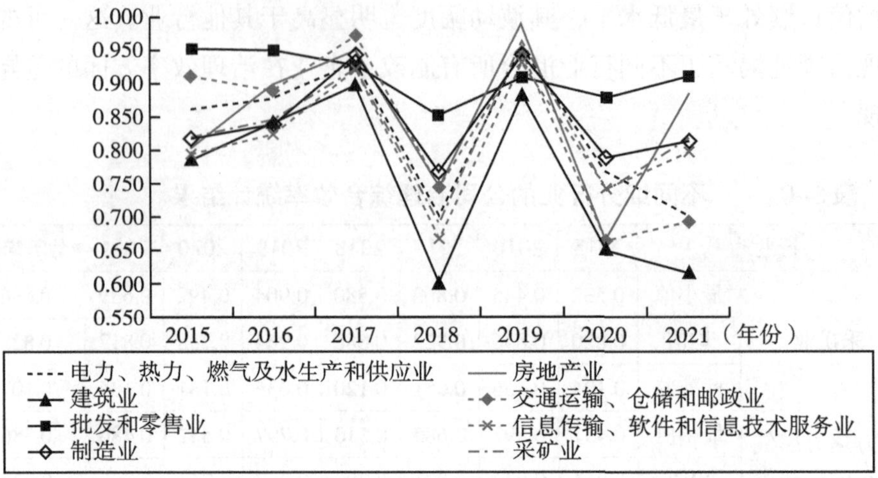

图5-4　混合所有制改革企业各行业公司治理效率变化趋势

批发与零售业的混改企业主要集中于竞争性国有企业领域，其显著特征在于较高的市场化程度和灵敏的市场反应能力。这类企业在引入非国有资本过程中具有较低的准入门槛，有利于实现股权结构多元化，其国有资本持股比例通常维持在参股或相对控股水平，有效避免了"一股独大"现象，形成了股东间相互制衡的治理格局。特别值得注意的是，该行业国有企业更容易吸引与其主营业务相匹配的战略投资者，这些战略投资者不仅有助于完善法人治理结构，更能推动治理机制的市场化改革，最终建立起符合市场规律的经营管理体系。

相比之下，房地产业与建筑业企业的公司治理效率呈现出明显的波动特征，这种波动主要源于规模效率的不稳定性，这是由建筑业和房地产业典型的政策敏感性特征以及"高杠杆—强周期—重资产"的行业特性所引致。这两个行业普遍存在的高杠杆经营模式导致企业资产负债率居高不下，同时对外部市场环境和政策调控表现出高度敏感性。在国家持续推进"三去一降一补"政策背景下，各级政府出台的产业数量限制措施以及"房住不炒"的调控政策，都对行业投入规模产生了实质性影响。2020年新冠疫情的突发性冲击更导致项目停工停产，叠加市场消费需求萎缩，直接造成产出不足，这些因素共同作用形成了规模效率的剧烈波动，最终反映为公司治理效率的低下和不稳定状态。

②基于地域的差异分析。根据国家统计局地域划分标准，本研究样本企业分布于四大区域：东北部（8家）、东部（57家）、西部（20家）和中部（14家）。表5-7的统计数据显示，2015—2021年，东部地区以0.8720的七年效率均值显著领先，中部（0.8442）和西部（0.8292）次之，东北部（0.8218）相对滞后。这种区域差距不仅体现在均值水平上，更反映在波动特征中。四大区域的公司治理综合效率均值均在不断波动的过程中，东部地区的波动幅度最小，而东北部地区的波动幅度最大。四大区域的公司治理综合效率均值都在2019年达到最高水平，其中，东部地区均值为0.965，西部地区均值为0.937，中部地区均值为0.950，东北部地区则为0.927。

表5-7　不同区域的公司治理综合效率统计结果

区域		2015	2016	2017	2018	2019	2020	2021	七年均值
东北部	最小值	0.451	0.584	0.685	0.51	0.75	0.492	0.479	0.5644
	均值	0.817	0.800	0.899	0.746	0.927	0.814	0.748	0.8218
	标准差	0.175	0.147	0.111	0.199	0.093	0.201	0.167	0.1562
东部	最小值	0.532	0.736	0.826	0.584	0.849	0.565	0.639	0.6759
	均值	0.844	0.902	0.961	0.810	0.965	0.814	0.808	0.8720
	标准差	0.130	0.107	0.053	0.140	0.043	0.134	0.123	0.1042
西部	最小值	0.526	0.445	0.465	0.377	0.402	0.314	0.352	0.4116
	均值	0.842	0.861	0.932	0.714	0.937	0.732	0.787	0.8292
	标准差	0.103	0.115	0.086	0.175	0.090	0.156	0.179	0.1293
中部	最小值	0.540	0.535	0.862	0.518	0.860	0.641	0.602	0.6511
	均值	0.826	0.820	0.947	0.754	0.950	0.805	0.808	0.8442
	标准差	0.120	0.142	0.042	0.173	0.057	0.100	0.142	0.1111

图5-5的趋势演变揭示了区域效率提升的共性特征与个性差异。2015—2019年，四大区域的效率值均实现显著提升：东部从0.844增至0.965，西部从0.842增至0.937，中部从0.826增至0.95，东北部从0.817增至0.927。这种同步增长印证了混改政策的普惠性效应。然而，各区域在

2018年普遍出现的效率回落（东部降幅12.3%、东北部降幅15.7%）则反映出外部冲击对不同区域企业的非对称影响。

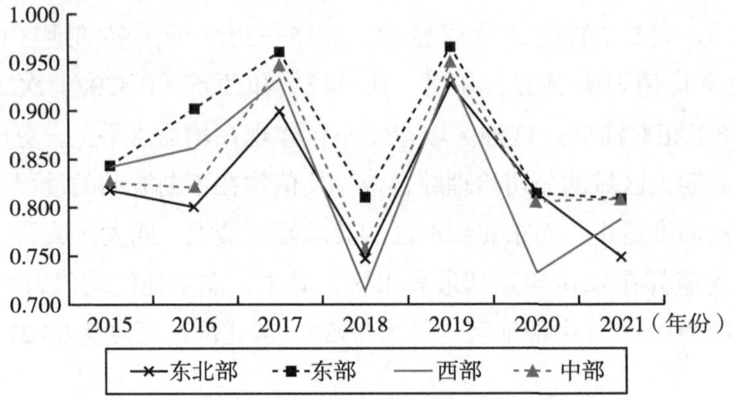

图5-5　不同区域的公司治理综合效率变化趋势

区域差异的形成机制可从三个维度解析：

首先，东部地区的制度优势体现为市场化改革的先发效应。该区域非公经济占比高，市场化开放程度更大，对外投资与贸易往来相比其他地区更加频繁。软环境方面的制度创新使东部地区一直处于开放前沿，为市场经济主体营造了国际化、法治化、便利化的优质营商环境，因此，东部地区的国企在混改时更易寻找到在业务、经营理念、企业文化等方面相匹配的战略投资者。丰富的战略投资者资源更有利于健全公司治理结构，提高公司治理效率，激活国企的潜在活力。

其次，东北地区的结构性矛盾突出表现为高负债率、高国有股占比、高不良资产率。这种历史包袱制约了治理结构的实质性变革，战略投资者投资意愿不高。再加上东北地区是最早的老工业基地，受人才流失与市场营商环境的影响，东北地区国企的整体盈利能力、成长能力与东部地区有明显差距，治理资源没有实现较好的优化配置，在进行混改和股权多元化过程中具有一定的阻力。

最后，中西部地区的政策红利通过西部大开发战略和"一带一路"倡议的双轮驱动逐步释放，为国企进行混改提供了政策保障，区域效率均值与东部的差距缩小。值得注意的是，区域差异背后反映的是改革深度的梯度特征。东部地区已进入治理机制创新的深化阶段，而东北地区仍处于股权结构优化的初级阶段。这种改革阶段的差异性提示我们，在制定区域混改政策时应当实施分类指导，避免“一刀切”的推进模式。

③基于生命周期的差异分析。处于不同生命周期的混合所有制改革企业的公司治理机制不同，其公司治理效率水平也会有不同表现。依据Dickinson（2011）提出的现金流量特征组合法，表5-8将样本企业划分为成长期、成熟期和衰退期三大类。

表5-8　　　混合所有制改革企业生命周期划分标准

<table>
<tr><th rowspan="2">现金流</th><th colspan="2">成长期</th><th rowspan="2">成熟期</th><th colspan="5">衰退期</th></tr>
<tr><th>初创期</th><th>成长期</th><th colspan="3">衰退期</th><th colspan="2">淘汰期</th></tr>
<tr><td>经营现金净流量</td><td>−</td><td>+</td><td>+</td><td>−</td><td>+</td><td>+</td><td>−</td><td>−</td></tr>
<tr><td>投资现金净流量</td><td>−</td><td>−</td><td>−</td><td>−</td><td>+</td><td>+</td><td>+</td><td>+</td></tr>
<tr><td>筹资现金净流量</td><td>+</td><td>+</td><td>−</td><td>−</td><td>+</td><td>−</td><td>+</td><td>−</td></tr>
</table>

根据上述划分标准对99家混合所有制改革企业进行划分，其具体生命周期分布如表5-9所示。

表5-9　　　混合所有制改革企业生命周期分布情况

年份		成长期	成熟期	衰退期
2015	数量（家）	50	34	15
	占比（%）	50.51	34.34	15.15
2016	数量（家）	36	44	19
	占比（%）	36.36	44.44	19.19
2017	数量（家）	32	48	19
	占比（%）	32.32	48.48	19.19
2018	数量（家）	31	56	12
	占比（%）	31.31	56.57	12.12
2019	数量（家）	33	46	20
	占比（%）	33.33	46.46	20.20

续表

年份		成长期	成熟期	衰退期
2020	数量（家）	32	46	21
	占比（%）	32.32	46.46	21.21
2021	数量（家）	33	52	14
	占比（%）	33.33	52.53	14.14

根据表5-9数据，处于成熟期的混合所有制改革企业数量最多，占总数的47%左右，处于成长期的企业大约占35.6%，处于衰退期的企业大约占17.3%。处于成长期和成熟期的混改企业占绝大多数，这种分布特征表明，参与混改的企业多数已具备较为稳定的经营基础，对国民经济具有重要支撑作用。

表5-10将处于不同生命周期阶段的混合所有制改革企业的公司治理综合效率进行分类统计，从中可以看出其公司治理综合效率有所差别。成熟期企业在多数年份（除2017年外）保持治理效率领先优势。以2019年为例，成熟期企业效率均值达0.963，显著高于成长期（0.929）和衰退期（0.923）。即使在2020年疫情冲击下，成熟期企业的效率降幅也小于成长期和衰退期企业，展现出更强的抗风险能力。

表5-10　处于不同生命周期的混合所有制改革企业公司治理效率统计结果

年份		成长期	成熟期	衰退期
2015	均值	0.8190	0.8710	0.8240
	标准差	0.1260	0.0973	0.1216
2016	均值	0.8460	0.8760	0.8410
	标准差	0.1194	0.1252	0.1239
2017	均值	0.9070	0.9500	0.9560
	标准差	0.1040	0.0631	0.0518
2018	均值	0.6950	0.7640	0.7580
	标准差	0.1540	0.1760	0.1940

续表

年份		成长期	成熟期	衰退期
2019	均值	0.9290	0.9630	0.9230
	标准差	0.0623	0.0502	0.1325
2020	均值	0.7150	0.8000	0.7680
	标准差	0.1501	0.1350	0.1780
2021	均值	0.7700	0.8080	0.7810
	标准差	0.1698	0.1506	0.1905

为了深入分析混合所有制改革企业处于不同生命周期阶段时公司治理效率不同的原因，图5–6对其纯技术效率和规模效率进行分解。从图中可知，在整个生命周期阶段，混合所有制改革企业的公司治理综合效率先上升再略微下降。各阶段混改企业的纯技术效率非常高，均高于0.99，说明规模效率差异是导致治理效能分化的关键因素。

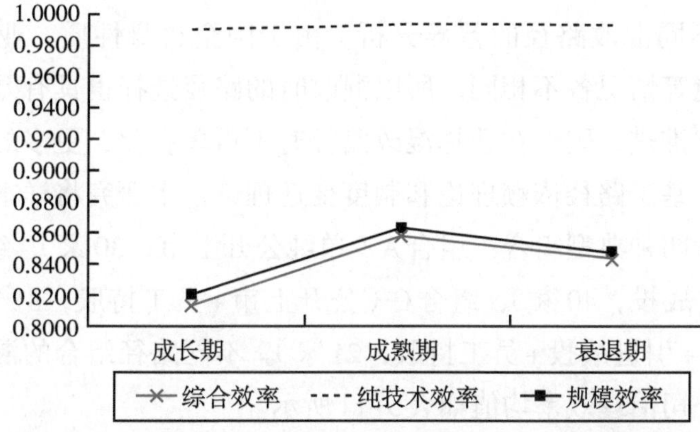

图5–6　不同生命周期阶段的公司治理各要素变化趋势

企业处于成长期时，公司治理效率瓶颈主要体现在三个方面：其一，企业股权集中度较高，内部管理制度还不够健全，忽视企业内部的治理问题，治理结构不完善导致代理成本较高；其二，董事会建设及决策机制还未完善，董事会决策效率偏低，平均决策周期长；其三，资源投入产出弹性不足，在增加公司治理要素投入的同时，产出未同比例增加，未达到规模经济状态。这些特征共同导致其规模效率均值较低。

成熟期企业则展现出截然不同的治理特征，其效率优势源于其制度成熟度：内部机构设置和管理制度逐步健全，更加重视企业内部的治理状况；股权集中度降低，股权多元化程度显著优于成长期企业，有利于融资渠道的拓展；非国有股东委派董事以及独立董事的加入，使董事会、监事会的决策监督作用更加凸显，加大对管理层的监督力度，能够通过内部有效的监督激励降低代理成本，内部治理资源的配置效率因而提高。这些制度特征使其在面临外部冲击时能保持治理稳定性。

衰退期企业呈现出典型的“效率悖论”：企业发展能力和盈利能力受限，委托代理成本最高，此时对高管的薪酬与股权激励作用有限，资源利用效率不高；虽然其治理机制完备性优于成长期企业，但由于市场萎缩和组织冗余，导致规模效率快速下滑。这种结构性矛盾使衰退期企业效率波动最大：混改后有的企业效果显著，公司治理效率提升明显，而有的企业效果显现延迟，公司治理效率提升较少，反映出转型期企业治理的特殊挑战。

④基于不同混改路径的差异分析。由于国企自身性质、业务领域及所处经济环境等情况各不相同，所以混改时的路径选择也具有差异性。随着混改的深化推进，国企在选择混改路径时不再单一化，更多的是“组合拳”式混改。基于路径依赖理论和制度变迁理论，本研究将样本企业的混改路径划分为四种典型组合：组合A（单纯公开上市，30家）、组合B（公开上市+引进战投，40家）、组合C（公开上市+员工持股，8家）和组合D（公开上市+引进战投+员工持股，21家）。不同路径组合的混合所有制改革企业的公司治理效率均值如表5-11所示。

表5-11　不同路径组合的公司治理综合效率均值统计结果

组合类型	2015	2016	2017	2018	2019	2020	2021	七年均值
组合A	0.828	0.850	0.936	0.738	0.927	0.773	0.791	0.835
组合B	0.856	0.863	0.940	0.745	0.961	0.767	0.797	0.847
组合C	0.820	0.855	0.932	0.752	0.945	0.756	0.782	0.834
组合D	0.825	0.879	0.947	0.755	0.950	0.784	0.796	0.848

表5-11的数据显示，四种路径组合的混改企业的公司治理效率差别较小，并且趋势一致，均为2015—2017年上升，2018年出现较大波动，2019年继续处于上升趋势，而到了2020年再次出现下跌，2021年出现缓慢上升，印证了外部冲击的系统性影响。正如前文所分析的，造成公司治理效率波动的主要原因是2018年的股市低迷和经济环境差以及2020年新冠疫情的暴发，对混改企业的规模效率产生较大影响，使其对投入资源的配置效率降低。观察2015—2021年四种组合公司治理效率的七年均值，呈现梯度分布：组合B和组合D的均值较高，分别为0.847和0.848，而组合A和组合C的均值较低，分别为0.835和0.834，反映出制度设计的边际效应。

不同混改路径对公司治理效率的影响有所差异。第一，选择组合B和组合D路径进行混合所有制改革的国有企业均通过引进战略投资者提高公司治理效率。通过引进战略投资者参与国企混改，一方面实现资源互补效应，战投企业可以为企业带来领先优势资源，实现资源互补和产业协同，提升产出能力；另一方面实现治理制衡效应，非国有股东委派董事进入董事会，构建多元化董事会结构，增强董事会的决策有效性，这种"资源+制度"的双轮驱动，使其代理成本显著降低。第二，选择组合C和组合D的国有企业均对核心员工实施持股计划，通过激励机制创新产生治理改进，降低核心人才流失率，增强企业的内生性竞争力，将员工与企业的利益有机结合起来，形成风险共担、利益共享的长效激励机制。复合型改革路径具有更强的韧性，无论选择哪种路径组合进行混改都会提高国企的公司治理效率，但是，仅选择员工持股计划或者引进战略投资者对国企公司治理效率的提高均有限，路径选择必须与企业特征相匹配，简单的路径叠加未必能产生预期效果，国有企业应该结合自身情况选择适合的混改路径组合以提高公司治理效率。

5.2.3　分层分类视角下公司治理效率的异质性分析

（1）基于功能特征的公司治理效率异质性分析

由于国企的战略定位、所处领域和发展目标不同，混改时所选择的路径也会有所不同，国企功能定位的差异决定了其在混改中的制度适配要求。本部分基于功能分类理论，将国企划分为商业Ⅰ类（48家）和商业Ⅱ类（43家）和公益类（8家）实证检验了商业Ⅰ类、商业Ⅱ类和公益类混改企业在治理效率上的系统性差异。

表5–12　不同功能特征混改企业的公司治理综合效率统计结果

类型		2015	2016	2017	2018	2019	2020	2021	七年均值
商业Ⅰ类	最小值	0.5400	0.5350	0.4650	0.3770	0.4020	0.5630	0.4620	0.4780
	均值	0.8280	0.8370	0.9310	0.7620	0.9600	0.7990	0.8310	0.8500
	标准差	0.1052	0.1273	0.0944	0.1863	0.1002	0.1414	0.1530	0.1297
商业Ⅱ类	最小值	0.5260	0.4450	0.8260	0.4310	0.8490	0.3140	0.3520	0.5350
	均值	0.8500	0.8840	0.9470	0.7280	0.9320	0.7340	0.7740	0.8360
	标准差	0.1237	0.1143	0.0527	0.1650	0.0475	0.1680	0.1733	0.1206
公益类	最小值	0.4510	0.5920	0.6850	0.5100	0.7970	0.5820	0.6260	0.6060
	均值	0.8330	0.8510	0.9210	0.6930	0.9210	0.7330	0.7570	0.8150
	标准差	0.1564	0.1269	0.0975	0.1309	0.0661	0.1024	0.1419	0.1175

表5–12中，2015—2021年数据揭示了混改国企显著的功能异质性：商业Ⅰ类企业以0.8500的治理效率均值位居首位，商业Ⅱ类（0.8360）次之，公益类（0.8150）相对滞后。值得注意的是，效率标准差呈现反向特征：商业Ⅰ类企业的七年均值最大，为0.1297；其次是商业Ⅱ类企业，为0.1206；公益类企业最小，为0.1175，反映出公益类企业内部的效率分化更为突出。这种差异在动态演变中持续显现：2015年商业Ⅱ类企业效率领先，但至2021年，商业Ⅰ类企业实现反超，而公益类始终处于末位。三类混合所有制改革企业的公司治理综合效率均在2019年达到最高点，在2018年达到最低点。2015年公司治理综合效率均值最高的是商业Ⅱ类企业，而商业Ⅰ类企业的均值最低；经过一系列混合所有制改革，2021年商业Ⅰ类企业的公司治理综合效率均值最高，公益类企业最低。

通过观察图5–7可以发现，三类混改企业的公司治理综合效率的变化趋势相似，2015—2019年综合效率整体呈现上升趋势，尽管在2018年由于市场经营环境、股市低迷、贸易战等因素的影响出现短期的下降，但最终2019年的治理效率水平仍高于2015年，均位于0.9以上的较高水平，这说明混改对国企公司治理效率有一定的提升作用。但是2020年因为新冠疫情使产出不足，降低了公司治理效率水平，2021年有所回升。总结发现：三类企业在2018年和2020年遭遇系统性冲击，但均于2019年达到峰值。这种共性波动印证了外部环境对治理效率的全局性影响，同时也凸显了混改对各类国企的普遍正向效应，2019年效率值较2015年提升。

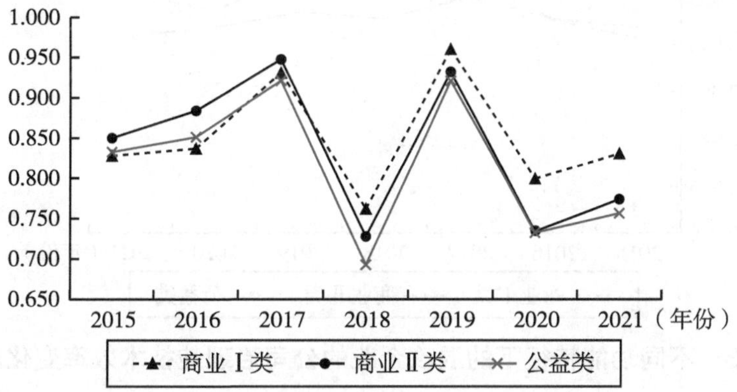

图5-7　不同功能特征下的混改企业的公司治理综合效率变化趋势

图5-8的效率结构显示，纯技术效率水平都处于较高水平，但公益类企业的纯技术效率低于商业Ⅰ类和商业Ⅱ类，商业Ⅰ类和商业Ⅱ类的公司治理纯技术效率虽然略有波动，但总体稳定在0.990以上，而公益类企业虽呈追赶趋势，但均值仍显著偏低。这种差距源于制度环境的根本差异：商业Ⅰ类和商业Ⅱ类企业的公司治理结构较为完善，管理水平和生产技术能力较强。商业Ⅰ类企业所处高度竞争领域，更具有灵活性和可操作空间，其股权多元化程度和战略投资者匹配度显著优于公益类企业。当商业Ⅱ类企业通过“黄金股”等制度设计平衡战略安全与经营效率时，公益类企业仍受制于社会效益优先的刚性约束，导致治理结构优化空间有限。公益类企业的主业是为社会提供公共产品和服务，始终把社会效益放在第一

位，并非以盈利为主要目的。在股权结构方面，由于公益类企业的特殊性导致非国有资本参股公益类企业的门槛较高，在公司治理结构及机制方面不如商业企业完善。因此，公益类企业的公司治理纯技术效率低于其他两类企业。但是，经过一系列的混合所有制改革措施的实施，比如推行PPP项目、鼓励更多的社会资本参与改革、在业务末端领域与民营企业合作、建立政府融资平台等，公司治理结构逐步健全，对所投入资源的配置效率逐渐提升，公益类企业的纯技术效率水平逐年提高，呈现追赶趋势。

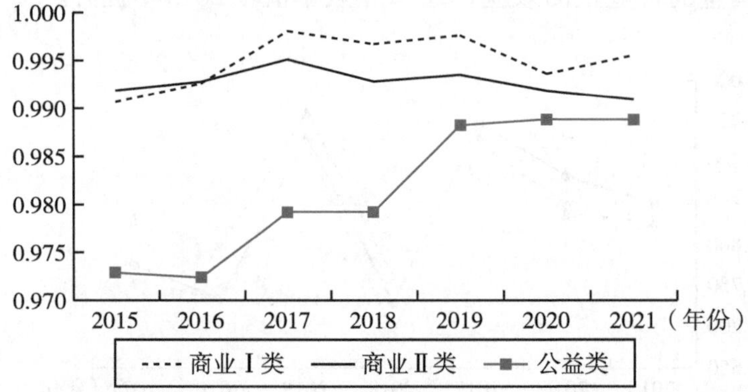

图5-8 不同功能特征下的混改企业的公司治理纯技术效率变化趋势

规模效率方面，通过比对图5-7与图5-9发现，不同功能特征的混改国企公司治理的综合效率变化趋势与规模效率变化趋势一致，同样验证了不同功能特征的混改国企其公司治理综合效率主要受规模效率的影响。2015—2021年商业类企业的规模效率均值高于公益类企业。这主要是因为：商业Ⅰ类企业所处市场竞争程度较高的领域，走在市场化改革的前列，看重经济效益，侧重考核经营业绩指标、国有资产保值增值和市场竞争能力，进行混合所有制改革后，股权制衡度更高，股权结构更加多元化，混改投入要素的比例更加合理；商业Ⅱ类企业处于市场竞争程度较低的领域，掌握着国家重要经济资源，关乎国家安全与经济命脉，准入门槛较高，着重发挥战略支撑作用，以落实国家重大战略、保障国家安全和国民经济运行为首要目标，同样能够带来一定的经济效益；而公益类企业的改革困境集中体现为“双重目标冲突”：既要维持公共产品供给的稳定性，又需提升资源配置效能。当前PPP项目参与度和社会资本引入规模仍显不足，提示未来需创新公益市场化机制，在保障公共属性的前提下探索治理效能提升路径。

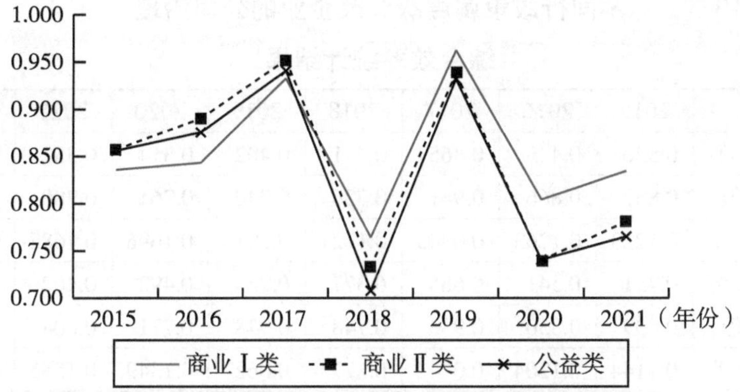

图 5–9　不同功能特征下的混合所有制改革企业的公司治理规模效率变化趋势

（2）基于行政隶属关系的公司治理效率异质性分析

央企与地方国企在经营规模、行业属性及改革目标上的差异性，导致其混改的路径选择与治理效能呈现层级化特征。依据行政隶属关系，本研究将样本企业划分为央企（53家）和地方国企（46家）。

不同行政隶属层级混合所有制改革企业的公司治理效率情况如表5–13所示。2015—2021年，地方国企的公司治理综合效率七年均值（0.842）较央企（0.837）具有微弱优势。央企于2017年达到最高点0.941，而地方国企则在2019年实现峰值为0.948，因而效率峰值出现时序差异显著。这种层级分异源于制度环境的根本约束：央企经营规模大且行业特殊，多集中于关系国家经济命脉的关键领域，其混改面临三重挑战：非国有资本持股比例低于地方国企，股权结构多元化受限；国有资产安全保障要求抬升资本准入门槛，避免国有资产流失风险；改革进程率先启动但探索成本较高。相较而言，地方国企进行混改时更加灵活，措施也更多样化，自2017年底纳入第三批混改试点后，依托三方面优势实现改革突破：借鉴前期各批混改试点经验形成后发优势；资产规模较小，提升战略投资者匹配度；地方政府政策支持促进治理结构创新。这些制度弹性使地方国企治理效率均值自2018年起持续超越央企。

表5-13 不同行政隶属层级混改企业的公司治理综合效率统计结果

类型		2015	2016	2017	2018	2019	2020	2021	七年均值
央企	最小值	0.526	0.445	0.465	0.431	0.402	0.314	0.352	0.419
	均值	0.837	0.866	0.941	0.736	0.940	0.761	0.780	0.837
	标准差	0.1223	0.1263	0.0843	0.1721	0.0916	0.1696	0.1682	0.1335
地方国企	最小值	0.451	0.541	0.685	0.377	0.750	0.492	0.462	0.537
	均值	0.839	0.850	0.933	0.748	0.948	0.771	0.804	0.842
	标准差	0.1144	0.1204	0.0742	0.1773	0.0627	0.1349	0.1585	0.1203

公司治理效率离散程度分析进一步揭示，除了2018年外，央企历年效率标准差均高于地方国企，最终七年的标准差均值为0.1335，地方国企的七年标准差均值为0.1203。这反映央企改革成效存在较为明显的个体差异，受行业特性影响更为显著。为了进一步分析央企与地方国企的公司治理效率的差异，本书对其2015—2021年的纯技术效率和规模效率均值进行了统计，如图5-10所示。

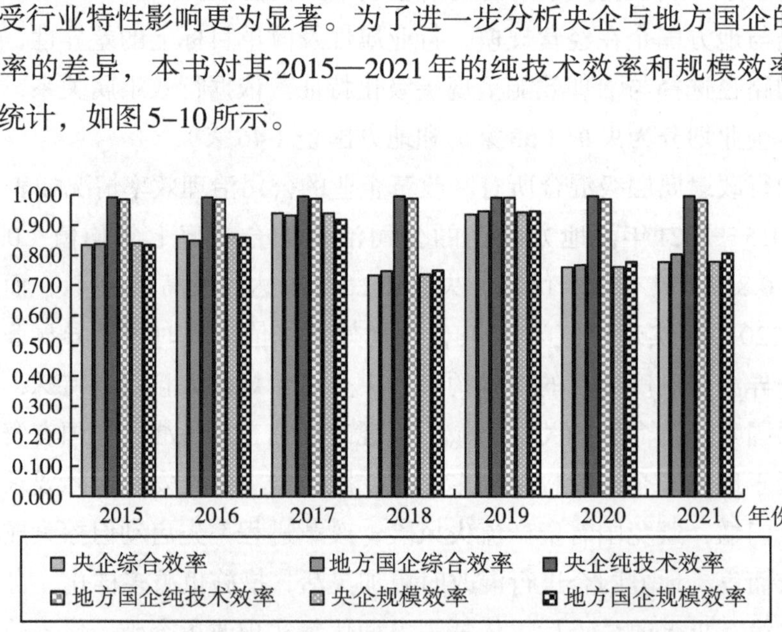

图5-10 不同行政隶属层级混改企业的公司治理效率各要素变化趋势

图5-10的数据分析表明，央企与地方国企在纯技术效率维度方面均趋近于1，表现出接近最优水平的特征，央企较地方国企具有微弱优势。这种差异主要源于三个制度性因素：首先，央企的经营规模大，普遍分布于关系国家经济安全的战略性领域，其较早启动混合所有制改革进程，使治理结构完善度更高；其次，国务院国资委的直接监管，促使“三会一层”治理架构的规范化程度显著提升，资源配置效率因而优化；最后，央企在管理层专业素质和生产技术标准方面的优势，进一步强化了其纯技术效率的领先地位。

当纯技术效率趋同时，规模效率成为解释综合效率差异的关键变量。从图5-10中可以看出，2015—2019年，两类企业的规模效率总体呈上升态势，但受2018年资本市场波动的影响，导致产出规模没有与投入规模同比例增加，规模效率均出现阶段性回落。而后在2019年，经济环境变好，产出规模增加以及投入规模的加大，使规模效率达到最高点。2020年则受新冠疫情的影响，所有企业的效益均受到不同程度的影响，规模效益的表现不佳。

值得注意的是，地方国企自2018年起，在规模效率维度实现持续超越，这主要归因于：其一，央企基于国家战略安全的保守型资源配置策略，更加注重对国有资本和国家重要资源的控制力，规避风险。相较之下，地方国企在竞争性领域的灵活混改模式更易实现投入产出优化，对治理资源的优化配置效率更高；其二，央企从2016年开始进行混改试点，而地方国企从2017年底开始试点并且数量呈现爆发式增长，政策释放的地方改革红利加速了治理效能转化。这种中央稳健与地方灵活的效率分化格局，本质上反映了不同行政层级企业在改革目标函数上的结构性差异。

（3）基于管理层级的公司治理效率异质性分析

国企混合所有制改革应遵循“分层推进”原则，根据改革实施主体的层级特征，可分为集团层面的自上而下模式和子公司层面的自下而上模式，其中集团层面29家，子公司层面70家。不同层次混合所有制改革企业的公司治理效率情况如表5-14所示。

表5-14　不同层次混改企业的公司治理综合效率统计结果

混改层次		2015年	2016年	2017年	2018年	2019年	2020年	2021年	七年均值
集团层面	最小值	0.4510	0.5920	0.6850	0.5100	0.7970	0.5180	0.4620	0.5740
	均值	0.8460	0.8420	0.9420	0.7500	0.9470	0.7600	0.7980	0.8410
	标准差	0.1137	0.1061	0.0686	0.1634	0.0559	0.1332	0.1563	0.1139
子公司层面	最小值	0.5260	0.4450	0.4650	0.3770	0.4020	0.3140	0.3520	0.4120
	均值	0.8350	0.8650	0.9350	0.7380	0.9420	0.7680	0.7880	0.8390
	标准差	0.1206	0.1299	0.0840	0.1790	0.0875	0.1624	0.1673	0.1330

表5-14的数据显示，国企混改的层级差异呈现显著治理效能分化。2015—2021年集团层面混改企业的综合效率均值为0.8410，较子公司层面0.8390的均值，具有微弱优势，两类企业综合效率峰值均出现在2019年。值得注意的是，2018年市场波动与2020年新冠疫情冲击导致两类企业公司治理效率同步下滑，这主要源于规模效率的普遍恶化，导致企业产出不足，对投入资源的配置效率降低，从而使大部分企业无法实现规模经济，规模效率较低。这种同步波动印证了外部环境对治理效率的关键影响，但集团层面表现出更强的抗风险能力。效率离散程度分析表明，子公司层面的标准差七年均值为0.1139，显著高于集团层面，反映其改革成效存在更明显的个体差异，这与子公司层面样本量较大的统计特征密切相关。

图5-11揭示的两类企业效率变动趋势具有高度同步性，但集团层面始终维持相对优势。这种层级分异主要源于改革传导机制的差异。其一，集团层面自上而下进行混改，通过顶层设计实现治理效能提升。这种自上而下的改革模式具有三重优势：一是集团层面引入外部资本，通过非国有股东对国有股东的监督与制衡，强化董事会决策权威，提高董事会的决策效率；二是引进与其形成产业协同效应的战略投资者，实现资源互补，促进战略投资者与子公司业务协同，增强子公司业务的市场竞争力和产业链整合能力；三是优化集团整体股权结构，便于开展全局性的改革措施，有

利于集团统一布局和规划，增强集团内部决策的有效性，提高公司治理效率。其二，子公司层面改革则体现局部突破特征。子公司层面引入外部资本，通过多种形式参与企业经营决策，建立健全现代化公司治理体制，提高公司治理效率，提升企业竞争力。子公司混改更具有灵活性，可自下而上促进集团其他业务的市场化和改革转型，从而对整个集团发展形成支撑。但这种自下而上的改革存在传导局限性：并不是所有子公司层面的混改均能有效推动集团整体改革，多数仍局限于单一子公司效能提升。

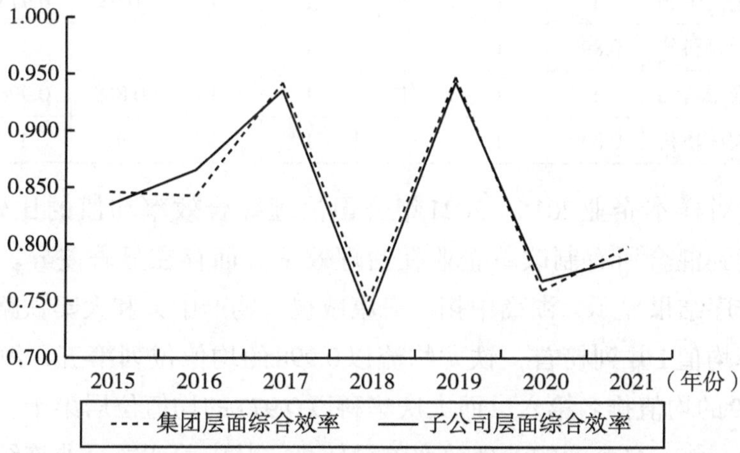

图5-11　不同层次混合所有制改革企业的公司治理综合效率变化趋势

5.2.4　典型混改企业的公司治理效率分析

（1）总体分析

不同混合所有制改革企业的公司治理效率水平有较大的差异，将99家样本企业按照2015—2021年七年间的公司治理综合效率均值从高至低进行排序，并选取前十名混合所有制改革企业分析其公司治理效率的表现。具体结果见表5-15。

表5-15　公司治理效率排名前十的混改企业统计结果

证券代码	公司简称	2015年	2016年	2017年	2018年	2019年	2020年	2021年	七年均值
000906	浙商中拓	1	1	1	1	1	1	1	1
002415	海康威视	1	1	1	1	1	1	1	1
600704	物产中大	1	1	1	1	1	1	1	1
601006	大秦铁路	1	1	1	1	1	1	1	1
600125	铁龙物流	0.992	1	1	0.991	1	1	1	0.998
600585	海螺水泥	0.923	1	1	1	1	1	1	0.989
600559	老白干酒	1	1	1	1	1	0.93	0.973	0.986
000920	沃顿科技	0.893	1	1	1	1	1	1	0.985
000554	泰山石油	1	1	1	1	1	0.869	0.996	0.981
000985	大庆华科	0.837	1	1	1	1	1	1	0.977

通过对样本企业2015—2021年公司治理综合效率均值的比较分析，可以观察到混合所有制改革企业在治理效率方面存在显著差异。根据表5-14的排序结果显示，浙商中拓、海康威视、物产中大和大秦铁路四家企业以效率均值1并列榜首，铁龙物流以0.998的均值位列第五，海螺水泥则以0.989的均值排名第六，而大庆华科以0.977的均值位居第十。从整体分布来看，前五名企业的治理效率差异较小，其中前四家企业连续七年保持DEA效率值为1，保持有效状态，而第六至第十名企业间的治理效率差距则相对明显。这一实证结果不仅验证了不同企业间治理效率的异质性特征，也反映出排名靠前企业在治理机制建设方面的相对优势。

为了进一步分析前十名企业的特点与成因，表5-15展示了前10家企业的详细情况。通过对样本企业特征的分析可以发现，前10家企业在产权属性、区域分布、功能分类和生命周期等方面呈现出明显的结构性特征。

• 从产权结构来看，央企占据主导地位（6家），地方国有企业次之（4家）；

• 在地域分布方面，东部地区企业数量最多（5家），中部和东北地区各占2家，西部地区仅有1家；

• 按功能分类，商业Ⅰ类企业（7家）显著多于商业Ⅱ类企业（3家）；
• 就生命周期而言，成熟期企业（8家）占比远超成长期企业（2家）。

这些数据特征与前述分层分类分析结果相互印证，不仅证实了东部地区企业在治理效率方面的相对优势，也验证了商业Ⅰ类企业较Ⅱ类企业具有更高的治理效率水平。特别值得注意的是，成熟期企业在治理效率方面的突出表现，反映出这一阶段企业具有更为完善的治理结构和更有效的监督激励机制。

表5-16　　公司治理效率排名前十位混改企业信息

公司简称	区域	生命周期	功能特征	行政层级	行业
浙商中拓	东部	成熟期	商业Ⅰ类	地方国企	批发和零售业
海康威视	东部	成熟期	商业Ⅰ类	央企	制造业
物产中大	东部	成长期	商业Ⅰ类	地方国企	批发和零售业
大秦铁路	中部	成熟期	商业Ⅱ类	央企	交通运输、仓储和邮政业
铁龙物流	东北	成熟期	商业Ⅱ类	央企	交通运输、仓储和邮政业
海螺水泥	中部	成熟期	商业Ⅰ类	地方国企	制造业
老白干酒	东部	成熟期	商业Ⅰ类	地方国企	制造业
沃顿科技	西部	成熟期	商业Ⅰ类	央企	制造业
泰山石油	东部	成长期	商业Ⅱ类	央企	批发和零售业
大庆华科	东北	成熟期	商业Ⅰ类	央企	制造业

进一步考察这些企业的效率指标可以发现，在纯技术效率方面，除泰山石油2020年略低于1（0.999）外，其余9家企业在2015—2021年均保持纯技术效率有效（效率值=1），这一结果充分印证了这些企业在治理结构和经营管理方面的卓越表现。而对于综合效率未达有效的企业，其效率损失主要源于投入规模的影响，这一发现为理解企业治理效率差异提供了重要依据。

（2）优势分析

通过对样本企业混合所有制改革方案及年报等资料的深入分析，可以提炼出高效率企业在公司治理方面的共性特征，为其他企业改革提供有益借鉴。

第一，股权结构多元化。治理效率表现优异的混改企业普遍展现出较高的股权制衡度，非国有股东的实质性参与有效规避了大股东“一言堂”的决策风险。具体案例显示，浙商中拓经过两轮混改后，国有股权比例降至49.67%，同时引入联想君联资本等战略投资者合计持股6.63%，使前两大股东持股比例趋于合理区间；铁龙物流通过国有股权转让，形成第一大股东持股15.9%、第二大股东持股14.11%的均衡结构；物产中大则通过增发新股使第一大股东持股比例从33.81%降至25.41%；老白干酒在混改后国有股比例降至28.88%，并引入两家各持4.97%的战略投资者。这些改革实践表明，通过降低国有控股比例和引入战略投资者的方式，不仅显著提升了股权制衡度，还激发了其他大股东参与治理的积极性，为建立市场化经营机制创造了有利条件，对提升企业活力和经营绩效产生了积极影响。

第二，激励机制完善。完善的激励机制作为公司治理的核心要素，通过股权激励、员工持股计划以及差异化薪酬等多元化路径，能够有效调动员工积极性并解决委托代理问题，从而显著提升公司治理效率。以物产中大为例，其实施的动态员工持股计划根据员工贡献度动态调整持股比例，实现了员工与企业利益的深度绑定；沃顿科技则通过“科改”契机，建立了包括契约化薪酬、项目跟投、超额利润分享等在内的激励约束体系；海康威视推行的核心员工跟投计划覆盖各层级核心人才，构建了风险共担、利益共享的长效机制。这些创新实践表明，科学合理的激励机制设计对提升员工参与治理积极性具有显著促进作用。

第三，引入战略投资者。战略投资者的参与不仅能为企业带来优势资源实现战略重组，更能通过资源互补提升企业竞争力和内在价值。物产中大通过非公开发行引入天堂硅谷融源等8家战略投资者，老白干酒则引入专注于白酒行业的北京航天产业投资基金等两家战略投资者，这些案例均证实了战略投资者与国企在长期战略利益上的高度契合，其深度参与公司治理的行为有效推动了公司治理结构的优化完善。战略投资者的引入既为企业转型发展提供了资金支持，也通过治理参与提升了企业的整体治理水平。

5.3 投资效率评价

国有企业作为我国国民经济的重要支柱，其投资效率问题直接关系到国家资源配置的有效性。根据财政部《中国财政年鉴》的统计数据显示，2008—2020年，尽管国有企业资产总额和负债总额均实现6倍以上的增长，占GDP比重翻番，但利润总额和营业收入占GDP比重呈现下降趋势，这一反差凸显了投资效率低下的严峻现实，其中最重要的表现之一就是由过度投资或者投资不足造成的非效率投资。深入分析表明，非效率投资问题主要源于两个维度：从微观层面看，国有企业普遍存在资本运营能力不足、治理机制不完善等问题，难以有效应对投资市场风险，导致投资项目失败率居高不下；从宏观层面观察，政策倾斜形成的市场垄断阻碍了有效竞争，外部市场无法对国有企业形成制衡机制和竞争压力，容易造成国资一股独大，削弱了国企投资动力。混改通过引入非国有资本，不仅要在形式上进行“混”，更要从根本上进行“改”，既要改善公司治理结构，又要打破市场壁垒，为提升投资效率提供了制度性解决方案。具体而言，混改通过双重机制发挥作用：一方面缓解预算软约束，拓展投资机会；另一方面优化股权结构，抑制过度投资。在此背景下，分析我国不同混改可选路径及考量因素，并基于多重视角对国企混改的企业投资效率进行评价，这一改革路径对于实现国有资产保值增值具有重要的理论和实践意义。

5.3.1 测算指标选择

鉴于研究目标差异和样本企业异质性对指标选择的影响，本研究基于全面性、相关性、可比性和客观性原则，在借鉴彭亮（2018）等既有研究成果的基础上，构建了系统的指标体系。

投入指标方面，采用劳动与资本双维度测量框架。劳动要素投入通过“应付职工薪酬”指标进行测度，该指标能够同时反映劳动要素投入的数量和质量特征。资本投入则根据投资周期划分为短期性和长期性两类：短期资本投入主要反映企业日常经营活动需求，采用“运营成本”指标进行度量，该指标综合了主营业务成本、销售费用和财务费用等要素；长期资本投入则聚焦于具有持续效益的产能扩张活动，选取“固定资产净额”“无形资产净额”和“长期股权投资净额”三个指标进行综合衡量。

产出指标设计采用多维评价体系，从经营绩效、盈利能力和发展能力三个维度选取了“主营业务收入”“每股收益”“总资产报酬率”和“总资产增长率”四个关键指标。这一指标体系既考虑了企业当期经营成果，又关注了长期发展潜力，能够全面反映企业的综合效率水平。

表5–17展示了各投入产出指标的名称及计量方法。

表5–17　指标名称及定义

<table>
<tr><th>类别</th><th colspan="2">性质</th><th>指标名称</th><th>指标计量</th></tr>
<tr><td rowspan="5">投入指标</td><td rowspan="4">资本投入</td><td>短期</td><td>运营成本（元）</td><td>主营业务成本+营业税金及附加+销售费用+管理费用</td></tr>
<tr><td rowspan="3">长期</td><td>固定资产净额（元）</td><td>固定资产原值–累计折旧–固定资产减值准备</td></tr>
<tr><td>无形资产净额（元）</td><td>无形资产原值–累计摊销</td></tr>
<tr><td>长期股权投资净额（元）</td><td>长期股权投资</td></tr>
<tr><td colspan="2">劳动投入</td><td>应付职工薪酬（元）</td><td>应付职工薪酬</td></tr>
<tr><td rowspan="4">产出指标</td><td colspan="2">经营绩效</td><td>主营业务收入（元）</td><td>主营业务收入</td></tr>
<tr><td colspan="2" rowspan="2">盈利能力</td><td>每股收益（元）</td><td>每股收益</td></tr>
<tr><td>总资产报酬率（%）</td><td>$\frac{\text{利润总额}+\text{利息支出}}{\text{平均总资产}}\times 100\%$</td></tr>
<tr><td colspan="2">发展能力</td><td>总资产增长率（%）</td><td>$\frac{\text{期末总资产}-\text{期初总资产}}{\text{期初总资产}}\times 100\%$</td></tr>
</table>

5.3.2　总体评价

（1）整体分析

表5–18的实证数据显示，82家样本企业的投资效率呈现阶段性波动特征。2015—2017年，DEA综合效率值为1的企业数量呈现持续增长态势，2018年出现短暂回调后，2019年达到研究期间峰值20家（占样本总

量的24.4%），随后在2020—2021年有所回落，但仍显著高于2015年基准水平（14家）。这一演变轨迹表明，样本企业中达到生产前沿面的比例相对有限。

表5-18　　混改企业投资综合效率统计结果

年份	样本数	DEA有效数	占比（%）	均值	最小值	标准差
2015	82	14	17.07	0.968	0.734	0.0349
2016	82	14	17.07	0.966	0.724	0.0365
2017	82	17	20.73	0.973	0.722	0.0349
2018	82	15	18.29	0.973	0.752	0.0307
2019	82	20	24.39	0.959	0.745	0.0416
2020	82	17	20.73	0.957	0.814	0.0343
2021	82	18	21.95	0.973	0.866	0.0255

图5-12的柱状图与折线图组合分析进一步揭示：除2019年外，DEA有效企业数量与综合效率均值持续维持在0.950以上，具有显著同步性，其中2017年和2019年分别出现明显的效率跃升。这种波动特征暗示企业投资效率的改善可能存在周期性规律。

图5-12　混改企业投资效率的DEA有效数与均值变化趋势

基于DEA效率测度的实证结果，对样本企业投资效率的阶段性波动特征进行如下归因分析：

第一，2015—2017年，样本企业中DEA综合效率有效的企业数量从14家稳步增长至17家，反映出样本企业的整体投资效率呈现改善态势。这一积极变化主要源于政府主导的混改政策驱动：2016年“6+1”首批试点和2017年第二批试点的相继推出，通过政策引导加速了非国有资本引入和改制企业上市进程，国企混改的步伐明显加快。受到政策利好影响，样本企业积极引入非国有资本，推动改制企业上市。上市融资渠道的拓展显著提升了企业的资本投入规模与资产利用效率。

第二，2018年和2020年则出现明显的效率回落现象。2018年的下滑主要受双重因素影响：一方面，《关于加强国有企业资产负债约束的指导意见》的出台促使企业将去杠杆作为优先任务，社会融资规模增速放缓，特别是煤炭等高负债行业投资决策趋于保守；另一方面，2018年股市剧烈震荡波及了所有行业，导致投资机会锐减。2020年的效率下降则主要归因于新冠疫情的冲击，企业停工停产和系统性风险上升导致投资信心不足，部分企业转为观望态度，决策偏向保守。

第三，2019年DEA有效企业数量明显增加，但综合效率均值出现下降，呈现结构性分化特征。即在2019年样本企业中的部分企业投资效率有明显的上升，达到了DEA有效的状态，但效率下降的企业数量更多，不同样本企业之间存在明显的个体差异，整体来看呈现下降的趋势。这表明在混改政策从试点转向推广、监管模式从严格管控转向适度放权的转型期，部分企业投资效率显著提升，但整体经济环境尚未完全回暖，导致多数企业仍面临效率改善压力。这种分化现象反映出混改政策效果的差异性特征。

按照综合效率值的大小，可以将国企投资效率分为以下四个等级：优秀（综合效率值=1）、良好（1>综合效率值≥0.75）、合格（0.75>综合效率值≥0.5），不合格（0.5>综合效率值）。表5-19为各年度混改企业投资效率等级分布情况，图5-2将数据变化趋势用折线图表示。可以看出，2015—2021年，样本企业处于良好等级的占绝大多数，占比基本能够稳定在70%~80%之间，没有出现不及格的情况，并且优秀和良好两个等级合计能够达到90%以上，这说明混改对国企的企业投资效率提升是普遍现象，而非个例。

表 5–19　2015—2021 年混改企业投资综合效率分布情况

有效性	等级	2015年		2016年		2017年		2018年		2019年		2020年		2021年	
		数量（个）	占比（%）	数量（个）	占比（%）	数量（个）	占比（%）	数量（个）	占比（%）	数量（个）	占比（%）	数量（个）	占比（%）	数量（个）	占比（%）
有效	优秀	14	17.1	14	17.1	17	20.7	15	18.3	20	24.4	17	20.7	18	22.0
无效	良好	67	81.7	67	81.7	64	78.0	67	81.7	61	74.4	65	79.3	64	78.0
	及格	1	1.2	1	1.2	1	1.2	0	0.0	1	1.2	0	0.0	0	0.0
	不及格	0	0.0	0	0.0	0	0.0	0	0.0	0	0.0	0	0.0	0	0.0

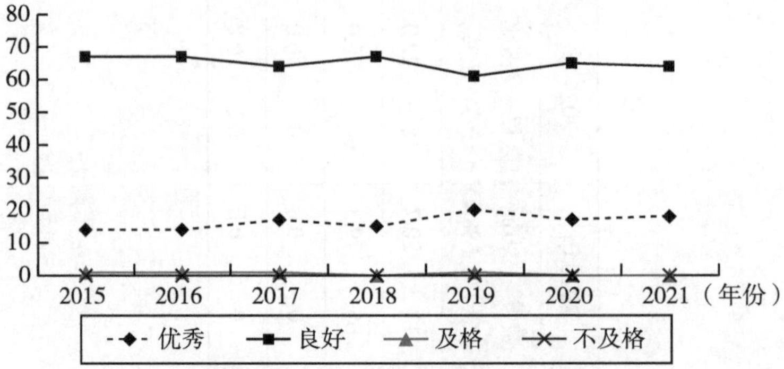

图5-13 混改企业投资综合效率值区间比例分布变化趋势

（2）要素分析

表5-20展示了样本企业的纯技术效率和规模效率，结果表明，样本企业的纯技术效率与规模效率虽存在差异但整体趋近。2015—2021年，样本企业的纯技术效率均值和规模效率均值均稳定在0.95左右，标准差维持在0.02的低位区间，反映出样本企业在投资管理和技术水平方面具有较高的一致性，且生产要素配置相对合理。值得注意的是，研究期间约半数企业的纯技术效率持续处于生产前沿面，表明其技术投资对整体效率提升具有显著贡献。

表5-20 混改企业投资纯技术效率和规模效率统计结果

年份		2015年	2016年	2017年	2018年	2019年	2020年	2021年
纯技术效率	均值	0.9910	0.9890	0.9900	0.9900	0.9860	0.9920	0.9920
	最小值	0.8740	0.8010	0.7990	0.8070	0.8170	0.8960	0.9160
	标准差	0.0205	0.0271	0.0260	0.0243	0.0301	0.0189	0.0171
	有效数	47	41	41	42	42	42	41
规模效率	均值	0.9760	0.9770	0.9830	0.9830	0.9730	0.9650	0.9800
	最小值	0.8400	0.8940	0.9030	0.9230	0.8800	0.8730	0.9260
	标准差	0.0227	0.0192	0.0162	0.0147	0.0248	0.0249	0.0157

图5-14的折线图分析进一步揭示：纯技术效率与规模效率均值在研

究期间均保持稳定，始终高于0.95且接近有效值1。其中，纯技术效率曲线更为平稳且更接近1，说明样本企业的投资结构和经营管理水平相对成熟，生产要素的配置和使用相对合理，受外部政策环境影响较小。这一特征主要源于样本企业均为上市公司，其较高的资产证券化水平和混改后增强的市场开放性，促进了投资结构的多元化发展。另外，纯技术效率的变化区间接近综合效率但是低于规模效率，规模效率对综合效率的驱动作用更为显著，反映出样本企业普遍存在投资规模与技术水平匹配不足的问题，投入资源没有达到有效配比，资本投资无法实现有效配置。这种规模不经济现象可能源于规模报酬递增或递减的双重影响，需要通过进一步分析规模报酬类型来探究其内在成因。

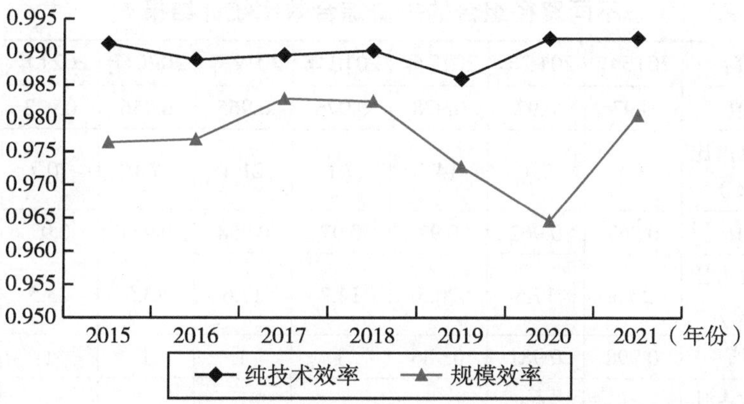

图5-14　混改企业DEA纯技术效率与规模效率变化趋势

表5-21的结果显示，2015—2021年研究期间，样本企业的规模报酬特征呈现显著的非对称分布。规模报酬递增的企业数量始终占据主导地位，特别是在2016年混改试点启动时达到65家的峰值，而同期规模报酬递减企业仅3家。这种明显的结构性差异表明，企业在产能扩张过程中存在技术升级滞后的问题，导致生产要素配置失衡和生产秩序紊乱。基于规模报酬理论的分析框架，国有企业提升投资效率的优化路径应着重于：在适度扩大投资规模的同时，通过产品结构调整实现与现有投资结构和管理能力的动态匹配，从而达成规模经济效益。

表5–21　　混改企业投资规模报酬类型统计结果

年份	2015年	2016年	2017年	2018年	2019年	2020年	2021年
规模报酬递增	63	65	58	61	52	62	61
规模报酬不变	14	14	17	15	20	17	18
规模报酬递减	5	3	7	6	10	3	3

（3）路径分析

将样本企业的混改路径划分为四种典型组合：组合A（公开上市，28家）、组合B（公开上市+引入战投,34家）、组合C（公开上市+员工持股，3家）以及组合D（公开上市+引入战投+员工持股，17家）。表5–22和图5–15的实证结果显示，不同混改路径下的投资效率呈现显著差异。

表5–22　　不同路径组合的投资综合效率统计结果

路径组合		2015年	2016年	2017年	2018年	2019年	2020年	2021年	均值
A	均值	0.97	0.97	0.978	0.976	0.965	0.956	0.973	0.970
	有效数占比（%）	3.5	7.1	14.2	7.1	21.4	7.1	10.7	10.2
B	均值	0.967	0.962	0.97	0.97	0.954	0.954	0.97	0.964
	有效数占比（%）	23.5	17.6	20.5	14.7	17.6	23.5	23.5	20.1
C	均值	0.998	0.981	0.986	1	1	1	1	0.995
	有效数占比（%）	66.7	66.7	33.3	100.0	100.0	100.0	100.0	81.0
D	均值	0.96	0.966	0.967	0.97	0.955	0.955	0.973	0.964
	有效数占比（%）	17.6	23.5	29.4	29.4	29.4	23.5	23.5	25.2

从DEA效率测度结果来看，由表5–22的数据不难发现，采用组合C的企业表现出最优异的投资效率特征，除2016—2017年外效率值均为1，保持DEA有效状态。组合B与组合D的效率表现较为接近，特别是在2018—2021年呈现相似波动特征。相比之下，单一采用公开上市的组合A效率表现最为薄弱，除2019年达到21.4%外，其余年份有效企业占比均低于15%。

图5–15的时序分析表明，横向来看，2015—2021年组合A、B、D的

效率演变具有共性特征，均呈现先上升、后下降、再上升的三阶段波动模式。而组合C的效率轨迹则呈现显著异质性，除2016—2017年短暂回调外，始终保持有效状态。需要指出的是，组合C的样本规模较小，可能导致其效率指标的波动幅度相对较大。

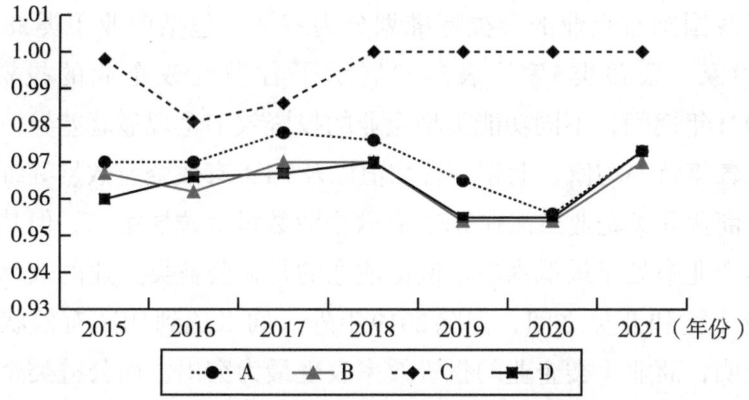

图5–15　不同路径组合的投资综合效率变化趋势

从战略投资者引入路径的视角分析，混合所有制改革通过吸纳非国有资本显著拓宽了企业融资渠道并扩大投资规模。相较于国有资本，战略投资者带来的社会资本具有更显著的投资灵活性特征。更为关键的是，优质战略投资者能够发挥显著的协同效应，其源自市场竞争的丰富经验可为企业在技术创新、管理优化和投资决策等方面提供专业支持。为确保改革实效，国有企业在控制权让渡方面通常采取较大幅度调整，这不仅赋予非国有资本实质性决策话语权，同时有效规避行政过度干预，形成国资与民资相互制衡的科学决策机制。这种制度安排使路径组合B和组合D呈现出相近的投资效率演变轨迹。

就员工持股路径而言，该机制通过向核心管理层和技术骨干定向配售限制性股票，实现了人力资本与企业发展的深度绑定。2016年《关于国有控股混合所有制企业开展员工持股试点的意见》的出台进一步推动了该模式在国企混改中的应用。这种激励安排促使管理层在决策时兼顾短期经营绩效与长期价值创造，同时实质性地增加了企业人力资本投入。然而需要指出的是，现行政策规定的30%持股比例上限客观上制约了员工持股机制对企业投资决策的影响力。

5.3.3　分层分类视角下投资效率的异质性分析

（1）基于功能特征的混改企业投资效率异质性分析

按照我国国有企业的分类标准划分为三类，包括商业Ⅰ类38家，商业Ⅱ类39家，公益类5家。表5-23展示了各类混改企业的投资效率。2015—2021年期间，不同功能类型企业的投资效率呈现显著差异。商业Ⅰ类企业在各年效率均值、七年综合均值以及DEA有效企业数量等维度均表现最优。商业Ⅱ类企业虽然在DEA有效企业数量上位居第二，但其效率均值在三类企业中处于最低水平。值得注意的是，公益类企业的效率均值虽介于商业Ⅰ类和Ⅱ类之间，但除2019年外，均未达到DEA有效状态。这一结果表明，商业Ⅰ类企业的投资效率表现最为突出，而公益类企业在效率提升方面尚存改进空间。

表5-23　不同功能特征混改企业的投资综合效率统计结果

类型		2015年	2016年	2017年	2018年	2019年	2020年	2021年	七年均值
商业Ⅰ类	均值	0.977	0.974	0.980	0.982	0.973	0.967	0.982	0.976
	有效数占比（%）	21.1	21.1	28.9	28.9	34.2	28.9	28.9	27.4
商业Ⅱ类	均值	0.959	0.957	0.966	0.965	0.945	0.948	0.964	0.958
	有效数占比（%）	15.4	15.4	15.4	10.3	15.4	15.4	17.9	15.0
公益类	均值	0.971	0.966	0.978	0.969	0.966	0.940	0.967	0.965
	有效数占比（%）	0	0	0	0	20.0	0	0	0.0

图5-16至图5-18进一步展示了三类企业在投资综合效率、纯技术效率和规模效率三个维度的动态演变趋势。通过对样本企业三类效率指标的动态演变分析可见，三类企业的效率值均维持在0.9以上的较高水平区间，混改对各类企业均产生了积极的效率提升效应。具体而言，纯技术效

率指标虽存在周期性波动，但整体保持相对稳定状态；而规模效率指标在2019—2020年出现显著波动，并通过传导机制影响了综合效率的变动轨迹，这一特征与样本企业的整体效率演变模式高度吻合。效率指标的横向比较显示，商业Ⅰ类企业在综合效率、纯技术效率和规模效率三个维度均显著优于其他两类企业，表明混改政策对该类企业的效率提升效果最为显著。就商业Ⅱ类与公益类企业而言，二者在综合效率和规模效率方面差异较小，但公益类企业在2020年规模效率出现异常下滑现象。值得注意的是，商业Ⅱ类企业的纯技术效率水平持续低于公益类企业。后续将结合国有企业功能定位的差异性特征，对上述效率演变规律进行深入解析。

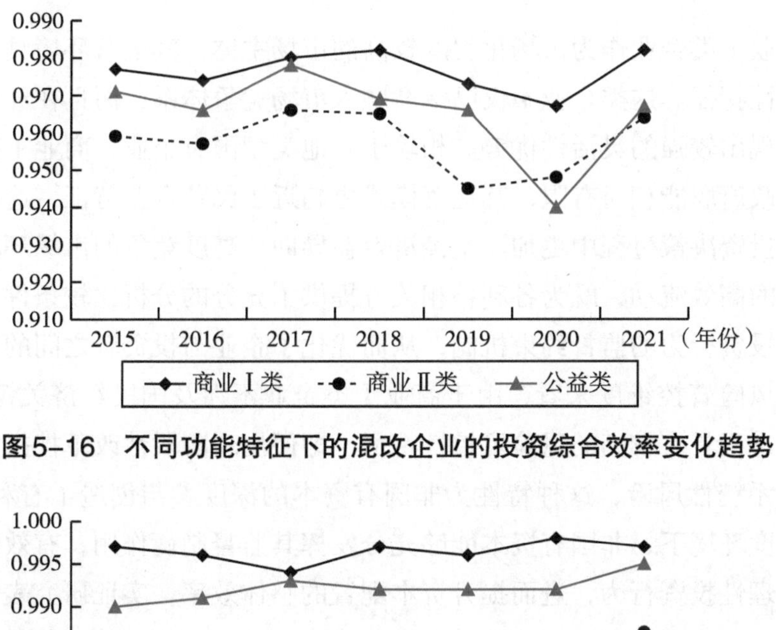

图5-16　不同功能特征下的混改企业的投资综合效率变化趋势

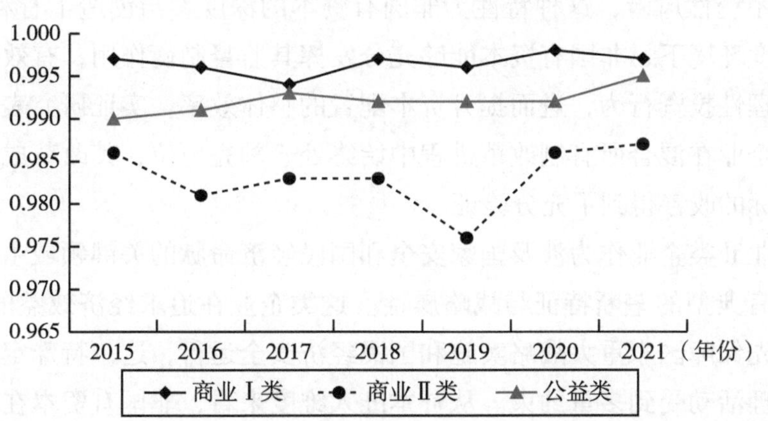

图5-17　不同功能特征下的混改企业的投资纯技术效率变化趋势

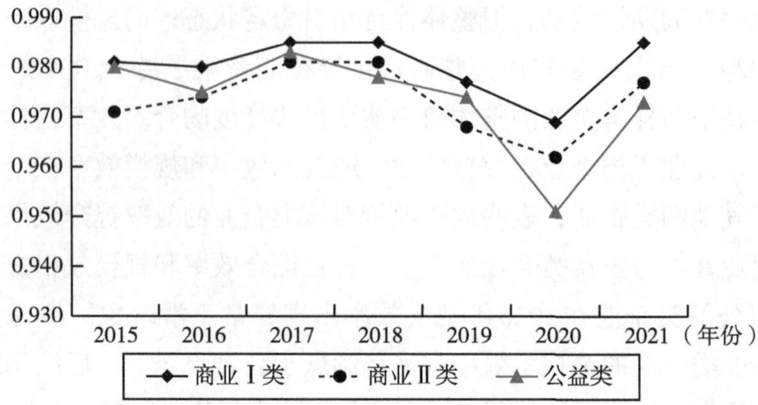

图 5–18　不同功能特征下的混改企业的投资规模效率变化趋势

商业Ⅰ类企业作为市场化程度较高的市场主体，其运营环境具有显著的竞争性特征。这类企业不仅已深度融入市场竞争体系，而且在经营管理方面展现出较强的灵活性优势。相较于其他类型国有企业，商业Ⅰ类企业承担的政府职能相对有限，其运营模式更趋近于民营企业特征，这种特性使其在投资决策过程中更加注重经济效益导向。高度竞争的市场环境促进了信息的高效流动，既为各利益相关方提供了充分的分析比较条件，又强化了对投资行为的监督约束机制，从而优化了企业与投资者之间的匹配效率。从风险管控维度来看，由于商业Ⅰ类企业不涉及国民经济关键领域，其改革进程具有较高的风险可控性特征。即便出现阶段性改革挫折，也不会引发系统性风险，这种特性为非国有资本的深度参与创造了有利条件。在此制度环境下，非国有资本能够充分发挥其监督制衡作用，有效约束企业的非理性投资行为，进而提升资本配置的整体效率。实证研究表明，商业Ⅰ类企业在混合所有制改革进程中始终处于领先地位，其改革成效通过财务指标的改善得到了充分验证。

商业Ⅱ类企业作为涉及国家安全和国民经济命脉的关键领域主体，其运营具有典型的垄断特征与战略属性。这类企业在追求经济效益的同时，必须优先保障国家重大战略实施和国民经济安全运行，这一特殊定位使其经营管理活动受到多重约束。从资本准入维度来看，非国有资本在商业Ⅱ类企业的参与面临较高的制度性壁垒。以国防军工行业为例，核心技术涉及国家安全这一特性，客观上限制了非国有资本的深度介入，以防止潜在的信息泄露风险。因而商业Ⅱ类企业在实施混改过程中呈现出显著的“表面混合”现象。这一特征主要体现在两个层面：其一，国有企业凭借其垄断地位获取优势资源，而非国有股东难以突破行业准入壁垒，导致竞争压力传导机制失效，难以改善因投资不足引发的效率损失；其二，即便实现股权多元化，非国有股东往往被排除在核心业务决策之外，难以形成有效的股权制衡机制，从而无法约束过度投资行为。鉴于这类企业关系国计民生的重要地位，其混合所有制改革进程必然采取更为审慎的推进策略。前文数据表明，除2020年特殊时期外，商业Ⅱ类企业的投资综合效率持续低于其他类型企业，反映出混合所有制改革在该领域的成效相对有限且进展缓慢。

公益类国企作为承担重要政府职能的市场主体，其运营目标具有鲜明的社会公益性特征。这类企业将保障民生和服务社会置于首要地位，其价值取向与非公资本的利润最大化目标存在本质性差异。从治理结构来看，由于市场化业务占比较低，管理层薪酬与企业经营绩效的关联性较弱，这种制度安排促使管理层在投资决策过程中采取更为审慎的态度，从而有效规避非效率投资行为。实证分析表明，公益类企业的投资综合效率表现居于商业Ⅰ类与商业Ⅱ类企业之间，整体维持在相对高位，实现了社会效益与投资效率的有机统一。

（2）基于行政隶属关系的混改企业投资效率异质性分析

从国家治理体系视角考察，国有企业可依据行政隶属关系划分为中央企业和地方国有企业两个层级。2020年1月国务院国资委首次独立召开的地方国资委负责人会议，标志着国有企业改革进入深化细化的新阶段。中央与地方国有企业在战略定位、管理体制和产业布局等方面存在系统性差异，这种差异为研究混合所有制改革投资效率提供了新的分析维度。

表5-24呈现了不同行政层级企业的投资效率数据，其中央企业44家，地方国有企业38家。图5-19则展示了其投资综合效率的时序变化特征，2015—2021年期间央企的投资综合效率均值为0.963，略低于地方国有企业的0.971。在DEA有效企业占比方面，两类企业均维持在10%~30%之间，但央企投资综合效率值为1的样本量较为稳定，处于15.9%~25%之

间，表现出更强的稳定性，而地方国有企业则呈现较大波动，2016年为13.1%，2019年提高至28.9%。

表5-24 不同行政隶属层级下的混改企业的投资综合效率统计结果

混改层次		2015年	2016年	2017年	2018年	2019年	2020年	2021年	均值
央企	均值	0.965	0.962	0.967	0.968	0.953	0.958	0.969	0.963
	有效数占比（%）	18.1	20.4	20.4	15.9	20.4	25.0	22.7	20.4
地方国企	均值	0.971	0.97	0.979	0.978	0.967	0.956	0.977	0.971
	有效数占比（%）	15.7	13.1	20.0	21.0	28.9	15.7	21.0	19.5

通过分析图5-19的效率演变轨迹可以发现，除2020年外，地方国有企业的投资综合效率持续优于央企。具体而言，央企在2018年达到效率峰值0.968后，于次年急剧回落至谷值0.953；地方国有企业则在2017年实现最高效率水平0.978，至2020年降至最低点0.956。这种差异化的效率演变模式需要结合不同行政层级国有企业的制度特征进行深入解析。

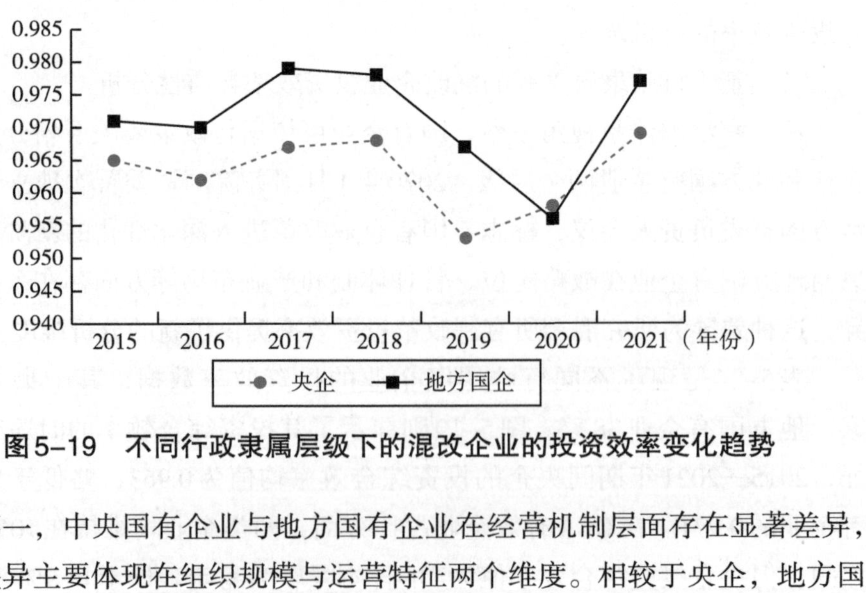

图5-19 不同行政隶属层级下的混改企业的投资效率变化趋势

第一，中央国有企业与地方国有企业在经营机制层面存在显著差异，这种差异主要体现在组织规模与运营特征两个维度。相较于央企，地方国有企业通常具有规模较小的特点，这种“船小好调头”的体制优势使其在混改过程中展现出三个方面的比较优势：其一，更具弹性的管理机制使其能够更灵活地开展与非国有资本的合作，通过选择经营难度较低、投资风险较小的领域作为突破口，从而更有效地识别和把握潜在投资机会；其二，更为积极的容错机制使其能够根据实践经验及时调整资本结构和优化生产经营模式，促进混合所有制改革与企业投资管理机制的有机融合；其三，相对宽松的融资环境使其在面临产业困境时能够快速吸纳非国有资本，为投资活动提供资金保障，有效缓解投资不足问题。这些制度优势共同促成了地方国有企业混合所有制改革效率提升更为显著的特征表现。相比之下，央企由于资产规模较大且主要分布在关系国家安全和经济命脉的关键领域，其投资决策过程必然更为审慎和稳健，这种战略定位决定了其综合效率变动相对平缓的发展态势。

第二，混合所有制改革对企业投资效率的促进作用呈现出明显的时滞效应，这一过程涉及改革政策落地、国有资本与民营资本的深度融合以及投资机制的渐进优化等多个需要时间积累的环节。从改革进程来看，中央国有企业在混合所有制改革方面具有明显的先行优势：一方面启动时间早于地方国有企业，另一方面改革力度也更为深入。中国医药集团和中国建材集团作为首批试点单位率先开展改革探索，随后“6+1”试点方案（包括东航集团、联通集团等6家央企及浙江省属国有企业）正式实施，并在2017—2019年相继推出第二批、第三批试点名单。2019年5月公布的第四批试点企业覆盖了央企107家，地方国有企业53家，进一步印证了混合所有制改革由中央向地方逐步扩散的演进路径。这种梯度推进的改革特征直接导致在2015—2017年的改革初期阶段，中央国有企业的投资效率有效数占比持续领先于地方国有企业。

第三，中央国有企业与地方国有企业在战略定位层面存在本质性差异，这种差异源于二者不同的制度演进路径。我国地方国有企业的形成具有特定的历史背景，是在计划经济向市场经济转轨过程中，通过中央下放管理权限或地方政府直接投资而建立的制度安排。作为特定历史时期经济社会发展的政策产物，地方国有企业呈现出显著的区域性特征，其混合所有制改革进程必须与所在地区的功能定位和发展规划相协调，才能有效促进区域战略目标的实现。这种制度特性导致不同地区的地方国有企业在实施混合所有制改革时，虽然战略定位相似，但具体投资决策方向存在显著差异，进而造成各年度投资有效企业数量的明显波动。此外，财政分权制度改革背景下，地方政府倾向于通过扩大投资规模和增加项目数量来刺激地方经济增长，这一政策导向进一步强化了混合所有制改革对地方国有企业投资效率的提升效应。

（3）基于管理层级的混改企业投资效率异质性分析

中国国有企业普遍具有多层级组织架构、多元化产业布局和复合型业务模块等典型特征。由于集团公司与子公司在企业层级中的定位差异，其战略目标和社会影响存在显著区别，这种差异直接导致混合所有制改革路径选择的多样性，并最终反映在投资效率的差异化表现上。从企业治理结构视角分析，混合所有制改革的实施路径主要呈现为两种模式：集团层面自上而下的改革模式与子公司层面自下而上的改革模式。表5–25的实证数据显示，研究样本中集团层面企业26家，子公司层面企业56家。2015—2021年集团层面与子公司层面改革企业的投资综合效率均值具有可比性，但在DEA有效企业占比指标上，集团层面企业2017年达到34.6%，显著优于子公司层面企业，这表明超过1/3的集团层面改革企业实现了投资效率的DEA有效状态。这一现象说明集团层面的混合所有制改革对投资效率的提升效果更为显著，而子公司层面的改革成效则呈现出较大的离散性，仍存在明显的改进空间。

表5–25　　不同层次混改企业的投资综合效率统计结果

混改层次		2015年	2016年	2017年	2018年	2019年	2020年	2021年	均值
集团	均值	0.966	0.966	0.973	0.97	0.958	0.961	0.974	0.967
	有效数占比（%）	15.4	23.1	34.6	19.2	26.9	26.9	30.8	25.3
子公司	均值	0.969	0.966	0.973	0.975	0.96	0.955	0.972	0.967
	有效数占比（%）	17.9	14.3	14.3	17.9	23.2	17.9	17.9	17.6

分析图5-20展示的效率变化趋势可以发现，两个层级企业的投资综合效率演变轨迹具有高度一致性，虽然各年度效率值互有高低，但整体差异幅度相对有限。这一现象需要结合不同层级国有企业的本质特征进行深入解读。

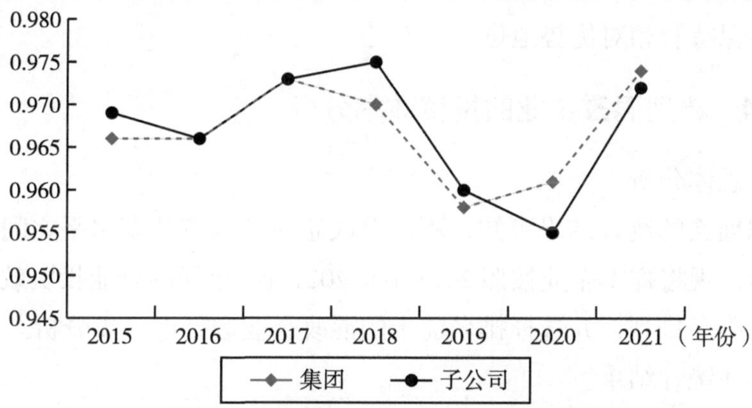

图5-20　不同层次混改企业的投资效率变化趋势

首先，我国国有企业集团大多脱胎于特定历史时期的业务重组与改制过程，其组织架构呈现出显著的复杂化特征，这种复杂性源于多元化的业务背景和时代发展轨迹。从混合所有制改革的实施路径分析，集团层面的改革具有三个典型特征：其一，通过顶层引入非国有资本的制度设计，采用自上而下的推进模式，这种改革路径能够有效促进公司治理现代化转型，优化股权结构配置，进而对投资决策机制产生系统性影响；其二，由于改革规模效应显著且涉及面广，集团企业在经营决策中表现出更强的审慎性，加之其固有的资源优势，使其在市场选择中具备更强的融资能力和大规模投资实力，这直接解释了集团层面投资效率有效数占比相对较高的现象；其三，基于跨区域、跨行业的业务布局优势，企业集团能够有效突破地域限制和行业壁垒，在全球范围内配置投资资源。

其次，从混合所有制改革的实施路径来看，子公司层面的改革呈现出更为显著的灵活性和多样性特征。作为国有企业改革的“试验田”，子公司在经营管理决策过程中往往表现出更强的创新性和突破性。值得注意的是，国有企业集团通常将研发创新和生产服务类子公司作为改革重点领域，而这类新兴产业本身具有较高的市场不确定性和经营波动性特征。这种双重特性导致混合所有制改革对子公司层面投资效率的影响呈现出明显的差异化现象。因而，尽管集团层面与子公司层面的综合治理效率在年度均值上差异不显著，但在投资效率有效数占比这一关键指标上，集团层面企业始终保持着相对优势地位。

5.3.4 典型混改企业的投资效率分析

（1）总体分析

根据前文的统计结果可知，不同混改企业的投资效率水平之间存在较大的差异，现将样本企业按照2015年至2021年7年间的企业投资效率均值由高到低降序排列，并选择排名前十的混改企业进行进一步分析。表5-26展示了具体统计结果。

表5-26 2015—2021年企业投资效率排名前十的混改企业统计结果

证券代码	公司简称	2015年	2016年	2017年	2018年	2019年	2020年	2021年	均值
001979	招商蛇口	1	1	1	1	1	1	1	1
002415	海康威视	1	1	1	1	1	1	1	1
600704	物产中大	1	1	1	1	1	1	1	1
600900	长江电力	1	1	1	1	1	1	1	1
000651	格力电器	1	1	1	1	1	1	0.996	0.999
000538	云南白药	1	1	1	1	1	1	0.987	0.998
601111	中国国航	1	1	1	1	1	0.825	1	0.975
600170	上海建工	0.995	1	0.995	1	1	1	1	0.999
600028	中国石化	1	1	0.978	1	1	1	0.98	0.994
600585	海螺水泥	1	0.942	0.963	1	1	1	1	0.986

根据表5-27的统计结果显示，招商蛇口、海康威视、物产中大和长江电力四家企业的投资效率均值均达到1，在决策单元有效性方面并列首

位。格力电器、云南白药和中国国航分别以六年DEA有效的表现位居第五至第七位，上海建工（0.999）、中国石化（0.994）和海螺水泥（0.986）则以五次DEA有效的成绩紧随其后。值得注意的是，中国国航2020年的综合效率均值为历史最低值0.825，主要源于新冠疫情对民航业的特殊冲击。

表5–27　企业投资效率排名前十位混改企业的详细信息

公司简称	行业	分类	分层	隶属层级
招商蛇口	房地产业	商业Ⅰ类	子公司	央企
海康威视	制造业	商业Ⅰ类	子公司	央企
物产中大	批发和零售业	商业Ⅰ类	集团	地方国企
长江电力	电力、热力、燃气及水生产和供应业	商业Ⅱ类	子公司	央企
云南白药	制造业	商业Ⅰ类	集团	地方国企
格力电器	制造业	商业Ⅰ类	子公司	地方国企
中国国航	交通运输、仓储和邮政业	商业Ⅱ类	子公司	央企
中国石化	采矿业	商业Ⅱ类	子公司	央企
上海建工	建筑业	商业Ⅰ类	集团	地方国企
海螺水泥	制造业	商业Ⅰ类	子公司	地方国企

表5–27的进一步分析表明，在投资效率排名前十的样本企业中，从功能特征来看，商业Ⅰ类企业占据7席，商业Ⅱ类企业占3席，未见公益类企业入选。从组织层次来看，集团公司有3家，子公司共7家；按隶属关系划分，央企与地方国企各占5家。与前期分层分类分析结果相比，前十名企业在功能特征和隶属层级方面保持了一致性，但在管理层级上呈现出差异：子公司层面的混改企业占比更高。这一现象表明，虽然集团公司在排名上不占优势，但其DEA有效数量仍超过子公司，反映出集团层面混改对企业投资效率的提升具有更稳定和广泛的影响效应。

（2）优势分析

国有企业混改作为我国经济体制改革的重要组成部分，经历了从理论探索到实践试点再到逐步推广的渐进式发展过程。通过对投资效率排名前十的混改案例企业进行深入分析，基于其混改方案和财务报表等关键数据，系统梳理了其在提升投资效率方面的优势特征及内在机理，为后续国企深化混改提供了有价值的经验参考。

第一，引入多元投资者，扩大投资规模，优化投资机制。在投资者引入方面，混改企业主要采取财务投资者与战略投资者相结合的多元化策略。财务投资者以金融机构为代表，其核心优势在于雄厚的资金实力：一方面能够有效缓解企业融资约束，显著提升资本投入规模；另一方面通过引入专业化的投资理念，促进投资机制优化，进而提高投资效率。同时，财务投资者通常不参与企业经营控制权的争夺，有利于保持混改企业的经营自主性。战略投资者则更注重与混改企业形成资源互补，通过技术协同和管理协同提升企业投资能力。如招商蛇口通过引入工银瑞投等6家财务投资者成功募集100亿元资金，既增强了资本实力又保持了控制权；而格力电器引入高瓴资本旗下的珠海明骏，则获得了国际化战略资源和互联网生态支持，有效推动了零售渠道的数字化转型。

第二，实施员工持股计划，完善激励机制。员工持股计划作为中长期激励机制的重要实现形式，通过将企业利益与人力资本紧密结合，促使关键岗位员工形成“股东思维”，有效激发其主观能动性和创新潜力，为企业可持续发展提供制度保障。这种激励机制在混合所有制改革过程中发挥着优化利益分配、强化正向激励的关键作用。如物产中大通过资产重组配套融资方式，面向7名董监高及千余名中层管理人员实施员工持股计划；海康威视创新性地采用项目跟投机制，在新兴业务子公司中实行企业60%、员工40%的股权结构设计，使核心员工转变为风险共担的“业务合伙人”；海螺水泥则通过海螺创投这一员工持股平台，在子公司层面持续推进股权激励。这些实践案例充分证明，员工持股机制能够有效提升企业治理效能和运营效率。

第三，董事会成员多元化，保障管理有效性。董事会成员多元化作为混合所有制改革的重要治理机制创新，通过引入多元资本代表参与决策，在提升非国有股东话语权的同时，形成了有效的权力制衡结构。不同利益主体基于各自立场的相互制约，不仅强化了非国有资本的监督职能，更优化了公司治理的科学性，显著降低了投资决策风险。如物产中大在混改后调整董事会构成，6名董事中含4名原董事，新增天堂硅谷融源总裁和交通投资集团财务总经理各1名；云南白药则在2018年完成并购重组后，按照股东持股比例重新配置董事会席位，实现了新华都集团与国资委代表在董事会中的均衡分布，使外部战略投资者与原管理层形成平等决策格局。这种多元化的董事会结构设计，为混改企业的科学决策提供了制度保障。

第6章

分层分类视角下异质股东协同治理与国企治理效率提升

6.1 问题的提出

通过混合所有制改革发展混合所有制经济，是中国政府实现国有企业良治的积极探索。早期国有企业与民营企业的资本合作仅在国企战略改组方面发挥积极作用，深层的股权混合仍存在重重障碍。党的十八届三中全会确立了全面深化改革的目标，提出“财产混合所有的新的财产所有制结构”，国企混合所有制改革由此步入实质性阶段。根据2015年9月国务院印发的《关于国有企业发展混合所有制经济的意见》，国企混改应按照分类、分层原则推进，为深化国企改革拓展了政策空间。

分类改革即根据国企经济属性和社会属性的侧重点，按照其功能分为商业类企业和特定功能类企业。国有企业分布具有明显的产业偏好倾向（陆军荣，2008），这就要求其功能定位不能仅停留在基于国有经济整体层面的认识，更应细化至产业、行业以及企业层面，辩证地理解和科学处理国有经济整体使命实现与国有企业个体功能发挥之间的关系（李东升等，2015），清晰认识不同产业领域国有企业所承担的功能与使命。商业类企业追求效益最大化以实现保值增值，特定功能类企业目的是为社会提供公共产品和服务、追求社会效益。

从分层原则看，企业集团可分成集团公司和子公司两个层级，二者权责边界明晰。集团公司作为母公司，以价值创造、宏观调控、制度整合等方式实现对子公司的管控，助力子公司实现业务协同与互补。子公司是从事生产经营活动的主体，直接参与价值创造，承担国有资本保值增值的重任。国企须明确集团公司的职能定位与子公司的业务定位，选择从集团公司还是子公司层面推进混改。

分级改革即根据行政隶属关系，将国企分为央企和地方国有企业。我国实行分级管理体制，央企是由国务院国资委、中央财政部以及其他有关部委等国家级单位（部门）代表中央政府出资、管理、控股的大型国有企业。地方国企是地方国资委代表政府出资、控股或实际控制的企业。自上而下分级监管的纵向管理模式，必然要求实施分级混改，形成中央和地方责权利相统一的利益格局，提高国有资本配置效率。

顶层设计为国有资本与非国有资本的密切连接提供了政策空间，混合所有制改革成为国企完善现代公司治理制度、提升企业经营活力和治理效率的显著变量。现有混改经济后果的研究主要关注企业绩效水平（William和Jeffry，2001；余汉，2017）、风险承担（李鑫，2022）以及创新绩效（钱爱民，2021；何锦安，2022）等。已有研究认为分层分类改革在避免国有资产流失（杨瑞龙，1997；魏明海，2017）、弱化政策负担水平（Liu和Shen）、破解经济效益和社会效益兼容发展的“黑箱”（Xu和Zhang，2019）等方面具有重要意义，对资本结构偏离程度（Wang和Hu，2023）、投资效率（谢海洋，2019）和企业创新动力（贾俐贞，2018）均产生差异化影响，能够使国有经济发展之路行稳致远。非国有股东参与国企治理成为混改的重要制度特征，异质股东参与必然要求重塑公司治理结构，但对公司治理效率产生何种影响鲜有研究涉及。

本章的增量贡献主要体现在：一是现有文献围绕混合所有制改革在诸多层面进行探究，但鲜有文献分析国有和非国有股东协同治理对国企治理效率的影响，本研究创新性地基于异质股东协同治理的视角研究国企治理效率。二是本研究遵循按照功能、行政级别和管理层级进行国企分类的逻辑，检验非国有股东参与对不同类型国企治理效率的差异化影响，丰富了分层分类治理背景下国企治理效率的实证研究。三是进一步延伸了协同治理下混改国企治理效率对企业价值和全要素生产率的影响，深化了国企引入异质股东治理所带来经济后果的理解。本研究理论上可以丰富新时代国企混改的研究视角和内容，拓展混改背景下异质股东协同治理带来的公司治理效率增进以及对不同类别混改主体的差异化影响；实践上可以为国企提升治理效率提供新的路径和突破口，为国资监管部门指导与规范非国有股东参与国企混改提供可靠经验证据。

6.2 理论分析与研究假设

6.2.1 异质股东对国企治理效率的影响

国企混改借助引入非国有股东，通过股权多元化重塑股权结构，还可能带来控制权的转移，形成市场化导向的董事会决策与管理层经营机制，推动混改国企治理结构的完善，将制度效能转化为公司治理效能。因此从股权参与和高层治理两个层面，分析异质股东协同治理对国企治理效率产生的影响。

（1）股权参与层面

从资源角度，非国有股东进入国企有助于各类所有制资源优势互补，“共生效应”可提升国企治理效率。资源对企业寻求突破、争夺市场地位至关重要（Rajan Varadarajan，2023）。参与混改的双方各有其利益诉求，积极寻求利益契合点和合作最大公约数（袁野，2023）。国企资金实力雄厚、技术力量完备、组织架构完整，非国有企业效率更高、市场洞察力敏锐、创新动力充足，但现行信贷机制的规则约束使非国有企业面临融资难的问题，难以享受面向国企的政策性优惠贷款使其面临融资贵的问题。国企与非国企的股权融合可以实现资金、资源、技术、市场互补，形成共生单元以追求协同发展，而协同发展对异质资源的共生发展又具有积极的促进作用，由此在良性循环中不断创造共生价值（王珍珍等，2012），提高资源配置效率和资源质量，提升国企治理效率。

从委托代理角度，国有控股大股东谋求政治晋升等私人利益，会作出次优投资决策（Johnson等，2000）或从事可能对公司不利的活动（Gordon等，2004；Jian和Wong，2010），有动机和权力损害少数股东的利益（Bae

等，2012；Dharwadkar等，2000；Young等，2008）。然而，非国有股东有表达权益的诉求以及参与企业经营管理的能动性，他们更聚焦于企业的经济表现（Chen和Young，2010）。因此，引入非国有股东可以抑制国有股东的自利行为，促使企业治理效率提高。

从政策性负担角度，非国有股东参与国企治理能够适度隔离行政直接干预，抑制其承担过多的政策性负担，减负效应可提升国企治理效率。国有股东偏向立足于社会逻辑下的社会使命动机，非国有股东则偏向市场逻辑下的利润创造动机（Luo，Wu等，2022），因而非国有股东的引入会对国企的制度逻辑产生异质性传导效应，抑制其过度承担政策性负担（Jiang和Peng，2011），对经济目标的追求会调动非国有股东优化公司治理机制的能动性。

（2）高层治理层面

企业的微观运营靠的是科学有效的公司治理模式与组织方式。董事会是公司内部决策控制系统的核心，在公司治理中的作用和责任定位于"顶级基调"（Freezable，2002），但往往由于缺乏独立性而无法落实。良好的公司治理是企业发展的重要参数（Somalian，2006），非国有股东委派董监高，赋予其参与国企战略决策和治理过程的实质性权力（Lin和Li，2008），塑造按法律规则运行的董事会，是寻求国企治理效率提升的重要路径。

首先，国企存在弥补自身治理缺陷、优化公司治理结构的意愿。国企存在"政府—国资监管机构—国有集团公司—子公司"的多重委托代理关系，衍生出代理链条长、代理成本高、主体边界不够明晰等问题，其自身的运营逻辑已然成为治理效率提高的障碍。混改企业的产权包含国有产权和非国有产权的多重成分，必然采取与原有股权结构不同的治理体系，以增强公司治理的独立性和决策合理性，平衡混改参与各方的利益诉求，驱动混改企业公司治理效率的优化。

其次，异质股东可通过实质性参与发挥公司治理效应（Lianfu，Lili和Qi，2015）。第一，管理层具有追求成功的强大动机，成功与权力具有动态互惠性，驱使管理层追逐自我利益合理化（Rosenblatt，2012），忽略建立高质量内部控制机制（Roe，2006）。非国有股东委派的董监高依照市场逻辑和经济目标管理企业，有充足的动机弥补国企内部控制机制缺陷，凝聚管理合力（Luo等，2022），实现公司治理的有效实践。第二，非国有股东委派董监高进入公司治理的核心，推进国企高管队伍的建设，激发其管理活力。董事来源的变化改变董事会结构，必然优化董事履职动力机制，在改善国企战略决策、激励高管并对其经济行为施加监督等方面发挥实质性作用，法治化治理产生显著的治理辐射效应。Lin和Lu（2020）研究发现，董事会的独立性可以减少“隧道效应”，优化公司投资决策。非国有股东委派的董监高受国有控股股东的限制较小，独立性较强，促使国企做出更加理性的决策行为（Wang和Hu，2023），增强抵御风险的能力，促进国企治理效率的提升（Sami Jarboui，2014）。第三，非国有股东通常被视为知情交易者，一旦其出售股票或转让股份，则向市场传递不利的信号。这意味着非国有股东对国企具有较强的退出威胁，因而国企愿意满足非国有股东关于“掌舵权”的利益诉求，实现治理模式的创新。据此，本章提出假设1：

H1：非国有股东参与能够提升国企治理效率。

6.2.2 非国有股东参与对不同行政级别国企治理效率的影响

由于不同行政级别的国有企业在政府干预程度、战略定位和治理结构等方面存在系统性差异，非国有股东参与治理所产生的效果呈现出明显的层级分化特征。这本质上反映了我国“统一所有、分级管理”的国有资产管理体制下，体现了产权安排与治理结构的制度性特征。

从制度安排来看，央企作为国家战略实施的核心载体，其公司治理结构具有鲜明的行政主导特征。一方面，央企通常规模庞大、业务体系复杂，在国民经济关键领域承担着维护经济安全、保障民生和宏观调控等多重战略使命。这种特殊定位使得政府必须保持对央企控制权和经营权的有效掌控，因而在实践中形成了对非国有资本参与治理的制度性约束机制。具体表现为：通过股权结构设计限制非国有股东的表决权比例，在董事会构成中保持国有股东的主导地位，以及在公司重大决策中设置特殊的审批程序等。这些制度安排虽然保障了国家战略目标的实现，但也在客观上降低了非国有股东参与治理的有效性（张任之等，2019），导致非国有股东即使进入央企也难以获得实质性话语权。

相较而言，地方国企的治理环境呈现出不同的制度特征。地方政府虽然也保持着对属地国企的控制权，但由于地方国企的战略重要性相对较低，且更侧重于区域经济发展和市场化经营，因此对非国有资本参与治理的包容性更强（李小斌，2018）。实证研究表明，地方国企更倾向于通过引入战略投资者来改善治理结构，非国有股东在董事会中的代表性更高，对公司决策的参与度也更深入（刘运国，2016）。这种差异本质上源于中央与地方国有企业面临的监督约束机制不同：央企直接受中央部委监管，面临更严格的政策合规要求和更复杂的利益相关者监督。制度环境倒逼央企建立相对完善的治理机制，治理效率的边际改善空间有限；而地方国企的治理机制建设相对滞后，为非国有股东参与治理提供了更大的价值创造空间。基于上述制度比较分析，本文提出假设 2：

H2：相对央企，非国有股东参与对地方国企治理效率的促进作用更显著。

6.2.3　非国有股东参与对不同功能分类下国企治理效率的影响

从制度经济学的视角来看，特定功能类国企与一般商业类国企在治理效率上呈现出明显的分化特征，这种差异根植于两类企业在制度环境、目标函数和治理结构等方面的本质区别。特定功能类国企作为国家战略实施的重要载体，其经营目标具有典型的多元性特征：既要实现经济价值创造，又要承担提供公共产品与服务的社会责任，这种双重目标导向使得企业治理逻辑呈现出兼具政治与经济功能的二元属性。而非国有股东作为典型的“经济人”，其行为逻辑遵循单一的市场化原则，追求股东价值最大化，目标函数的根本性差异导致非国有股东参与特定功能类国企治理时面临严重的制度性摩擦。

特定功能类国企通常处于行政垄断或自然垄断行业，政府通过行业准入限制、价格管制等制度安排维持其垄断地位。这种制度设计虽然保障了公共服务的稳定供给，但也形成了对非国有股东参与治理的结构性障碍：一方面，政府通过“黄金股”、特殊管理条款等制度工具保持对企业的实际控制权；另一方面，既得利益集团为维护垄断收益，会通过董事会席位分配、决策程序设置等方式限制非国有股东的话语权。因而在特定功能类国企中，非国有股东参与重大决策的程度也明显受限，这种“治理权虚置”现象严重制约了非国有股东治理效应的发挥。

相比之下，一般商业类国企的制度环境呈现出完全不同的特征。这类企业主要分布在竞争性行业，其经营目标相对单一，主要追求经济效益最大化，其目标导向与非国有股东的价值取向具有高度一致性，这为非国有股东参与治理提供了制度保障，具体表现为：首先，股权结构设计更加灵活，非国有股东可以获得与其持股比例相匹配的表决权，治理结构更加市场化；其次，董事会构成更加多元化，非国有董事能够实质性参与决策（孔晓旭等，2024），董事会运作更加规范，可降低非国有股东的监督成本。一般商业类国企的制度环境使得非国有股东能够充分发挥其治理专业化优势，通过引入市场化经营理念、完善风险管理体系、强化激励约束机制等方式提升企业治理效率。基于上述理论推导与分析，本文提出假设3：

H3：相对特定功能类国企，非国有股东参与对一般商业类国有企业治理效率的促进作用更显著。

6.2.4 非国有股东参与对不同管理层级国企治理效率的影响

从组织理论和公司治理的交叉视角来看，国有企业集团与子公司在治理效率上存在本质性差异，这种差异源于二者在战略定位、管控模式和制度环境等方面的结构性区别。集团公司作为国有资本运营的最高层级，具有典型的战略控制型特征。这种组织特性为非国有股东参与治理提供了独特的制度优势：首先，集团层面具有完整的战略决策权，能够将市场化机制通过母子公司管控体系自上而下地传导，实现治理变革的系统性推进；

其次，集团公司拥有更强的资源配置能力，可以通过资本纽带将改革经验在集团内部快速复制扩散；最后，集团层面的制度变革具有示范效应，能够产生“以点带面”的改革辐射效果。深入分析集团公司的管控机制可以发现，其治理效率提升主要来自三个维度的制度创新：在股权结构维度，集团公司通过引入战略投资者实现产权多元化，这种源头性改革比子公司层面的局部调整更为彻底；在治理结构维度，集团董事会具有制定整个企业集团治理规范的权力，能够将市场化治理理念制度化；在管理机制维度，集团公司可以统筹设计激励约束体系，避免子公司“各自为政”导致的制度摩擦。

相比之下，子公司层面的混改则面临着诸多制度性约束。由于子公司处于企业集团的执行层，其战略自主权有限，重大决策需要服从集团整体安排。这种制度安排导致非国有股东在子公司治理中面临“天花板效应”：一方面，子公司的治理边界受集团管控体系严格限制，非国有股东难以突破既有的管理框架；另一方面，子公司资源调配能力有限，难以独立推进深层次的治理变革。更重要的是，子公司混改产生的“孤岛效应”使其先进治理经验难以向集团其他成员企业扩散，改革效果具有明显的局部性特征。据此本文提出假设4：

H4：相对子公司，非国有股东参与对国企集团公司治理效率的促进作用更显著。

6.3　样本说明、模型构建及变量设定

6.3.1　样本和数据来源

本章选取2015—2021年沪深A股国有上市公司作为研究样本。所有数据均来自国泰安数据库（CSMAR），并手动查询上市公司年报信息进行人工校对和补充得到。剔除ST类公司、金融类上市公司和缺乏相关数据的公司，对非国有股东参与和国企治理效率等主要变量在1%水平上进行缩尾处理，最终得到观测值5 632个。

6.3.2　模型构建

本章以国企治理效率为被解释变量，以非国有股东参与为解释变量，为检验假设1，构建了如下多元回归模型：

$$Score=\alpha0+\beta1Nonsoe\_Sum+\beta2Pe+\beta3Pay+\beta4Roe+\beta5Boardsize+\beta6Indepent+\beta7Tobinq+\beta8Age+\beta9Lev+\beta10Year+\beta11Industry+\varepsilon \quad (6.1)$$

$$Score=\alpha0+\beta1Nonsoe\_DJG+\beta2Pe+\beta3Pay+\beta4Roe+\beta5Boardsize+\beta6Indepent+\beta7Tobinq+\beta8Age+\beta9Lev+\beta10Year+\beta11Industry+\varepsilon \quad (6.2)$$

为检验假设2、假设3、假设4，本章将国有企业按照行政级别、功能分类以及管理层级进行分组，分别检验非国有股东参与对治理效率的影响。

6.3.3　变量设定

（1）被解释变量

学者们基本用公司治理成本最小或公司治理效益最大以衡量公司治理效率，但是具体测量指标不同。本研究第5章基于DEA模型，选取投入变量和产出变量，计算公司治理效率，为保持研究的一致性，公司治理效率采用同样的衡量方式进行指标处理。

（2）解释变量

在混合所有制改革研究中，非国有股东参与程度的科学衡量是实证分析的基础性工作。本研究在系统梳理国内外相关文献的基础上，借鉴蔡贵龙等（2018）关于股权制衡的研究、刘运国等（2016）提出的治理参与理论，以及陈艳利等（2021）拓展的测度方法，构建了包含股权参与和高层治理两个维度的综合性测度体系。这两个维度的测度指标既相互独立又有机统一：股权参与维度反映了非国有股东的“资本话语权”，而高层治理维度则体现了其“决策影响力”，这种多维测度框架能够更加全面地刻画非国有股东参与治理的广度和深度。

在股权参与维度，本研究采用前十大股东中非国有股东的持股比例作为核心指标。这一指标设计具有三重理论依据：首先，前十大股东通常掌握了企业重大决策权，其持股结构能够真实反映企业的控制权配置；其次，该指标能够有效捕捉非国有股东在股权层面的影响力，避免小股东"搭便车"导致的测量偏差；最后，这一测度方法与证监会信息披露要求高度契合，保证了数据的可获得性和可比性。

在高层治理维度，本研究构建了非国有股东委派董监高占比指标。在操作层面，采取以下委派人员识别标准：对于法人股东，若某人员在股东单位担任正式职务（包括但不限于董事、监事、高级管理人员等），则认定该人员为股东委派代表；对于自然人股东，则以其是否在股东单位担任高管职务作为判断依据。这种区分处理充分考虑了不同类型股东的行为特征，确保了指标测量的准确性。

（3）控制变量

本章选取市盈率（Pe）、前三名高管薪酬均值取对数（Pay）、净资产收益率（Roe）、董事人数取对数（Boardsize）、独立董事比例（Indepent）、托宾Q（Tobinq）、企业年龄（Age）、资产负债率（Lev）作为控制变量。另外，本章还对年度和行业效应进行了控制，具体变量定义见表6-1。

表6-1　变量定义

变量类型	变量名称		变量符号	变量解释
被解释变量	国企治理效率		Score	DEA模型计算结果
解释变量	非国有股东参与	股权参与	Nonsoe_Sum	前十大股东中非国有股东持股比例之和
		高层治理	Nonsoe_DJG	非国有股东委派的董监高人数占董监高总人数的比例
控制变量	市盈率		Pe	每股收益/股票价格
	管理层薪酬水平		Pay	对上市公司前三名高管的薪酬均值取对数
	净资产收益率		Roe	企业当年净资产收益率
	董事会规模		Boardsize	董事会总人数的自然对数
	独立董事比例		Indepent	独立董事人数占董事会规模比例
	托宾Q		Tobinq	公司市值与总资产账面价值的比率
	企业年龄		Age	样本年份-企业成立年份

续表

变量类型	变量名称	变量符号	变量解释
控制变量	资产负债率	Lev	总负债/总资产
	年份虚拟变量	Year	虚拟变量，若观测值属于该年份则取1，否则为0
	行业虚拟变量	Industry	虚拟变量，若观测值属于该行业则取1，否则为0
中介变量	第一类代理成本	Agencycost	其他应收款/总资产

6.4 实证结果与分析

6.4.1 描述性统计

表6–2的描述性统计结果显示，国有企业治理效率的平均值为0.9255，标准差为0.0994。非国有股东持股比例（Nonsoe_Sum）的最大值为58.17%，最小值为0.92%，结果相差较大；平均值为11.17%。根据《中华人民共和国公司法》规定，如果股东拥有10%以上股份，有权要求公司于两个月内召开临时股东大会，说明非国有股东在股权治理层面上有能力发挥制衡作用。从高层治理维度看，非国有股东委派董监高比例（Nonsoe_DJG）的平均值为2.26%，远低于非国有股东股权参与的平均值11.17%，标准差为5.42%，表明非国有股东是否委派董监高存在很大差异，无法在国企内部拥有充分的话语权。

表6–2 变量的描述性统计

变量	样本量	均值	中位数	标准差	最小值	最大值
Score	5 632	0.9255	0.9992	0.0994	0.6188	1.0000
Nonsoe Sum	5 632	0.1117	0.0753	0.1075	0.0092	0.5817
Nonsoe DJG	5 632	0.0226	0.0000	0.0542	0.0000	0.2857
Pe	5 632	70.5510	29.5020	131.2403	4.4675	938.0871

续表

变量	样本量	均值	中位数	标准差	最小值	最大值
Pay	5 632	13.4597	13.4100	0.6398	11.9895	15.3215
Roe	5 632	0.0847	0.0729	0.0619	0.0039	0.3059
Boardsize	5 632	2.1926	2.1973	0.1869	1.6095	2.7082
Indepent	5 632	0.3730	0.3572	0.0564	0.3333	0.6000
Tobinq	5 632	1.6955	1.3379	1.0145	0.8072	6.4540
Age	5 632	20.7587	21.0000	5.2463	8.0000	34.0000
Lev	5 632	0.4875	0.4916	0.1916	0.0965	0.8748
Agencycost	5 632	0.0150	0.0079	0.0216	0.0009	0.1361

6.4.2 多元回归分析

（1）非国有股东参与对国有企业治理效率的回归分析

表6-3的回归结果显示，非国有股东持股比例（Nonsoe_Sum）、委派董监高比例（Nonsoe_DJG）与国企治理效率（Score）之间的回归系数分别为0.0511和0.0773，回归结果均处于1%的显著性水平，假设1得到验证，即非国有股东参与程度越深，其在国有企业中的话语权就越强，因而有助于改善国有企业治理效率。

表6-3　非国有股东参与对国有企业治理效率的回归结果

变量	Score	
	股权参与层面	高层治理层面
Nonsoe_Sum	0.0511^{***} （4.23）	
Nonsoe_DJG		0.0773^{***} （3.61）
Pe	−0.0000 （−1.11）	−0.0000 （−0.96）

续表

变量	Score	
	股权参与层面	高层治理层面
Pay	−0.0218*** （−9.27）	−0.0208*** （−9.00）
Roe	0.0492** （2.01）	0.0505** （2.06）
Boardsize	−0.0692*** （−8.00）	−0.0683*** （−7.87）
Indepent	−0.2091*** （−6.87）	−0.2042*** （−6.68）
Tobinq	0.0020 （1.27）	0.0018 （1.15）
Age	−0.0007*** （−2.68）	−0.0006** （−2.36）
Lev	−0.0110 （−1.38）	−0.0087 （−1.09）
Constant	1.5301*** （38.46）	1.5143*** （38.38）
Year	Yes	Yes
Industry	Yes	Yes
N	5 632	5 632
Adj R^2	0.1591	0.1580

（2）非国有股东参与对不同行政级别国企治理效率的回归分析

表6-4的回归结果显示，央企非国有股东持股比例之和（Nonsoe_Sum）、委派董监高比例（Nonsoe_DJG）与国有企业治理效率（Score）的回归系数分别为0.0227和−0.0746，回归结果不显著；而地方国企的回归结果处于1%的显著性水平。非国有资本参与央企治理的难度相对较大，即使进入央企也难以拥有话语权，对公司治理效率的提升作用不显著。因而假设2得到验证。

表6–4 非国有股东参与对不同行政级别国有企业治理效率的回归结果

变量	央企	地方国企	央企	地方国企
	Score	Score	Score	Score
Nonsoe_Sum	0.0227 (1.05)	0.0464*** (3.13)		
Nonsoe_DJG			−0.0746 (−1.58)	0.1189*** (4.70)
Pe	−0.0000 (−1.09)	−0.0000 (−0.37)	−0.0000 (−1.01)	−0.0000 (−0.18)
Pay	−0.0269*** (−5.33)	−0.0165*** (−5.84)	−0.0249*** (−4.99)	−0.0159*** (−5.67)
Roe	−0.0250 (−0.58)	0.0803*** (2.65)	−0.0264 (−0.62)	0.0822*** (2.73)
Boardsize	−0.0963*** (−5.56)	−0.0643*** (−6.30)	−0.0981*** (−5.64)	−0.0635*** (−6.21)
Indepent	−0.2863*** (−4.63)	−0.1702*** (−4.88)	−0.2954*** (−4.75)	−0.1633*** (−4.67)
Tobinq	0.0085*** (3.67)	−0.0023 (−1.03)	0.0087*** (3.78)	−0.0028 (−1.27)
Age	−0.0015*** (−2.84)	−0.0008** (−2.33)	−0.0016*** (−3.01)	−0.0006* (−1.80)
Lev	0.0081 (0.53)	−0.0171* (−1.77)	0.0063 (0.41)	−0.0130 (−1.35)
Constant	1.6931*** (18.78)	1.4474*** (31.80)	1.6801*** (18.84)	1.4322*** (31.63)
Year	Yes	Yes	Yes	Yes
Industry	Yes	Yes	Yes	Yes
N	1 913	3 719	1 913	3 719
Adj R^2	0.1923	0.1584	0.1929	0.1602

（3）非国有股东参与对不同功能国企治理效率的回归分析

表6–5所示，商业类国企非国有股东持股比例之和（Nonsoe_Sum）、

委派董监高（Nonsoe_DJG）与国有企业治理效率（Score）的回归系数为0.0918和0.1335，处于1%的显著性水平。而特定功能类国有企业的回归系数为–0.0046和0.0142，回归结果并不显著。可见，国有股东在特定功能类国有企业中依然有强大的控制力，非国有股东发挥的治理作用有限，但是非国有股东能够在一般商业类国有企业中有效发挥其实质性治理作用，从而提升国有企业治理效率。因而假设3得到验证。

表6–5　　非国有股东参与对不同功能国有企业治理效率的回归结果

变量	特定功能类	一般商业类	特定功能类	一般商业类
	Score	Score	Score	Score
Nonsoe_Sum	–0.0046 （–0.24）	0.0918*** （6.21）		
Nonsoe_DJG			0.0142 （0.44）	0.1335*** （4.52）
Pe	–0.0000 （–0.86）	–0.0000 （–0.05）	–0.0000 （–0.89）	0.0000 （0.10）
Pay	–0.0228*** （–6.31）	–0.0206*** （–6.65）	–0.0230*** （–6.45）	–0.0188*** （–6.15）
Roe	0.0213 （0.62）	0.0708** （2.03）	0.0209 （0.61）	0.0621* （1.77）
Boardsize	–0.0691*** （–5.56）	–0.0622*** （–5.17）	–0.0693*** （–5.58）	–0.0611*** （–5.06）
Indepent	–0.3125*** （–6.61）	–0.1020*** （–2.70）	–0.3117*** （–6.58）	–0.0948** （–2.50）
Tobinq	0.0043** （2.16）	–0.0009 （–0.33）	0.0042** （2.13）	–0.0008 （–0.32）
Age	–0.0005 （–1.28）	–0.0007** （–2.03）	–0.0005 （–1.20）	–0.0007* （–1.93）
Lev	–0.0346*** （–3.18）	0.0144 （1.21）	–0.0341*** （–3.12）	0.0201* （1.68）

续表

变量	特定功能类	一般商业类	特定功能类	一般商业类
	Score	Score	Score	Score
Constant	1.5168*** （24.89）	1.4451*** （27.87）	1.5192*** （25.11）	1.4187*** （27.66）
Year	Yes	Yes	Yes	Yes
Industry	Yes	Yes	Yes	Yes
N	2 889	2 743	2 889	2 743
Adj R^2	0.1608	0.1701	0.1608	0.1645

（4）非国有股东参与对不同层级国企治理效率的回归分析

表6-6的回归结果显示，子公司非国有股东持股比例之和（Nonsoe_Sum）与国有企业治理效率（Score）的回归系数为0.0481，在1%的水平上显著，而集团公司的回归系数为0.2472，在5%的水平上显著。子公司非国有股东委派董监高比例（Nonsoe_DJG）与国有企业治理效率（Score）之间的回归系数为0.0694，回归结果处于1%的显著性水平，而集团公司层面的回归结果并不显著。国企集团公司利益结构较复杂，改革多集中在子公司层面，存在较为严重的混下不混上问题，假设4没有完全验证。

表6-6　非国有股东参与对不同层级国有企业治理效率的回归结果

变量	子公司	集团公司	子公司	集团公司
	Score	Score	Score	Score
Nonsoe_Sum	0.0481*** （3.90）	0.2472** （2.11）		
Nonsoe_DJG			0.0694*** （3.17）	0.2120 （0.98）
Pe	−0.0000 （−1.13）	−0.0000 （−0.45）	−0.0000 （−1.02）	0.0000 （0.13）
Pay	−0.0214*** （−8.95）	0.0208 （1.02）	−0.0205*** （−8.69）	0.0159 （0.70）

续表

变量	子公司	集团公司	子公司	集团公司
	Score	Score	Score	Score
Roe	0.0482* （1.95）	−0.0346 （−0.11）	0.0496** （2.01）	−0.1469 （−0.47）
Boardsize	−0.0688*** （−7.80）	−0.0317 （−0.67）	−0.0678*** （−7.67）	−0.0403 （−0.88）
Indepent	−0.2043*** （−6.59）	−0.4093* （−1.73）	−0.1998*** （−6.43）	−0.4218* （−1.67）
Tobinq	0.0021 （1.31）	−0.0011 （−0.12）	0.0019 （1.20）	−0.0090 （−1.00）
Age	−0.0010*** （−3.55）	−0.0081* （−1.83）	−0.0009*** （−3.29）	−0.0055 （−1.44）
Lev	−0.0122 （−1.52）	−0.1240 （−1.59）	−0.0103 （−1.27）	−0.0752 （−0.98）
Constant	1.5258*** （37.73）	1.2712*** （3.92）	1.5117*** （37.62）	1.3624*** （3.55）
Year	Yes	Yes	Yes	Yes
Industry	Yes	Yes	Yes	Yes
N	5 455	120	5 455	120
Adj R^2	0.1589	0.3577	0.1578	0.2975

6.4.3 稳健性检验

（1）替换非国有股东参与的衡量指标

非国有股东股权参与（Nonsoe_Partic）以前十大股东中非国有股东持股比例除以前十大股东持股比例之和作为替换变量，将非国有股东委派董事的比例（Nonsoe_D）作为高层治理维度的替换变量。表6–7列（1）的结果显示，非国有股东参股程度（Nonsoe_Partic）与国企治理效率（Score）之间的回归系数为0.1534，回归结果处于1%的显著性水平，表明非国有股东参股程度能够显著提升国有企业治理效率。列（2）的结果显示，非国有股东委派董事比例与国企治理效率（Score）之间的回归系数为0.0287，回归结果处于10%的显著性水平，表明非国有股东委派董事比例能够显著提升国有企业治理效率。

表6-7 替换非国有股东参与变量的回归结果

变量	(1)	(2)
	Score	Score
Nonsoe_Partic	0.1534*** (4.23)	
Nonsoe_D		0.0287* (1.85)
Pe	−0.0000 (−1.11)	−0.0000 (−0.96)
Pay	−0.0218*** (−9.27)	−0.0207*** (−8.88)
Roe	0.0492** (2.01)	0.0519** (2.12)
Boardsize	−0.0692*** (−8.00)	−0.0687*** (−7.92)
Indepent	−0.2091*** (−6.87)	−0.2071*** (−6.77)
Tobinq	0.0020 (1.27)	0.0019 (1.21)
Age	−0.0007*** (−2.68)	−0.0007*** (−2.72)
Lev	−0.0110 (−1.38)	−0.0095 (−1.19)
Constant	1.5301*** (38.46)	1.5167*** (38.31)
Year	Yes	Yes
Industry	Yes	Yes
N	5 632	5 632
Adj R^2	0.1591	0.1568

（2）替换公司治理效率的衡量指标

参考张辉耀、尹一军（2020）的研究，选取主营业务利润率这一指标作为公司治理效率的替代变量。表6–8列（1）显示前十大股东中非国有股东持股比例（Nonsoe_Sum）与国企治理效率（ZL）的系数为0.0307，回归结果在10%的水平上显著。列（2）的结果显示，非国有股东委派董监高的比例（Nonsoe_DJG）与国企治理效率（ZL）之间的回归系数为0.1215，回归结果处于1%的显著性水平，表明非国有股东委派的董监高比例越高，越有助于提升国企治理效率问题。总的来说，假设H1结论保持不变。

表6–8 替换公司治理效率变量的回归结果

变量	（1）	（2）
	ZL	ZL
Nonsoe_Sum	0.0307* （1.89）	
Nonsoe_DJG		0.1215*** （3.78）
Pe	–0.0001*** （–4.83）	–0.0001*** （–4.85）
Pay	–0.0021 （–0.67）	–0.0021 （–0.69）
Roe	0.5512*** （17.12）	0.5496*** （17.17）
Boardsize	0.0284*** （2.82）	0.0292*** （2.91）
Indepent	0.0075 （0.23）	0.0171 （0.52）
Tobinq	0.0109*** （4.75）	0.0106*** （4.65）
Age	–0.0022*** （–5.88）	–0.0021*** （–5.47）
Lev	–0.1291*** （–11.56）	–0.1254*** （–11.17）

续表

变量	(1)	(2)
	ZL	ZL
Constant	0.2397*** (4.27)	0.2307*** (4.15)
Year	Yes	Yes
Industry	Yes	Yes
Adj R^2	0.3678	0.3691

（3）基于工具变量法的两阶段回归（2SLS）分析

考虑到可能遗漏关键变量以及非国有股东参与和国企治理效率之间可能会彼此影响，故采用了两阶段最小二乘法回归。借鉴蔡贵龙等（2018）学者的思路，选取各省份的沿海港口数量（Sea_port）作为工具变量。一方面，由于沿海港口数量多，地区市场化程度也较高，国有企业推动混合所有制改革的动力充分、充足，因而非国有股东参与公司治理的程度较高；另一方面，沿海港口数量多是地理区位原因造成，与国企治理效率的关系不大。因此，沿海港口数量满足相关性和外生性的两条标准。两阶段回归结果如表6-9所示，研究结论仍然成立。

表6-9　　　　内生性检验的回归结果

变量	股权参与层面		高层治理层面	
	第一阶段	第二阶段	第一阶段	第二阶段
	Nonsoe_Sum	Score	Nonsoe_DJG	Score
Nonsoe_Sum		0.5863** (2.23)		
Nonsoe_DJG				1.4992* (1.94)
Sea_port	0.0015*** (3.48)		0.0006** (2.55)	
Pe	0.0000*** (3.29)	−0.0000* (−1.82)	0.0000* (1.87)	−0.0000 (−1.38)

续表

变量	股权参与层面		高层治理层面	
	第一阶段	第二阶段	第一阶段	第二阶段
	Nonsoe_Sum	Score	Nonsoe_DJG	Score
Pay	0.0365*** (10.11)	−0.0394*** (−3.69)	0.0095*** (6.10)	−0.0322*** (−3.70)
Roe	0.0724** (2.19)	−0.0030 (−0.08)	0.0284* (1.80)	−0.0032 (−0.08)
Boardsize	0.0241** (2.28)	−0.0836*** (−6.49)	−0.0036 (−0.70)	−0.0640*** (−5.25)
Indepent	−0.0259 (−0.81)	−0.2128*** (−5.62)	−0.1056*** (−7.39)	−0.0697 (−0.77)
Tobinq	−0.0009 (−0.44)	0.0015 (0.71)	0.0025** (2.17)	−0.0028 (−0.94)
Age	−0.0008** (−2.26)	0.0003 (0.73)	−0.0016*** (−6.89)	0.0022* (1.77)
Lev	0.0011 (0.11)	−0.0143 (−1.47)	−0.0350*** (−6.39)	0.0389 (1.28)
Constant	−0.4465*** (−8.20)	1.7510*** (12.86)	−0.0184 (−0.82)	(−3.84) 1.5169***
Adj R^2	0.1177	0.1002	0.1173	0.1001

6.4.4 PSM-DID检验

（1）DID检验

本章进一步采用PSM-DID检验在混改国企中非国有股东参与程度对国有企业治理效率的影响。中共中央、国务院于2015年发布了《关于深化国有企业改革的指导意见》，这是中国国有企业新一轮改革的总体框架，自此混合所有制经济作为一项战略决策开始实施，标志着非国有股东与国有企业在股权参与和高层治理两个层面的进一步深度连接，能够更高效地参与国有企业治理。DID模型如下所示：

$$GE=\alpha_0+\alpha_1 Treated1_{it}\times Post_{it}+\alpha_2 Control_{it}+Year+Firm+\varepsilon \tag{6.3}$$

$$GE=\beta_0+\beta_1 Treated2_{it}\times Post_{it}+\beta_2 Control_{it}+Year+Firm+\varepsilon \tag{6.4}$$

将非国有股东持股比例超过10%或存在非国有股东委派董监高的国有企业视为非国有股东实质性参与国有企业治理，据此，模型（6.3）将非国有股东持股比例超过10%的国有企业归为实验组，定义 $Treated1_{it}=1$；模型（6.4）将存在非国有股东委派董监高的国有企业归为实验组，定义 $Treated2_{it}=1$。将发布前的样本定义 $Post_{it}=0$，发布后的样本定义 $Post_{it}=1$。控制变量 $Control_{it}$ 的设定与前文所述一致，并控制了年份固定效应和行业固定效应。

运用PSM–DID方法时，首先分别根据模型（6.3）、模型（6.4）的虚拟解释变量对控制变量进行Logit回归计算倾向得分值，将倾向得分值最接近的企业作为实验组企业的配对企业，进而最大程度地减少不同企业之间的系统性差异，缓解DID估计的偏差。以模型（6.3）、模型（6.4）中的控制变量作为匹配的标准，使用1：1有放回的最邻近匹配方法进行匹配（见表6–10、表6–11）。

根据图6–1和图6–2，匹配后大多数协变量的标准化偏差均小于5%，且t检验的结果不拒绝实验组和对照组的系数无显著差异的原假设，说明实验组和对照组的特征差异得到了较大程度的消除，匹配效果良好，通过平衡性检验。此外，本章绘制了匹配前后实验组和对照组的核密度函数曲线，如图6–1、图6–2所示。在核匹配之前，实验组分布较为松散，而对照组分布较为集中，在完成最近邻匹配后，保留下来的两组样本的概率密度分布明显趋于一致，这也表明匹配后两组样本国有企业各方面特征已非常接近，样本的选择性偏差基本消除，符合可比性要求。

表6–10　　股权参与层面的倾向得分匹配结果

变量	Unmatched	Mean		%bias	%reduct bias	t-test	
	Matched	Treated	Control			t	p>t
Pe	U	69.462	71.235	–1.3	34.5	–0.49	0.622
	M	69.601	70.762	–0.9		–0.28	0.776

续表

变量	Unmatched / Matched	Mean Treated	Mean Control	%bias	%reduct bias	t-test t	t-test p>t
Pay	U	13.571	13.39	28.1	98.7	10.42	0.000
	M	13.565	13.568	−0.4		−0.11	0.909
Roe	U	0.08987	0.08146	13.5	82.6	4.98	0.000
	M	0.08923	0.0907	−2.4		−0.75	0.456
Boardsize	U	2.1982	2.1892	4.8	−27.6	1.76	0.078
	M	2.1987	2.1872	6.1		2.03	0.043
Indepent	U	0.37166	0.37377	−3.8	20.5	−1.37	0.171
	M	0.37134	0.37302	−3		−0.99	0.321
Tobinq	U	1.7414	1.6666	7.3	92.6	2.7	0.007
	M	1.734	1.7285	0.5		0.17	0.863
Age	U	20.708	20.79	−1.6	34.9	−0.57	0.566
	M	20.73	20.783	−1		−0.33	0.740
Lev	U	0.48687	0.48797	−0.6	−339.9	−0.21	0.834
	M	0.48701	0.48216	2.5		0.83	0.409

表6-11　　高层治理层面的倾向得分匹配结果

变量	Unmatched / Matched	Mean Treated	Mean Control	%bias	%reduct bias	t-test t	t-test p>t
Pe	U	66.54	71.634	−4	80.9	−1.19	0.233
	M	66.562	67.536	−0.8		−0.19	0.846
Pay	U	13.527	13.442	13	71.2	4.09	0.000
	M	13.526	13.502	3.8		0.92	0.36
Roe	U	0.0900	0.08327	11	97.2	3.34	0.001
	M	0.09002	0.08983	0.3		0.07	0.942
Boardsize	U	2.2078	2.1885	10.7	89.4	3.17	0.002
	M	2.2079	2.2058	1.1		0.28	0.778

续表

变量	Unmatched / Matched	Mean Treated	Mean Control	%bias	%reduct bias	t-test t	t-test p>t
Indepent	U	0.36328	0.37557	-23.2	93.6	-6.72	0.000
	M	0.3633	0.36251	1.5		0.42	0.674
Tobinq	U	1.8256	1.6603	16.1	82.3	5.01	0.000
	M	1.8251	1.8544	-2.8		-0.64	0.519
Age	U	19.71	21.042	-24.8	93	-7.83	0.000
	M	19.72	19.814	-1.7		-0.42	0.675
Lev	U	0.45529	0.49626	-21.6	81.1	-6.59	0.000
	M	0.45552	0.44777	4.1		1	0.316

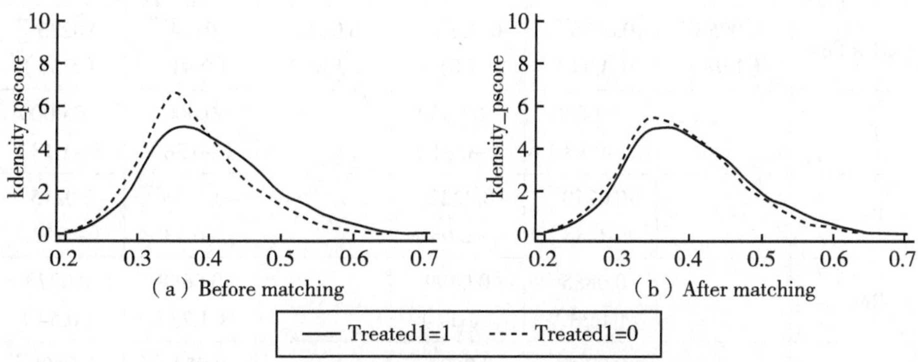

图6-1　股权参与层面匹配前后的核密度分布

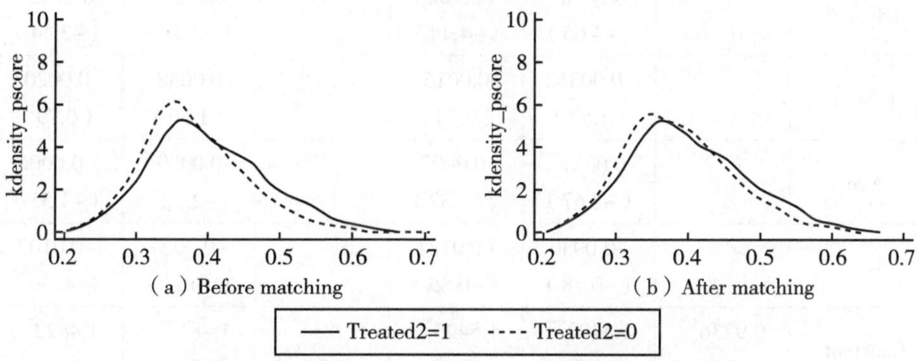

图6-2　高层治理层面匹配前后的核密度分布

在大幅度降低实验组和对照组企业的特征差异后，采用匹配后的样本进行回归。表6-12报告了模型（6.3）的回归结果，首先仅加入主要解释变量Treat1 × Post，然后依次逐步加入企业特征以及行业和年份固定效应。在采用PSM前后，Treat1 × Post的回归系数均显著为正。本章对模型（6.4）采用同样的处理方法，表6-13的回归结果显示，在采用PSM前后，Treat2 × Post的回归系数均为正值，且均在1%水平上显著。该结果表明在缓解内生性问题后，假设1仍然成立。

表6-12　　股权参与层面的PSM-DID回归结果

变量	DID			PSM-DID		
	（1）	（2）	（3）	（4）	（5）	（6）
	GE	GE	GE	GE	GE	GE
Treat1 × Post	0.0058* （1.98）	0.0129*** （4.34）	0.0212*** （7.05）	0.0074* （1.86）	0.0114*** （2.91）	0.0233*** （5.33）
Pe		−0.0000 （−0.88）	−0.0000 （−0.81）		−0.0000 （−0.58）	−0.0000 （−1.18）
Pay		−0.0279*** （−6.88）	−0.0222*** （−6.08）		−0.0268*** （−6.13）	−0.0215*** （−5.53）
Roe		0.0885* （1.73）	0.0499 （1.17）		0.0688 （1.23）	0.0273 （0.54）
Boardsize		−0.0709*** （−4.97）	−0.0692*** （−5.61）		−0.0520*** （−3.57）	−0.0499*** （−3.53）
Indepent		−0.2036*** （−4.05）	−0.2102*** （−4.44）		−0.1997*** （−3.41）	−0.2055*** （−3.44）
Tobinq		0.0035 （1.57）	0.0016 （0.74）		0.0038 （1.56）	0.0020 （0.79）
Age		−0.0011*** （−2.67）	−0.0007* （−1.82）		−0.0009** （−2.12）	−0.0006 （−1.55）
Lev		−0.0030 （−0.18）	−0.0121 （−0.85）		−0.0024 （−0.13）	−0.0103 （−0.66）
Constant	0.9236*** （262.81）	1.5403*** （21.52）	1.5429*** （22.84）	0.9251*** （237.44）	1.4817*** （19.13）	1.4822*** （21.18）

续表

变量	DID			PSM-DID		
	（1）	（2）	（3）	（4）	（5）	（6）
	GE	GE	GE	GE	GE	GE
Indcode	No	No	Yes	No	No	Yes
Year	No	No	Yes	No	No	Yes
N	5 632	5 632	5 632	2 816	2 816	2 816
Adj R^2	0.0006	0.0589	0.1648	0.0010	0.0517	0.1695

表 6-13　　　高层治理层面的 PSM-DID 回归结果

变量	DID			PSM-DID		
	（1）	（2）	（3）	（4）	（5）	（6）
	GE	GE	GE	GE	GE	GE
Treat2 × Post	0.0126*** （3.33）	0.0139*** （3.51）	0.0191*** （5.18）	0.0130*** （3.05）	0.0151*** （3.56）	0.0260*** （5.55）
Pe		−0.0000 （−0.03）	0.0000 （0.03）		−0.0000 （−1.20）	−0.0000 （−0.91）
Pay		−0.0266*** （−6.87）	−0.0204*** （−5.99）		−0.0332*** （−8.18）	−0.0264*** （−5.67）
Roe		0.0930** （2.14）	0.0552 （1.43）		0.1217* （1.81）	0.0686 （1.17）
Boardsize		−0.0710*** （−4.79）	−0.0696*** （−5.27）		−0.0668*** （−2.83）	−0.0669*** （−2.95）
Indepent		−0.1839*** （−3.52）	−0.1918*** （−3.90）		−0.2911*** （−3.90）	−0.3011*** （−3.80）
Tobinq		0.0015 （1.24）	0.0005 （0.49）		0.0010 （0.91）	0.0003 （0.39）
Age		−0.0010** （−2.39）	−0.0006* （−1.75）		−0.0004 （−0.88）	0.0001 （0.13）
Lev		−0.0054 （−0.31）	−0.0101 （−0.68）		0.0079 （0.48）	0.0103 （0.69）
Constant	0.9230*** （255.45）	1.5177*** （21.77）	1.5106*** （22.95）	0.9234*** （177.65）	1.6193*** （17.21）	1.5811*** （14.79）

续表

变量	DID			PSM-DID		
	(1)	(2)	(3)	(4)	(5)	(6)
	GE	GE	GE	GE	GE	GE
Indcode	No	No	Yes	No	No	Yes
Year	No	No	Yes	No	No	Yes
N	5 632	5 632	5 632	1 979	1979	1 979
Adj R^2	0.0021	0.0569	0.1590	0.0038	0.0782	0.1989

(2)平行趋势检验

DID模型的一个重要前提是平行趋势假设，本章采用《关于国有企业功能界定与分类的指导意见》发布前后两年的数据进行平行趋势检验。图6-3和图6-4分别是模型(6.3)和模型(6.4)平行趋势检验的动态图，从中可以看到，在2015年该指导意见发布之前交乘项的系数不显著。这表明，在非国有股东深度参与国有企业治理之前，实验组与对照组的治理效率水平没有明显差异。在引入非国有股东并赋予其话语权后，由于政策效果具有一定的滞后性，第一年交乘项系数仍不显著，但在第二年为显著为正，政策实施期间实验组的治理效率水平高于对照组。总体而言，平行趋势分析证实了引入非国有股东对国有企业治理效率的积极作用，并证明了DID研究设计的有效性。

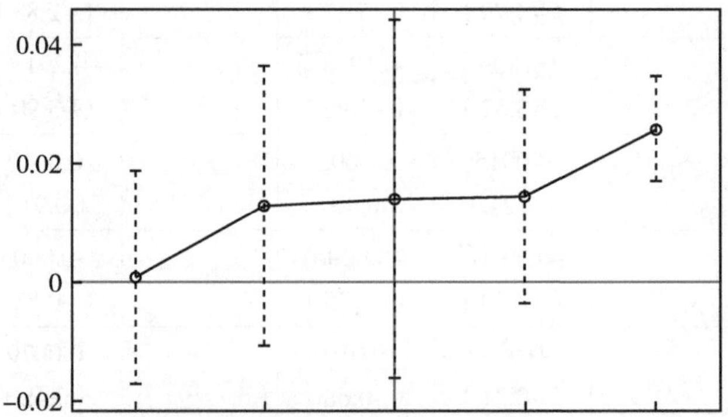

图6-3 股权参与层面的平行趋势测试

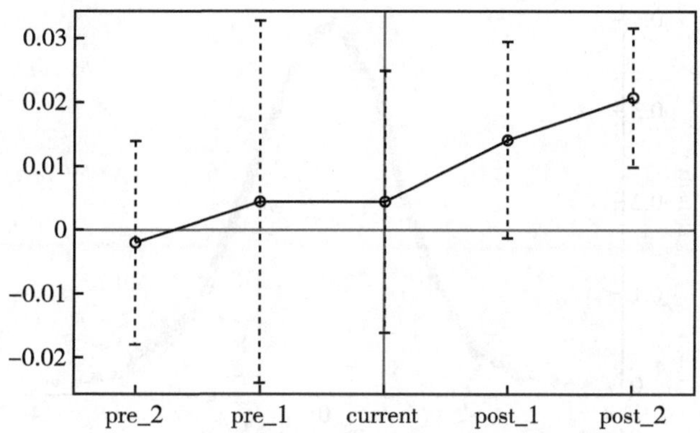

图6-4 高层治理层面的平行趋势测试

（3）安慰剂检验

为了排除DID回归结果受某些偶然因素影响的可能性，本章进一步考察了非国有股东参与对国有企业治理效率的实际影响。通过设置随机模拟实验组变量，本章分别基于模型（6.3）、模型（6.4）回归1 000次，得到t统计量和系数分布。图6-5和图6-6均显示随机模拟变量的t统计量并没有达到实际解释变量的t统计量，而且t统计量集中在0附近对称分布，而不是集中在显著为正的区域，虚拟实验组对国有企业治理效率没有显著影响。因此，非国有股东参与对国有企业治理效率的促进作用并不是由随机因素造成的，进一步证明了本章研究结论的稳健性。

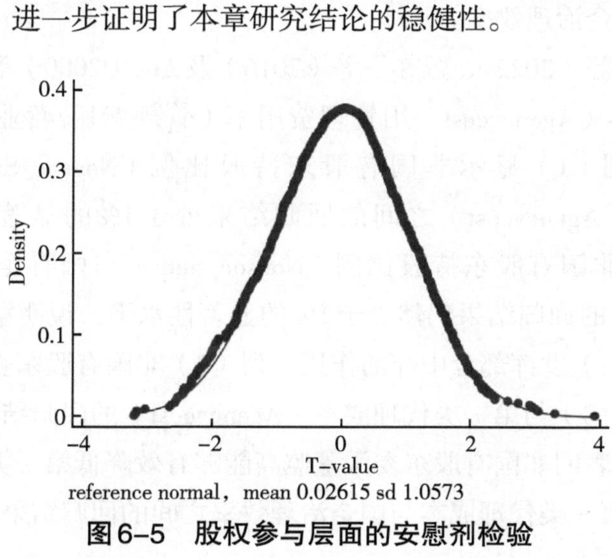

图6-5 股权参与层面的安慰剂检验

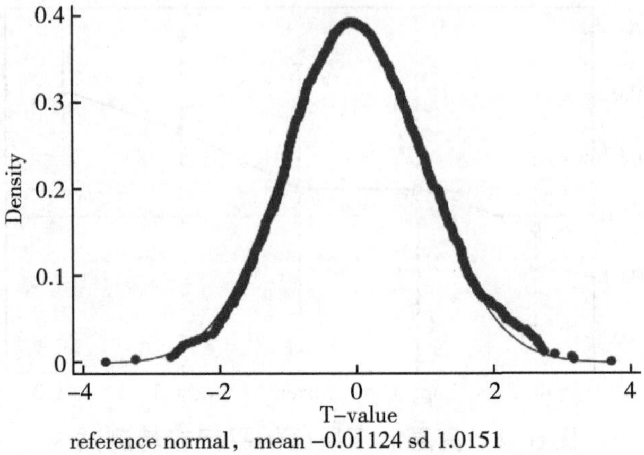

图6–6　高层治理层面的安慰剂检验

6.4.5　机制检验

代理问题主要表现为两类：第一类代理问题因管理层的自利行为而产生，存在于大股东与管理层之间；第二类代理问题因大股东的掏空行为而产生，存在于大股东与小股东之间。由于国企的大股东是政府而非法人企业，因此主要面临第一类代理问题。随着非国有股东参与混改国企，发挥约束和监督作用减少损害企业利益的自利行为，有效缓解第一类委托代理问题，提高国企治理效率。

借鉴贺康等（2022）、戴亦一等（2016）及Ang（2000）等的做法，第一类代理成本（Agencycost）用管理费用率（管理费用/营业总收入）衡量。表6–14列（1）显示非国有股东持股比例（Nonsoe_Sum）与第一类代理成本（Agencycost）之间的回归结果处于1%的显著性水平。列（2）显示，非国有股东持股比例（Nonsoe_Sum）与国有企业治理效率（Score）之间的回归结果仍然处于1%的显著性水平，说明第一类代理成本（Agencycost）发挥部分中介的作用。列（3）非国有股东委派董监高比例（Nonsoe_DJG）与第一类代理成本（Agencycost）的回归结果处于1%的显著性水平，表明非国有股东委派董监高能够有效降低第一类委托代理成本。列（4）第一类代理成本与国企治理效率之间的回归结果处于1%的显著性水平，非国有股东委派董监高比例（Nonsoe_DJG）与国有企业治理效率（Score）之间的回归结果仍然处于1%的显著性水平，说明第一类代理成本在非国有股东委派董监高对国有企业治理效率（Score）的提升作用中发挥部分中介的作用。

表6–14　　第一类代理成本的中介作用分析

变量	股权参与层面		高层治理层面	
	Agencycost	Score	Agencycost	Score
Nonsoe_Sum	−0.0154*** （−6.05）	0.0379*** （3.18）		
Nonsoe_DJG			−0.0207*** （−6.31）	0.0594*** （2.76）
Agencycost		−0.8607*** （−10.15）		−0.8677*** （−10.17）
Pe	0.0000** （2.57）	−0.0000 （−0.47）	0.0000** （2.43）	−0.0000 （−0.35）
Pay	0.0024*** （4.33）	−0.0197*** （−8.52）	0.0021*** （3.78）	−0.0190*** （−8.30）
Roe	−0.0115* （−1.90）	0.0393 （1.63）	−0.0120** （−1.97）	0.0401* 0.0401*
Boardsize	−0.0001 （−0.04）	−0.0693*** （−8.11）	−0.0003 （−0.19）	−0.0686*** （−8.02）
Indepent	0.0108* （1.77）	−0.1999*** （−6.67）	0.0095 （1.56）	−0.1960*** （−6.52）
Tobinq	0.0006* （1.65）	0.0025 （1.61）	0.0007* （1.82）	0.0024 （1.52）
Age	0.0002*** （3.82）	−0.0005** （−1.96）	0.0002*** （3.46）	−0.0004* （−1.70）
Lev	0.0208*** （11.24）	0.0069 （0.87）	0.0202*** （10.90）	0.0088 （1.11）
Constant	−0.0203** （−2.01）	1.5127*** （38.18）	−0.0155 （−1.53）	1.5009*** （38.13）
Year	Yes	Yes	Yes	Yes

续表

变量	(1)	(2)	(3)	(4)
	Agencycost	Score	Agencycost	Score
Industry	Yes	Yes	Yes	Yes
N	5 632	5 632	5 632	5 632
Adj R^2	0.1354	0.1892	0.1325	0.1886

6.4.6 拓展性分析

（1）非国有股东参与、治理效率与企业价值

混改国企治理效率的增进促进企业资源有效配置，实现产业结构的优化升级和科技创新水平的提高，引导资本流入治理水平较高的企业，在推动市场经济高质量发展和优胜劣汰的同时，对企业的价值水平也将起到进一步的提升作用。如表6–15所示，非国有股东持股比例（Nonsoe_Sum）与国有企业价值（EVA）回归结果处于1%的显著性水平，说明非国有股东股权参与能够显著提升国有企业价值。控制了中介变量（国企治理效率）后，非国有股东持股比例（Nonsoe_Sum）与国有企业价值（EVA的回归系数仍为正，回归结果处于1%的显著性水平，且回归系数小于第（1）列中的系数，表明非国有股东股权参与能够通过提升国企治理效率来显著提升国有企业价值，治理效率在二者关系中起到部分中介作用。企业价值（EVA）作为被解释变量时，非国有股东委派董监高比例（Nonsoe_DJG）与企业价值（EVA）之间的回归系数为负，说明非国有股东委派高层参与不能显著促进企业价值的提升。

表6–15 国有企业价值提升的回归结果

变量	股权参与层面			高层治理层面		
	EVA	Score	EVA	EVA	Score	EVA
Nonsoe_Sum	9.8e+08*** （4.54）	0.0780*** （6.88）	8.9e+08*** （4.09）			
Nonsoe_DJG				−1.6e+09*** （−5.49）	0.0815*** （4.57）	−1.7e+09*** （−5.85）

续表

变量	股权参与层面			高层治理层面		
	EVA	Score	EVA	EVA	Score	EVA
Score			1.2e+09*** (4.47)			1.3e+09*** (5.15)
Pe				1.0e+06*** (5.56)	-0.0000 (-0.69)	1.0e+06*** (5.62)
Pay	4.9e+08*** (9.72)	-0.0190*** (-8.33)	5.2e+08*** (9.86)	5.4e+08*** (10.63)	-0.0172*** (-7.65)	5.6e+08*** (10.80)
Roe	1.1e+10*** (16.78)	0.0521** (2.21)	1.1e+10*** (16.75)	1.1e+10*** (16.86)	0.0531** (2.27)	1.1e+10*** (16.82)
Boardsize	5.3e+08*** (3.45)	-0.0575*** (-6.94)	6.0e+08*** (3.87)	5.5e+08*** (3.58)	-0.0553*** (-6.65)	6.3e+08*** (4.05)
Indepent	5.0e+09*** (8.46)	-0.1929*** (-6.60)	5.2e+09*** (8.66)	4.8e+09*** (8.18)	-0.1876*** (-6.39)	5.1e+09*** (8.43)
Tobinq	-1.1e+08*** (-4.83)	0.0031** (2.16)	-1.2e+08*** (-4.97)	-1.1e+08*** (-4.77)	0.0030** (2.09)	-1.2e+08*** (-4.93)
Age	-3.8e+07*** (-7.55)	-0.0007*** (-3.10)	-3.7e+07*** (-7.44)	-4.2e+07*** (-8.13)	-0.0007*** (-2.86)	-4.2e+07*** (-8.02)
Lev	-3.7e+08*** (-2.89)	-0.0101 (-1.32)	-3.6e+08*** (-2.81)	-4.3e+08*** (-3.26)	-0.0063 (-0.82)	-4.2e+08*** (-3.21)
Constant	-9.6e+09*** (-12.09)	1.4559*** (37.74)	-1.1e+10*** (-11.68)	-1.0e+10*** (-12.50)	1.4285*** (37.23)	-1.2e+10*** (-12.29)
Year	Yes	Yes	Yes	Yes	Yes	Yes
Industry	Yes	Yes	Yes	Yes	Yes	Yes
N	5 718	5 718	5 718	5 718	5 718	5 718
Adj R^2	0.3162	0.1693	0.3187	0.3154	0.1640	0.3188

（2）非国有股东参与、治理效率与全要素生产率

提高企业全要素生产率是转变经济发展方式的重要内容之一。本章选择OP法计算全要素生产率（TFP），检验国企混改提升公司治理效率，是否有助于提升国有企业全要素生产率。表6-16中非国有股东持股比例（Nonsoe_Sum）与全要素生产率（TFP）的回归结果处于1%的显著性水

平，说明非国有股东股权参与能够显著提高全要素生产率。以国企治理效率作为中介变量，非国有股东持股比例（Nonsoe_Sum）与全要素生产率（TFP）之间的回归结果处于1%的显著性水平，表明非国有股东股权参与能够通过提升国企治理效率，进而显著提升国企全要素生产率。表6–16中非国有股东委派董监高比例（Nonsoe_DJG）与全要素生产率（TFP）之间的回归系数为负，说明非国有股东委派高层参与并未显著促进全要素生产率的提升。

表6–16　国有企业全要素生产率拓展分析的回归结果

变量	股权参与层面			高层治理层面		
	TFP	Score	TFP	TFP	Score	TFP
Nonsoe_Sum	0.2137*** (2.98)	0.0780*** (6.88)	0.1998*** (2.77)			
Nonsoe_DJG				−0.8963*** (−7.38)	0.0815*** (4.57)	−0.9155*** (−7.54)
Score			0.1783** (2.07)			0.2356*** (2.76)
Pe	−0.0005*** (−6.27)	−0.0000 (−0.86)	−0.0005*** (−6.24)	−0.0004*** (−6.03)	−0.0000 (−0.69)	−0.0004*** (−5.99)
Pay	0.3472*** (23.32)	−0.0190*** (−8.33)	0.3506*** (23.50)	0.3629*** (24.82)	−0.0172*** (−7.65)	0.3670*** (25.07)
Roe	2.3436*** (13.85)	0.0521** (2.21)	2.3343*** (13.80)	2.4020*** (14.27)	0.0531** (2.27)	2.3895*** (14.21)
Boardsize	0.1532*** (2.90)	−0.0575*** (−6.94)	0.1634*** (3.05)	0.1581*** (3.01)	−0.0553*** (−6.65)	0.1711*** (3.22)
Indepent	1.4735*** (8.58)	−0.1929*** (−6.60)	1.5079*** (8.69)	1.3836*** (8.02)	−0.1876*** (−6.39)	1.4278*** (8.21)
Tobinq	−0.1416*** (−12.04)	0.0031** (2.16)	−0.1422*** (−12.10)	−0.1402*** (−12.02)	0.0030** (2.09)	−0.1410*** (−12.10)
Age	−0.0042** (−2.55)	−0.0007*** (−3.10)	−0.0040** (−2.46)	−0.0061*** (−3.69)	−0.0007*** (−2.86)	−0.0059*** (−3.58)

续表

变量	股权参与层面			高层治理层面		
	TFP	Score	TFP	TFP	Score	TFP
Lev	1.2991*** (23.25)	−0.0101 (−1.32)	1.3009*** (23.31)	1.2644*** (22.59)	−0.0063 (−0.82)	1.2659*** (22.65)
Constant	0.6113** (2.34)	1.4559*** (37.74)	0.3518 (1.20)	0.5051* (1.94)	1.4285*** (37.23)	0.1685 (0.58)
Year	Yes	Yes	Yes	Yes	Yes	Yes
Industry	Yes	Yes	Yes	Yes	Yes	Yes
N	5 718	5 718	5 718	5 718	5 718	5 718
Adj R^2	0.5796	0.1693	0.5799	0.5825	0.1640	0.5829

6.5　结论和启示

本章选取2015—2021年沪深A股混改国有上市公司数据作为研究样本，首先，通过理论分析和实证研究非国有股东参与对国企治理效率产生的影响；其次，将国有企业按不同功能、不同行政级别、不同层级进行分类，分组检验了非国有股东参与对公司治理效率的影响；最后，拓展性分析检验了非国有股东通过提升国企治理效率，进而对企业价值和全要素生产率所产生影响。主要研究结论如下：

（1）非国有股东参与能够显著提升国有企业治理效率。与非国有企业相比，国有企业所有者缺位、内部人控制、政策性负担等委托代理问题更为严重，造成治理效率低下。非国有股东通过持有股权和委派董监高两种方式参与国有企业治理，具有充足的动力和积极性监督和约束国有大股东与企业经理人的私利行为，进而促进国企治理效率的提升。

（2）非国有股东参与对国企治理效率的提升作用在一般商业类国企、地方国企以及子公司层级中更为明显。在中央国有企业和特定功能类国有企业中，国有大股东仍然能够对其保持强大的控制力，导致非国有股东进入国有企业后话语权较低，而对于地方国有企业和一般商业类国有企业，非国有股东能够发挥实质性治理效应，完善市场化经营机制，进而提升国有企业治理效率；与国有企业子公司层面相比，集团公司层面利益结构更加复杂、改革调整难度更大，因此，目前国企混改存在混下不混上的纵向结构失衡问题，改革效果不佳。

（3）非国有股东股权参与能够通过提升国企治理效率，进而显著提升企业价值以及全要素生产率，促进国有企业的长远发展，但是非国有股东委派高层参与方式结果并不显著。一方面，治理效率的提升与企业内外部资源的有效配置存在密切联系，进而促进了国有企业治理结构的完善、产业结构的升级以及企业创新水平的提高，最终有效提升企业价值和全要素生产率。另一方面，企业治理效率的提升体现在市场化进程的加速上，市场经济的高质量发展也将进一步提升国有企业全要素生产率和价值水平。

以上结论带来以下启示：

对于一般商业类国有企业，应进一步加大混合所有制改革力度，更大程度地发挥非国有股东参与治理的实质性作用。在始终保持国有资本的控制力与影响力的前提下，进一步降低非国有资本的进入门槛，平衡国有资本与非国有资本的股权比例，以提高企业治理效率。对于特定功能类国有企业，鉴于非国有资本对这类国有企业治理效率促进作用不显著的特点，此类国有企业应当暂缓混合所有制改革的进程，加大其他领域的改革力度。

对于中央国有企业，应当将混合所有制改革作为其他领域改革的切入点，配合完成其他主要任务。对于地方国有企业，应当加大推进混合所有制改革的力度，有序推进混合所有制改革进程，同时要因企因地制宜，科学合理制定改革的方针政策和路径。

在当前国企集团公司改革难度较大的状况下，应当先在国企子公司中引入一定比例的非国有资本，完善国企子公司的治理机制。在集团公司层面，应完善市场化管理模式，加强市场化管控力度，倒逼国企子公司做出更加科学的管理决策行为，同时，国有企业集团公司应帮助子公司获取集团公司的信息和资源，降低信息不对称问题，从而提升国有企业治理效率。

第7章

分层分类背景下深化国企混改的实践创新

混合所有制改革作为新时代国资国企改革的核心制度创新，其价值内涵远超越单纯的财务指标改善。从中央企业到地方国企，混改的本质在于通过产权结构优化实现产业结构跃迁、现代企业治理体系重构、核心竞争能力战略性培育的多元制度红利。这一改革通过重新配置所有权与控制权，正在深刻重塑中国特色现代企业制度的演进路径，其进程直接关乎社会主义市场经济体制的完善程度。当前改革实践虽已形成规模效应，但部分企业呈现“形混实不改”的困境，折射出混改着力点的结构性偏差。深化国企混改需要突破传统思维定式，以企业经营机制的根本性转变为轴心，构建基于多维决策矩阵的改革选择路径，推动混改实践从资本层面的“混合”向制度创新的质变。

7.1 系统性推进混改，科学匹配混改模式

混合所有制改革本质上是推动国有企业治理现代化的制度工具，而非国企改革的终极目标。这一改革具有三个维度的特征：首先，在改革性质上，它超越了局部调整的静态改良，需要建立动态的改革框架；其次，在实施方式上，它突破了被动响应行政指令的传统模式，强调企业自主创新的改革动能；最后，在操作层面上，它并非简单的资本叠加，而是涉及产权结构、治理机制和市场定位的深度重构。因而国企混改路径的选择面临多重决策复杂性：一方面，国有企业集团公司与子公司的层级嵌套与商业性与公益性功能分类形成矩阵式组合；另一方面，战略投资者甄选需要平

衡产业协同、治理优化和市场拓展等多重目标。实现改革预期效能的关键在于构建多维决策框架：明确改革主体选择即谁改？设计股权结构即改多少、遴选战略投资者即改谁、规划实施路径即如何改。这要求在前置规划阶段就建立多维度的评估体系，并在实施过程中保持各要素的协同推进，从而确保改革从形式混合走向实质转型。

7.1.1 混改企业层级的战略选择

从企业组织架构维度考察，集团层面混改因其产权链条复杂、利益相关方众多而具有较高的实施难度系数，相较之下，从子公司层面实施改革更具操作便利性。然而基于企业可持续发展的战略视角，自上而下的系统性改革模式仍具有理论上的优越性。具体实施需遵循价值创造导向的决策原则：优先推进国有资本投资运营公司下属二级产业集团的混改试点，待制度创新经验成熟后，再有序扩展至一级集团层面。

央企集团的混改实践呈现出独特的困境：规模经济可能导致改革存在迟滞效应、业务多元化可能引发战略投资者匹配难的问题、跨区域经营可能带来过程管控复杂的问题。针对这些特征，可构建渐进式渗透改革路径：对于主业突出的央企集团，选择产业协同度高、股权结构适配的非国有资本合作，初期设置30%的参股安全阈值实施非实质性混改，随着治理融合度提升，逐步优化股权比例实现实质性改革；在满足条件及符合政策规定的情况下，可通过员工持股计划与整体上市完成制度转型。此外，央企具有体量大、实力雄厚以及信用优势，享有最好的政府支持和银行关注，可发挥其优势实施逆向混改，通过并购重组民营企业构建产融结合的创新生态，有效缓解民企面临的融资约束问题，提升授信额度、优化融资成本、拓展融资渠道。

地方国企集团的混改实践应关注组织架构中的业务执行单元。相较于集团层面，二级集团公司凭借其明晰的业务边界、专业化的运营能力以及市场化的运作机制，天然具备混改实施的制度优势。在具体操作层面，应当优先选择竞争性领域中资产质量优良的二级公司作为改革载体，通过优质资产证券化与剥离不良资产的双轨制策略，增加对战略投资者的价值吸引力。需要特别警惕的是，改革不能异化为低效资产的简单处置，若仅向非国有资本开放产业链低端环节，将严重削弱市场主体的参与意愿。值得一提的是，地方城投公司作为特殊的混改主体具有战略意义。这类企业承载着城市价值链的关键功能，其资本密集特征与公共服务属性使其成为地方混改的核心试验场。历史形成的融资平台定位曾导致其面临治理结构行政化、市场响应迟滞、经营绩效低下的三重困境，这使传统的股权多元化或上市、员工持股等混改路径难以实施。但随着投融资体制改革的深化，城投公司正经历从“政策工具”向“市场主体”的范式转换。通过政府职能剥离、治理结构重塑和商业模式创新，这类企业已逐步具备引入战略投资者的制度基础和市场条件。

7.1.2　基于企业功能定位的股权结构差异化设计

股权结构的重构是混改最直接的制度产出，其本质是公司控制权的重新配置。在确定混改实施层级后，控股权的分配成为改革设计的核心命题。需要强调的是，非国有资本的引入并不必然带来治理效率的提升（胡一帆等，2006），关键在于建立与现代企业制度相适应的治理机制。实证研究表明，完全民营化或民营控股企业的绩效表现显著优于国有控股企业，这揭示了股权制衡机制的重要性（葛培健等，2019）。当前混改实践中存在两个认识误区：一是将混改企业户数占比作为改革成效的衡量标准，而忽视股权结构的实质性优化；二是过度追求国有资本的绝对控股权（51%以上），这往往导致不同所有制资本难以实现真正的体制融合。事实上，当股权比例达到均衡状态时，同样可能出现治理僵局。因此，科学的股权设计应当突破“谁控股”的传统思维，转向构建国有资本和非国有资本的有效制衡的结构。这种设计既能保障国有资本的战略影响力，又能赋予非国有资本实质性话语权，最终实现“同股同权、效率优先”的改革目标。

国有资本引入非国有资本后的股权结构配置呈现出多元化的制度选择空间：第一种模式是国有资本持股比例超过50%的绝对控股形态，第二种是持股比例低于50%但仍保持相对控股权的形态，第三种则是国有资本完全让渡控股权仅保留参股地位的形态。如表7–1所示，这三种股权结构在财务杠杆效应、风险分散、代理成本和决策效率等方面形成了差异化的制度特征。根据中共中央、国务院《关于深化国有企业改革的指导意见》确立的分类改革原则，商业类国企可根据行业属性采取灵活的股权安排：充分竞争领域的商业Ⅰ类国企可实行绝对控股、相对控股或参股等多元化股权结构；涉及国家安全和国民经济命脉的关键领域的商业Ⅱ类国企应保持国有资本控股地位；公益性国企则需在投资主体多元化的同时，确保国有资本绝对控股。这一制度设计体现了“因业施策、分类推进”的改革方法论，要求企业在实践中既要避免机械执行政策要求的教条主义倾向，也要防范“为混而改”的机会主义行为。

表7–1　不同混改股权结构的影响比较

比较内容	国有绝对控股	国有相对控股	国有参股
股权结构	国有股东的持股比例超过51%甚至67%	国有股东的持股比例一般低于50%，其他单一股东持股比例较低，股权分散	非国有股东持股比例较高
国有股东地位	国有股东一股独大	国有股东仍然是第一大股东	国有股东无控制权
政府支持	政府支持较多	其他股东支持更多一些	政府支持较少
资本杠杆效应	小	较大	大
风险分散功能	较弱	较强	强
代理成本	较低	较高	高
内部制衡	较弱	较强	强
决策效率	高	较低	低
决策风险	较高	较低	低

资料来源：作者根据相关资料整理

商业类国有企业因其天然的市场经济属性，在竞争能力、风险抵御和盈利水平等方面与非国有资本具有显著的制度兼容性。这种特质使得此类企业成为非国有资本优先选择的投资标的，投资者期望通过参与混改获取价值增值和发展机遇。基于此，商业类国企的混改路径选择具有更大的制度弹性，其股权结构设计应当突破国有股东控制权独占的传统模式，构建多元制衡的治理架构。具体而言，应确保非国有资本按其出资比例获得相应的董事席位，并实质性参与董事会专门委员会的运作，从而在战略决策和监督制衡中发挥建设性作用。针对竞争领域的商业Ⅰ类国企，改革重点在于充分释放股权流动性，不预设绝对控股方，通过股权比例与董事会席位的对等配置实现市场化运作。这种安排能够确保企业完全遵循市场规律运营，借助竞争机制提升经营效率。而对于关键产业链领域的商业Ⅱ类国企，则应采取“国有相对控股+战略投资者参与”的混合模式（何瑛，2022）。在此框架下，国有资本通过保持相对控股地位发挥产业引领作用，同时吸引非国有资本进入产业链高端环节，实现资源聚合与生态构建的双重目标。

公益类国有企业因其承担的特殊社会职能，其价值取向与民营企业利润最大化目标存在制度性张力。当前混改实践呈现出明显的差异化特征，体现在商业类国企改革已进入全面深化阶段，而公益类领域则主要呈现边际式推进特征，即以新设混合所有制企业、拓展新业务领域为主实施增量改革，而在传统核心业务领域的改革则面临较大制度惯性，因而存量改革推进相对滞后。顺应混改的逻辑要求，公益类国企可以有序退出非主营业务领域，在确保国有资本控股地位的前提下，适度引入社会资本参与核心业务混改，构建互利共赢的合作机制。但必须强调的是，公益类国企混改必须坚持国有资本控股这一制度底线，以防止市场化运作对公共职能的侵蚀。在控制权实现机制方面，公益类国企混改可实施双重控制的创新模式：一方面通过黄金股、优先股等特殊股权安排保持国有资本的战略控制力；另一方面则依托“双向进入、交叉任职”的领导体制，将党组织嵌入公司治理各环节。这种制度设计实现了资本控制与组织领导、经济治理与政治治理的有机统一，既确保了国家意志的贯彻，又为市场化运作提供了制度空间。特别是在涉及重大公共决策时，通过党委前置研究程序与董事会决策机制的衔接，可以有效平衡公共利益与资本回报的双重目标，为公益类国企混改提供稳定的制度保障。

7.1.3 根据企业特点适配选择混改路径

首先，资本市场作为国企混合所有制改革的关键制度载体，其多层次架构为不同属性企业提供了差异化的证券化路径选择。当前我国多层次的资本市场已经形成：沪深交易所有主板、中小板、创业板及科创板；全国性场外交易市场有新三板；地区性场外交易市场有区域股权交易中心。如表7–2所示，各板块基于其功能定位设置了差异化的行业准入标准，对于具有较强外部性特征的行业领域——如餐饮业、农业、工程施工、教育及游戏等业态，其资产证券化进程往往面临特殊的监管约束。具体而言，科创板通过《科创属性评价指引》明确排除主要从事金融、投资类业务的企业以及金融科技、模式创新企业和房地产业；创业板设立12类行业负面清单[①]，涉及的行业范围较广泛；北京产权交易所（以下简称“北交所”）通过《监管规则适用指引——北京证券交易所第1号：全国股转系统挂牌申请在北京证券交易所发行上市辅导监管指引》限制某些行业，如产能过剩行业和淘汰类行业、从事学前教育、学科类培训等业务的企业以及金融业、房地产业。这种制度安排客观上要求混改主体必须实施精准的板块适配策略，通过专业化重组或业务分拆等结构化操作，推动优质国有资产证券化进程。在此过程中，上市平台将演变为连接国有资本与社会资本的制度接口，既实现资源要素市场化配置，又保障混改过程的规范有序。

表7–2 我国资本市场不同场内交易要求比较

场内交易类型	企业规模	行业要求	财务要求
主板	大型企业	蓝筹企业或处于行业龙头地位	较大的资本规模及稳定的盈利能力
中小板	中小型企业	各个行业稳定发展的龙头企业	发行规模相对较小
创业板	中小型企业	具有高成长性的中小企业和高科技、创新类企业	更看重企业的成长性，有一定的业绩增长要求

① 这12个行业包括：农林牧渔业、采矿业、酒、饮料和精制茶制造业、纺织业、黑色金属冶炼和压延加工业、电力、热力、燃气及水生产和供应业、建筑业、交通运输、仓储和邮政业、住宿和餐饮业、金融业、房地产业、居民服务、修理和其他服务业等。

续表

场内交易类型	企业规模	行业要求	财务要求
科创板	不限制	符合国家战略、突破关键核心技术、市场认可度高的科技创新企业	对盈利要求不严格，更注重企业的创新能力

其次，若国有企业选择实施反向混改，应当遵循市场化、专业化的基本原则，突破行政区域和行业壁垒的刚性约束，构建基于市场供需关系的自主重组机制，如上市公司与非上市主体的战略联盟、发达地区和欠发达地区存在区域发展梯度差异企业的优势互补、文化行业和旅游行业的价值链重构等。这种跨所有制、跨区域、跨行业的资源整合模式，能够有效激活国有资本与非国有资本的协同效应，实现国有经济布局的动态优化。

再次，战略投资者的甄选是混改成功与否的关键制度设计，其核心在于建立基于战略契合度的价值匹配体系，要求混改主体基于产业特征、创新禀赋、市场地位等维度进行系统性评估，最终实现改革效益的最大化。具体而言，当混改目标定位于产业协同效应最大化时，行业领军企业因其成熟的产业链整合能力成为理想合作伙伴；若旨在培育战略性新兴产业，则应优先考虑具有技术创新优势的科技示范企业、独角兽企业或双百行动企业、科改行动企业作为投资者；对于资金需求导向型混改，专业机构投资者的引入则更具适配性。此外，处于成长期的企业可通过纵向一体化或横向并购重组优化资源配置效率，配合核心员工持股计划形成长效激励机制。

7.1.4　明确非国有资本进退机制

混改的制度效能源于国有资本与社会资本的互补性整合，前者具备规范化的治理体系、流程管理和风险控制能力，后者则拥有市场化运营效率与机制灵活性。在改革实践中，应遵循“规范运作、互利共赢、互相尊重、长期合作”的原则，通过完善利益表达与分配机制来确保改革进程的稳定性。值得注意的是，混改过程中的阶段性困境具有其必然性，这既包括初期民营资本的参与顾虑，也包括后期可能出现的政策执行偏差。有鉴于此，建立包含市场化的定价机制、股权动态调整、董事会治理优化以及非国有资本退出机制在内的容错体系尤为关键，它不仅保障了民营资本的合理权益（高青松等，2016），更通过资源配置权与决策参与权的适度让渡，形成良性的改革生态。另外，这种“进退有序”的制度设计，既保障了非国有资本的自主选择权，又通过黄金股、AB股等创新性股权安排维护了国有资本的合法权益。最终，这种制度化的保障机制将显著提升非国有资本的参与意愿，形成改革的内生动力与外源推力协同作用的良性循环。

7.2 区分“已经混改”与“适宜混改”，持续推进混改

当前混改进程呈现出明显的阶段性特征：从初期试点探索到加速推广，再到进入纵深阶段的深化调整，改革重心已从“是否混改”转向“如何混改”的实践层面。这一演进过程印证了我国经济体制改革特有的渐进式逻辑——任何制度变迁都难以实现“一改就灵”的理想状态，混改同样需要经历试错、调整与完善的动态发展周期。值得注意的是，混改成效的显现具有时滞性，即便是经过严密论证的改革方案，在实施过程中也会面临宏观经济波动、产业政策调整以及企业内部治理转型等多重变量的影响。因此，必须建立混改的动态评估与优化机制，既要区分已完成形式混改与具备实质混改条件的企业类型，又要根据市场环境变化及时调整改革策略。通过持续深化混改实践，最终培育出治理结构现代化、产权主体多元化、经营机制市场化的新型混合所有制企业组织形态。

7.2.1 已混改企业深化“二次混改”

混改作为国有企业制度创新的重要实践，当前虽已取得阶段性成果，但其改革深度与广度仍存在显著提升空间。从制度演进视角来看，混改本质上是一场持续性的产权制度革命，其核心价值不仅体现在股权结构的表层调整，还体现在通过治理结构转型和经营机制重塑实现企业制度现代化（张华清，2021）。在已完成初步混改的企业中，资本层面的融合

仅仅是改革进程的起点，更为关键的是要实现不同所有制资本在治理理念、运营机制和企业文化层面的深度融合。这种深层次整合催生了“二次混改”的制度需求，即在前阶段混改本取得成效的基础上，重点突破治理机制创新和市场化经营转型等制度瓶颈。具体而言，初次混改主要解决融资约束缓解和治理结构优化等基础性问题，而二次混改则致力于构建更具活力的现代企业制度体系，如董事会治理效能提升、职业经理人制度完善以及市场化激励约束机制建设等深层次改革内容。这种递进式的改革路径设计，既体现了混改实践的阶段性特征，也符合制度变迁的渐进性规律。

在竞争性行业领域，混改的制度效能往往受制于国有资本控制权的刚性约束。当混改后国有股东仍保持绝对控股地位时，不仅难以消除所有制歧视的市场壁垒，更会导致治理结构的形式化变革，表现为高管任免权、董事会决策权等核心治理权限仍由国有股东实质性掌控（罗新宇等，2017）。这种“形混而神不混”的治理困境，凸显了通过二次混改以进一步优化股权结构的必要性。作为深化改革的制度创新，二次混改通过引入具有技术优势、资本实力和治理专长的战略投资者，构建真正多元制衡的股权架构。其实施路径通常包括：通过定向增发稀释国有股本、借助产权市场实施股权转让、采用合资共建模式引入产业资本，以及设立混改专项基金吸纳社会资本参与等制度安排。员工持股计划的同步实施，则可进一步强化内部治理的市场化转型，为混改企业注入了持续发展的内生动力。虽然这些操作工具本身并非创新，但其系统化运用能够产生制度协同效应，最终实现从股权结构量变到治理效能质变的改革跃迁。

从实践维度来看，二次混改主要存在两种差异化实施模式：其一是单一深化模式，针对国有控股上市公司中股权结构尚未实质性优化的企业主体，通过分阶段引入持股比例不低于5%的战略投资者，构建积极股东参与治理的现代企业制度。这一过程中，应注重将股权结构调整与产业链整合相结合，既可通过纵向并购实现专业化重组，也可采取反向混改方式拓展新兴产业布局，最终形成资本配置效率与产业协同效应双重提升的改革格局。对于已完成初步混改的企业，则应重点推进核心资产证券化，借助资本市场实现更深层次的产权多元化。其二是复合创新模式，强调传统混改工具的系统集成与创新应用。通过股权转让、增资扩股等基础性制度安排与市场化债转股等创新金融工具的有机组合，在改善企业资产负债结构的同时，实现治理机制与经营效率的协同优化。这种模式要求企业基于自身发展阶段和行业特征，构建具有针对性的混改组合策略，从而推动混合所有制改革从形式混合向实质融合的质变飞跃。

7.2.2　未混改企业实施梯度混改

混合所有制改革作为深化国有企业改革的关键路径，其制度效应已通过公司治理优化、创新动能培育和全要素生产率提升等维度得到实证验证（孙博文和张政，2021）。当前混改进程呈现明显的梯度推进特征，改革对象选择具有显著的非均衡性：具备核心竞争优势的优质资产因投资回报预期明确，更易吸引战略投资者参与，这种优质先行的改革策略实质上是通过局部突破带动整体转型的制度设计。反观尚未纳入混改范畴的企业群体，其制度困境主要体现为两种典型形态：一类是垄断性资源持有者基于租金独占动机形成的改革阻滞，表现为对混合所有制带来的收益共享机制存在制度性排斥；另一类是经营困境企业因资产质量低下、发展前景黯淡等结构性缺陷，导致其既难以满足战略投资者的价值投资标准，也不具备实施员工持股或公开上市等市场化改革的基础条件。这两类企业的混改滞后现象，本质上反映了产权制度改革中“马太效应”与制度门槛的双重约束。

混合所有制改革的实施范围应当遵循差异化原则，而非采取“一刀切”的普适性策略。竞争性领域国企应当全面推进混改，特别是那些持有优质资产的企业，更需通过股权多元化引入市场化经营机制，以激发核心业务的发展活力（马新啸等，2022）。对于经营绩效欠佳的企业，则需要实施更为精细化的业务分类改革：一方面，对具有市场竞争力的主营业务，可采取维持现有运营或孵化新兴业务的策略，并通过资产重组设立新公司参与混改；另一方面，针对经营困难业务、僵尸业务以及不符合产业政策导向的传统业务，应当优先建立市场化退出机制，通过资产处置、业务重组等方式提升企业经营质量，为后续混改创造必要条件。这种分类推进的改革路径，既体现了改革政策的精准性，也确保了国有资产的有效配置。

7.3　混改与其他改革协同创新机制

在新时代经济高质量发展背景下，国有企业改革呈现出系统性、协同性的新特征。混合所有制改革作为产权制度改革的核心环节，需要与其他领域改革形成制度协同效应，共同构建现代企业制度体系（李政和艾尼瓦尔，2018）。当前，国有企业既面临着提升经济效益、夯实共同富裕物质基础的发展要求，又承担着科技创新、国际化经营等战略性使命。这种多维发展目标决定了改革路径的复合性：混合所有制改革通过产权结构优化为突破口，同时与科技创新体制改革、市场化经营机制改革等协同推进，形成改革合力。将混改置于国企改革系统工程中统筹谋划，通过制度创新的乘数效应，能够更好地激发企业活力、提升竞争实力，实现从单一产权改革向综合制度创新的转型升级。

7.3.1　混改与科改示范行动和双百行动联动

自2018年以来，综合改革已然成为国企改革实践的主要内容，因而国企改革已进入系统集成、协同推进的新阶段。2018年启动的“双百行动”作为综合性改革试点，选取404家具有代表性的央企子公司和地方国企，通过差异化改革路径，以求在重点领域和关键环节实现突破（王倩倩，2019），标志着国企改革从单项突破转向系统推进的战略转型。2020年推出的“科改示范行动”则聚焦国有科技型企业，在治理机制、用人制度和激励机制等关键环节进行深度创新，截至2022年3月已覆盖440家企业，形成科技型国企改革的示范效应。这些专项行动与2019年区域性综合改革、2020年对标世界一流管理提升行动相互衔接，共同构成了新时期国企改革的制度矩阵，通过多维度、多层次的制度创新推动国有企业治理体系和治理能力现代化转型。

表7–3　　近年来与国企改革有关的专项行动

专项行动名称	启动时间	主要内容
双百行动	2018.8	选取百余户中央企业子企业和百余户地方国有骨干企业，深入推进综合性改革，力求在重点领域和关键环节取得突破，打造一批国企改革尖兵
区域性综合改革	2019.8	以上海、深圳、沈阳3地为先行实施区域，发挥国资的牵引作用，带动区域范围内国企改革，加强基础领域改革的协同联动，凝聚政策合力
科改示范行动	2020.3	选取200余户国有科技型企业，打造一批国有科技型企业改革样板和自主创新尖兵，进一步推动企业深化市场化改革
对标世界一流管理提升行动	2020.8	以对标世界一流为出发点和切入点，推动中央企业和地方重点企业形成系统完备、科学规范、运行高效的中国特色现代国有企业管理体系

资料来源：作者根据相关文件整理形成

国企混合所有制改革与“双百行动”“科改示范行动”等专项改革在制度设计和实施路径上存在多维度的协同接口：第一，在技术创新维度，引入具有产业协同效应和市场运营经验的战略投资者，能够有效整合创新资源，构建产学研用一体化平台，加速推进国有企业市场化经营机制的转型（金琳，2022）。第二，在资本运作维度，吸纳财务投资者参与，不仅能够缓解研发投入的资金约束，降低对财政补贴的依赖，更能通过市场化融资机制提升科技创新投入的可持续性。第三，在人才激励维度，实施科技骨干员工持股计划，建立知识要素参与收益分配的长期激励机制，充分释放人力资本的创新活力。通过股权结构多元化的制度设计，将国有企业的资源禀赋与民营企业的市场响应能力有机融合，形成技术创新与制度创新的良性互动，推动混改向创新驱动型深化发展。实践表明，国企专项改革举措与混改的价值取向具有内在一致性，国有企业通过产业平台建设和项目合作等市场化方式，能够实现混改进程加速与产业集群优化的双重目标，最终形成各项改革举措的系统集成效应。

7.3.2　新基建赋能混改模式升级

（1）必要性

作为国民经济发展的基础性支撑，基础设施不仅构成居民日常生活的物质保障，更是企业正常生产经营活动的先决条件。从经济学视角而言，基本建设（简称“基建”）本质上是通过固定资产的扩大再生产，实现基础设施供给的动态过程。2018年中央经济工作会议首次明确提出“加强人工智能、工业互联网、物联网等新型基础设施建设”的战略部署，标志着我国基建投资从传统领域向数字化、智能化方向战略转型，这一概念在后续政策文件中得到持续深化与拓展。

与传统基建聚焦于建材、建筑、地产等传统领域不同，新型基础设施建设（简称“新基建”）具有更为丰富的内涵与外延，其核心特征体现为以科技创新为驱动、以产业升级为导向的战略性基础设施体系。在数字经济时代背景下，新基建呈现出独特的二元价值属性：一方面通过刺激内需和优化民生服务夯实经济发展基础，另一方面则通过技术创新和产业变革引领经济结构转型。这种双重属性决定了新基建领域实施混合所有制改革、引入多元化市场主体的必要性，通过资本结构优化和治理机制创新，不仅能够提升资源配置效率，更能为产业高质量发展注入持续动能，成为推动经济高质量发展的重要路径。从制度协同的理论视角审视，新基建与混改具有目标与方向对接的天然优势，呈现出显著的制度耦合效应。这种协同性首先体现在战略定位的高度契合：混改政策要求国有资本“在关系国家经济命脉和国家安全等战略、关键领域加强布局”，而新基建所涵盖的先进制造业集群、战略性新兴产业生态以及5G通信网络等数字基础设施，恰恰构成了国家经济安全与科技自主可控的核心领域。

（2）如何实施

根据混改分类推进原则，新基建主要分布于竞争性领域及公益性领域的市场化环节，这一产业特性决定了其改革路径的特殊性。与传统商业类国有企业不同，新基建企业具有显著的技术密集型特征，其创新活动既需要突破关键核心技术瓶颈，又需要构建完整的产业生态体系，这导致其资本需求呈现规模大、周期长、风险高的三重特性。在此背景下，社会资本往往表现出“搭便车”倾向，不愿独立承担创新风险，但有意分享制度性成果。通过混改机制引入战略投资者，不仅能够优化国有企业的资本结构，更重要的是形成风险共担、利益共享的创新共同体，实现帕累托改进式的制度创新。其次，这种协同性还体现在治理结构的市场化转型层面。传统基础设施投资受制于公共产品属性，长期存在政府主导的路径依赖，但随着财政约束硬化和债务风险显性化，构建多元主体参与的投融资体系已成为必然选择。“新基建坚持以市场投入为主”的政策导向，与混改所倡导的“股权多元化、治理现代化”的改革目标形成制度共振，二者共同推动着从行政配置资源向市场配置资源的范式转换，最终实现国有资本引导力与市场机制活力的有机统一。

在当前国有企业混合所有制改革持续深化与加速推进的制度背景下，基建类企业以新基建战略实施为重要契机，主动融入这场具有系统性、全局性特征的产权制度改革浪潮，不仅能够为新型基础设施建设注入市场化活力，更构成了实现产业高质量发展的制度性保障。从企业改革实践维度考察，已完成战略投资者引入的企业，应当着力构建包含员工持股计划在内的多元化激励约束机制，通过股权激励与业绩考核的协同作用，形成促进企业经营效率持续提升的内生动力。对于具备显著规模优势和较强市场竞争力的国有企业集团，可重点探索借壳上市等资本运作路径，通过整合旗下上市平台资源或实施市场化并购重组，实现资产证券化水平的跃升，进而优化资本配置效率、拓宽融资渠道并增强市场影响力。而对于处于成长期的中小型基建类国企，则应重点采用“引资+引智”的双轮驱动模式：在财务层面通过引入战略投资改善资本结构、降低财务杠杆；在产业层面则注重选择具有产业链协同效应的合作伙伴，通过技术嫁接、业务整合等方式，实现从单一项目建设向全产业链价值创造的转型升级，最终形成优势互补、风险共担的产业生态体系。

7.3.3　军工领域混改专项突破

（1）必要性

党的十八大以来，党组织对企业治理结构的领导力强化与股权多元化改革的制度耦合，构成了新时代国企改革的显著特征。在混改的制度框架下，国有资本与非国有资本的产权边界呈现出动态调整的特征，形成了资本要素市场化配置的新型组织形态。需要特别指出的是，非国有资本参与垄断行业的股权改革并非无条件的市场行为，而是必须严格遵循国家战略导向和公共利益原则的制度化过程。当前混合所有制改革已实现从竞争性领域向关键性领域的战略转移，特别是军工等关系国家安全的战略性行业正成为改革深化的重点场域。军工企业作为国家安全的支柱性产业，其国有独资的产权结构虽然保障了国防产品的有效供给，但同时也衍生出资源配置效率低下、创新动力不足等体制性困境，这些结构性矛盾已成为制约国防工业现代化转型的关键瓶颈。军工企业混合所有制改革面临着独特的制度约束：既要维护国家安全的核心利益，又要实现经营机制的实质性突破，这种双重目标导致其改革程序具有审批层级多、周期长、标准严等特点，形成了较高的制度转换成本。尽管军工领域已进行多轮改革尝试，但由于涉密资产的特殊属性以及传统管理体制的路径依赖，改革进程呈现出明显的渐进性特征，制度创新的边际效应尚未充分释放。党的二十大提出的“实现建军一百年奋斗目标”的战略部署，从国家战略层面确立了军工行业改革发展的价值目标，这就要求我们必须以系统思维破解军工领域混合所有制改革的深层次矛盾，构建既符合国家安全需要又适应市场规律的新型治理体系。

（2）如何实施

军工企业混合所有制改革的实施路径需基于战略功能定位和职能属性，实施分类分层推进，通过科学的业务分类建立差异化的改革策略。从产业组织理论视角分析，核心军品业务因其涉及国家安全的核心利益，应当维持国有独资的产权结构，这种自然垄断特性决定了其市场绩效的提升不能依赖外部竞争，而需要通过内部治理优化和技术创新实现内涵式发展。相对而言，非核心军品业务及军民两用产品领域则呈现出明显的可竞争市场特征，这类处于产业链中上游的企业可以充分发挥国有资本的产业引领作用，通过股权多元化引入市场化机制，形成“国有资本+民营资本”的协同效应，从而提升资源配置效率和市场竞争力。具体而言，对于军工高新技术企业，应当重点实施以核心技术人员为对象的股权激励计划（张华清，2021），构建知识资本与金融资本的价值共创机制；在产业链整合方面，可通过设立混合所有制子公司的方式，实现军工企业的技术优势与民营企业的市场敏感性的有机结合；此外，推动优质军工资产证券化，不仅能够拓宽融资渠道，更重要的是通过资本市场的外部监督机制倒逼企业治理结构的现代化转型。

实践中非核心军品及军民融合领域业已构建多元化改革范式：中电科29所与海特高新通过组建混合所有制企业海威华芯，由民企控股并主导运营，实现国有技术优势与民营市场机制融合，开创“民资控股型”混改新路径；徐工机械通过“整体上市+子公司分拆”的组合策略，同步完成集团资产证券化与徐工信息科创板的独立融资，形成分层改革示范效应；中航沈飞则引入混改基金实施定向增发，通过资本纽带强化航空装备产业链协同创新。此外，军工集团层面重组整合加速推进，中船工业与中船重工合并成立中国船舶集团，通过专业化整合消除同业竞争，提升舰船制造综合竞争力。这些实践表明：高新技术企业可聚焦核心技术骨干实施股权激励以激活人力资本价值；产业链整合宜采用混合所有制子公司模式实现优势互补；而优质资产证券化则能通过资本市场倒逼治理现代化转型。

7.3.4 能源行业混改纵深推进

（1）必要性

能源领域作为国民经济的基础性产业和关键性领域，其混合所有制改革的推进具有特殊的战略意义。传统能源企业长期处于行政垄断地位，形成了市场响应机制迟滞、资源配置效率低下等体制性弊端。改革开放四十余年来，我国经济发展与生态环境保护的失衡状态日益凸显，在“双碳”目标约束下，能源结构的低碳化转型已成为国家战略的刚性需求。这一转型过程需要技术创新、制度创新和管理创新的协同驱动：技术创新为能源结构优化提供物质基础，制度创新为效率提升构建制度保障，管理创新则为可持续发展注入内生动力。作为国民经济的主导力量，国有能源企业不仅需要完成经济绩效的市场化转型，更肩负着引领绿色低碳发展范式变革的历史使命，这是新时代国有企业履行政治责任、经济责任和社会责任的集中体现。

“十四五”时期标志着我国能源绿色低碳发展制度框架的体系化构建进入新阶段。在碳中和战略目标的倒逼机制下，能源类中央企业面临前所未有的转型压力，这一进程通过《关于推进中央企业高质量发展做好碳达峰碳中和工作的指导意见》等政策文件得到制度性确认。值得注意的是，2022年国家发展改革委与国家能源局联合发布的《关于做好新能源领域增量混合所有制改革重点推进项目工作的通知》，开创性地提出了“增量混改”的创新模式，强调通过国有资本与民营资本的战略协同构建新型市场主体。这种针对单一行业出台专项混改政策的做法具有显著的政策示范效应，其背后折射出新能源产业作为国家战略性新兴产业的双重特性：既需要国有资本在基础研发和重大工程领域的长期投入，又依赖民营资本在商业模式创新和市场响应机制方面的灵活优势。从制度变迁的视角来看，能源行业混合所有制改革实质上是市场化改革与产业政策调整的耦合过程：在制度层面，需要通过放松管制、完善价格形成机制等供给侧结构性改革破除行政垄断；在技术层面，则需通过资本融合激发创新活力，重点突破产业链上游的“卡脖子”技术瓶颈，这种双重驱动模式构成了能源行业高质量发展的最优制度安排。

（2）如何实施

能源行业的混合所有制改革需要充分考虑其特有的技术经济特征和产业演进规律。区别于其他行业，能源领域的技术研发具有周期长、投入大、风险高等显著特征，产业发展路径存在较强的不确定性（朱彤，2018）。这种特殊性决定了必须建立差异化的混改模式选择机制，通过业务类型与产业链环节的双维度匹配，实现混改政策与能源转型的协同效应。具体而言，对于承担基础性能源供应的上游国有企业，应当通过股权多元化重构治理体系，在保持国有资本控制力的前提下引入战略投资者，既保障能源安全底线，又借助市场化机制推动传统化石能源企业转型升级，同时培育清洁能源新兴业务增长点；而对于市场化程度较高的下游制造业企业，则需把握供给侧结构性改革契机，通过“去产能—引资本—促创新”的三步走策略，在淘汰落后产能的基础上引入具有技术优势的战略投资者，形成资源互补的创新生态系统，最终实现经济效益与环境效益的帕累托改进。

能源行业混合所有制改革的路径选择呈现出显著的产业异质性特征。在新能源及储能设施建设等战略性新兴领域，宜采取“增量混改+资本证券化”的复合模式，通过引入具有产业协同效应的战略投资者实现资源优化配置，同时借助资本市场实现价值创造。反向混改作为国有资本布局优化的创新路径，既拓展了国企的经营边界，也为民营企业注入了制度性发展动能。传统能源领域则需实施差异化改革策略：煤炭、石油等上游勘探开采业务受制于融资约束和技术壁垒，应以引入财务投资者为主；油田服务等中游环节可采取“战略投资者+资产证券化”的双轮驱动模式；炼油化工等下游充分竞争领域则可大胆推进国有资本参股模式。具有自然垄断属性的天然气管道行业，在价格监管体系逐步完善的背景下，适宜引入被动型财务投资者构建多元投资格局。需要特别强调的是，能源国企兼具经济功能和社会功能双重属性，在混改进程中必须保持国有资本的控制力，这是平衡经济效益与社会责任、确保国家能源安全与低碳转型目标实现的制度保障。

2019年国家电投黄河公司通过北交所公开挂牌引入8家战略投资者，重点布局光伏、风电等新能源业务。该案例创新性地采用“产业资本+金融资本”的组合引资模式，既保留国有资本在战略决策中的主导权，又通过股权多元化倒逼企业建立市场化经营机制。特别值得注意的是，其混改方案设计了战略投资者分类管理制度，对产业投资者赋予董事会席位，对财务投资者设置优先股条款，实现了资本属性与治理权限的精准匹配。再如，南方电网通过分拆抽水蓄能业务上市，成为国内首个主营抽水蓄能业务的上市公司。其采用“重组+混改+上市”的三级跳模式，首先完成资产重组注入核心业务，再引入战略投资者优化股权结构，这种路径有效解决了电网重资产项目的资本金压力，更通过上市公司监管要求倒逼企业建立现代治理体系。成都市属国企通过联合湖南中联华宝成立混改企业，首批投放100辆智慧新能源环卫车，该案例的特色在于采用“属地国企+行业龙头”的股权结构设计，配套智慧管理系统实现作业流程数字化，建立超额利润分享机制。这种区域型混改模式既解决了地方政府环保考核压力，又通过市场化运作实现国有资产增值，为中小型国企混改提供了可复制的样本。

7.3.5　产业链重构驱动分层分类改革

（1）必要性

在全球价值链重构的背景下，中国产业面临从低端锁定向中高端跃迁的转型升级挑战。基于分层分类改革方法论，混合所有制改革应当向产业链深度整合方向推进。实证研究表明，我国制造业当前的水平分工体系存在明显的脆弱性特征：产业链环节的过度分散化导致交易成本居高不下，在面对新冠疫情等外生冲击时表现出显著的断裂风险（马新啸和汤泰劼，2022）。后疫情时代的产业链重构需要突破传统的水平分工范式，转向“垂直整合+区域集聚”的新型产业组织形态（王彩萍和黄志宏，2021）。这种重构路径具有双重制度优势：一方面通过非国有资本的引入打破原有体制壁垒，实现上下游企业的产权融合，将外部市场交易内部化；另一方面借助产业集群的自组织特性，形成具有正反馈效应的产业生态系统。值得注意的是，产业集群的形成具有路径依赖特征，在初始阶段需要政策引导打破锁定效应。混合所有制改革通过产权纽带重构产业网络，不仅能够降低交易成本，更重要的是拓展了国有企业的能力边界，为打造具有国际竞争力的现代化产业链提供了制度保障。

混合所有制改革与产业结构调整之间存在着制度协同与动态演进的双向互动关系。从产业组织理论视角来看，现代产业经济体系呈现出典型的生态化特征，其中国有企业主要分布在基础性、战略性产业环节，而民营企业则集中于市场化程度较高的下游领域，二者形成互补共生的产业生态格局（Williamson，2019）。国有企业通过混改实现产业链垂直整合具有三重制度效应：保障产业链安全稳定的“压舱石”效应、促进技术升级的“创新引擎”效应、优化资源配置的“结构转换”效应。混改必须与经济布局的战略性调整形成联动机制，通过产权结构优化带动产业链价值重构（狄灵瑜和步丹璐，2021）。

（2）如何实施

在实践路径上，需要构建多维度协同推进机制：首先，地方政府应通过产业政策引导国有资本向战略性新兴产业领域集聚，重点培育具有复杂技术特征的创新链（方明月和孙鲲鹏，2019）。其次，通过资本纽带促进产业链上下游企业的战略协同，形成“国有资本控制力+民营资本活力”的混合优势。再次，发挥国有企业的创新扩散功能，通过技术标准输出和管理经验共享，破解产业链“卡脖子”瓶颈。最后，完善员工持股与技术要素市场化配置的衔接机制，实现其与资本、人才等创新资源的深度融合，促进科技创新在“双循环”畅通中发挥关键作用。这些措施共同构成了混改促进产业升级的“政策—市场—技术”三维驱动模型。实践中不乏成功案例，如在汽车行业“新四化”转型背景下，民营车企小康股份通过定向增发收购东风汽车集团持有的东风小康50%股权，实现100%控股。这一反向混改案例的特殊性在于：一方面保留东风集团32.9%的股权维持战略合作，另一方面通过控制权转移激发民企机制活力。交易后企业集中资源发展金康新能源，成为国内少数掌握增程式电动技术的企业。该案例证明在技术迭代快的领域，国有资本适当让渡控制权反而能提升资源配置效率。

国有企业混合所有制改革作为一项复杂的制度变迁过程，呈现出典型的渐进式演化特征与路径依赖效应。分层分类推进混合所有制改革是我国深化国有企业改革的重要战略方向，其核心在于构建基于企业类型、行业特征和发展阶段的差异化改革范式。本研究通过构建“理论建构—实践验证—效果评估”的三维分析框架，系统解构了混改的深层逻辑与动态实施机制。在理论创新层面，揭示了分层分类改革对企业治理效率提升、价值实现机制优化以及全要素生产率增长的作用机理；在实践探索层面，研究总结出“试点先行—分类突破—协同推进”的实施路径图谱，特别是在军工、能源等战略领域形成了具有可复制性的改革方案体系。中国特色的混改实践表明，这种渐进式制度创新路径既有效规避了激进改革可能引发的系统性风险，又通过持续的制度调适与创新实现了改革红利的动态释放。随着改革进入攻坚克难的关键阶段，混改已从单一的股权结构调整演进为涵盖治理机制创新、产业链优化重组和价值链高端跃迁的系统性变革工程，其制度内涵与实践外延正处于持续深化的动态演进过程之中。本研究突破了传统混改研究的同质化分析范式，通过引入制度变迁的异质性视角，为深化国有企业改革提供了新的方法论指导。

第8章

研究结论与展望

混改作为中国特色社会主义市场经济体制的重要制度创新，兼具理论前瞻性与实践突破性。分层分类改革框架既体现了制度设计的理论自洽性，又彰显了改革路径的实践适应性，其推进过程呈现出多维度、多层次的系统性和复杂性特征。当前研究的核心命题在于如何通过治理机制创新实现“混”与“合”的辩证统一，即以产权混合为基础，以机制变革为关键，构建混改协同效应的理论范式和实践路径，这一命题亟待学界与业界开展更深入的探索性研究。

8.1 研究结论

8.1.1 混合所有制改革具有理论先进性和实践应用价值

经济体制改革是我国全面深化改革的重点，而国资国企改革是经济体制改革的重要组成部分。我国的国有企业一直在实现“良治”的道路上积极探索，国资国企改革经历了从制度探索到系统深化的历史性跨越。国有企业治理模式的演进轨迹呈现出明显的阶段性特征：从早期的市场化转型（1978—1992年）、公司化改制（1993—2012年）到当前的股权多元化治理（2013年至今），这一进程不仅重构了国有企业的制度基因，更重塑了社会主义市场经济微观基础（王宏淼，2022）。混合所有制改革的突破性意义在于：通过产权结构的制度创新实现了双重范式转换：一方面突破了传统“国家资本主义”的理论内涵，构建了公有制与市场机制有机融合的新型实现形式；另一方面形成了资本属性、治理效能与产业功能的三维互动机制。

在中国经济由高速增长阶段向高质量发展阶段转型的关键时期，国有资本的功能定位正在经历从规模扩张向质量提升的战略性转变。混合所有制改革作为深化国企改革的制度创新，其演进过程呈现出典型的“实践—认知—再实践”的螺旋上升特征（李红娟，2017）。从制度经济学视角来看，混改通过产权结构的重构实现了三重制度红利：其一，资本融合效应，即通过引入战略投资者优化企业资本结构，形成“国有资本控制力+民营资本活力”的协同优势；其二，治理转型效应，推动国有企业建立现代企业制度，提升决策效率和市场响应能力；其三，价值创造效应，促进产业链资源整合与创新要素集聚。这种改革不仅具有微观层面的企业价值重塑功能，更在宏观层面形成了政治与经济双重制度变迁路径：在政治维度上，通过破除行政垄断构建新型政企关系，推动有效市场与有为政府更好结合；在经济维度上，借助资本异质性产生的“鲶鱼效应”，激发企业创新动能，增强国有经济在战略性新兴领域的引领力和控制力。

8.1.2　分层分类改革具备理论必要性和实践可行性

分层分类改革的理论必要性源于多重制度性矛盾的叠加效应。基于委托代理理论的分析框架，国有资产管理中的多层委托代理关系导致了“责任稀释”与“激励扭曲”现象，而分层监管机制通过构建权责对等的治理结构，能够有效压缩代理链条，提升决策效率。交易费用理论则从制度经济学视角指出，传统“一刀切”监管模式产生的高昂交易成本已成为制约国企活力的关键瓶颈，分层分类管理通过差异化监管策略，显著降低了制度性交易成本。科斯产权理论进一步揭示了产权界定模糊与资源配置低效之间的因果关系，分层改革通过明晰不同层级企业的产权边界，为市场化配置资源奠定了制度基础。

分层分类改革的实践可行性植根于中国特色社会主义市场经济的制度特征。从产权经济学视角看，不同国企在目标函数、治理结构、考核体系等方面存在本质差异，分层分类施策能够实现社会效益与经济效益的帕累托改进。产业经济学研究表明，战略性新兴产业与传统垄断行业在技术特征、市场结构、创新模式等方面具有显著异质性，分层分类改革能够精准匹配不同行业的制度需求。制度变迁理论进一步验证，分层分类改革通过构建政策试验田机制，在保持改革稳定性的同时增强了制度创新的包容性，这种渐进式改革路径与我国“摸着石头过河”的改革方法论高度契合。

8.1.3 分层分类推进国企混改具备实践科学性

（1）对财务绩效的影响：案例分析

基于构建的理论分析框架，选取上海市竞争类、功能保障类、混合型及公共服务类国有企业的典型案例，采用事件研究法、杜邦分析体系与多维财务指标分析法进行微观实证研究。结果表明：竞争类国企实施员工持股计划后，其资本回报率与经营效率呈现显著提升；功能保障类与混合型国企在明确分类定位后，通过资产重组与业务优化实现了运营绩效的系统性改善，虽然改革效应在宏观经济周期波动中呈现阶段性起伏，但关键时点的结构突变检验均证实了改革的实质性突破。需要特别指出的是，公共服务类国企受其特殊的社会职能约束，其市场化转型呈现明显的路径依赖特征，改革绩效存在时滞效应，部分财务指标甚至出现短期回调，但通过数据的动态分析显示，其资本配置效率与风险抵御能力正在形成渐进式改善的长期趋势。

（2）对公司治理效率的影响：小样本检验

通过数据包络分析（DEA）模型测度发现，混合所有制改革对国有企业公司治理效率具有结构性改善效应，呈现出技术效率优势显著而规模效率相对不足的典型特征，表现为纯技术效率值高于规模效率值的非对称分布格局，且多数企业处于规模报酬递增区间，这一现象揭示了当前混改进程中，治理能力提升与资源配置优化之间的非同步性特征。

多维度比较分析进一步显示：行业异质性方面，批发零售业凭借其高度市场化的产业属性展现出领先的治理优势，而资本密集型的房地产业与建筑业则受制于体制惯性和路径依赖表现出相对滞后；区域差异性层面，东部地区凭借完善的制度环境和要素市场完备等优势，其治理效率持续领先于制度转型中的东北与西部地区；在企业生命周期视角下，成熟期企业因已形成稳健的治理架构与决策机制，其效率值显著高于尚在制度探索期的成长期企业；改革路径选择上，战略投资者引入模式通过外源性管理经验输入和市场资源整合，相较于其他混改方式，产生了更为突出的治理改善效应。进一步研究表明，混改企业治理效能与其功能属性密切相关：商业Ⅰ类企业因市场化程度高、股权结构多元且制衡机制完善，其治理效率居于首位；商业Ⅱ类企业次之；而公益类企业虽整体效率水平偏低，但产权制度改革对其技术效率的提升作用尤为显著。这一发现为差异化推进国企混改提供了重要实证依据。

（3）对投资效率的影响：小样本检验

基于DEA模型的分析表明，参与混改的国有企业投资效率呈现总体上升趋势，这一改善效应主要源于非国有资本引入带来的股权结构优化效应：一方面通过移植市场化投资决策机制拓展了投资机会，另一方面借助股东制衡机制有效抑制了过度投资倾向，形成了风险可控的效率提升路径。值得注意的是，要素分解显示规模效率对综合效率的贡献度显著高于纯技术效率。

在改革路径选择方面，战略投资者引入、员工持股计划、资本市场公开上市以及特殊股权工具等差异化路径，各自具有独特的制度优势与适用边界，企业需基于功能定位、发展阶段与战略目标构建适配的混改组合策略。异质性分析进一步揭示：商业Ⅰ类企业因市场化程度较高，其DEA有效值显著优于商业Ⅱ类及公益类企业；集团层面混改因资源整合优势展现出比子公司层面更优的效率表现；地方国企较中央企业普遍具有更高的投资综合效率，这一发现凸显了分层分类推进混改的重要政策价值。

（4）异质股东协同治理的公司治理效应：大样本检验

非国有股东的引入对国有企业治理效率产生了显著的制度性改进效应。相较于非国有企业，国有企业特有的所有者缺位、内部人控制及政策性负担等问题加剧了委托代理冲突，导致治理效率相对低下。通过股权持有与董监高委派双重渠道，非国有股东基于其天然的逐利属性，形成了对国有大股东和管理层机会主义行为的有效制衡机制，从而系统性提升了公司治理效能。

异质性分析揭示，非国有股东的治理效应呈现明显的结构性差异：在一般商业类企业和地方国企中，非国有股东能够实质性参与决策，促进市场化经营机制的完善；而在中央企业和特定功能类国企中，国有股东的强势控制导致非国有股东治理参与度受限。值得注意的是，企业层级维度呈现出子公司改革成效优于集团公司的纵向非对称特征，这主要源于集团公司复杂的利益格局所形成的制度性改革壁垒。进一步的传导机制研究表明，股权参与方式通过优化治理结构，显著促进了企业价值增长和全要素生产率提升，而董监高委派方式的效应则相对有限。这源于治理效率改善所引致的双重正向循环：对内形成资源优化配置和创新驱动的内生增长机制，对外则加速了企业市场化转型进程，从而在微观和宏观层面共同推动国有企业高质量发展。

8.1.4 国企分层分类混改的实践推进具有系统性、复杂性特征

国企混改作为深化国资国企改革的关键举措，其本质是通过产权结构多元化重构现代公司治理体系，进而实现市场化运营机制的制度创新。资本要素的市场化融合不仅驱动着资源配置效率的提升，更通过股东异质性带来治理结构的制度变迁。混改不是简单的资本混合，不同类别、不同层级国企混改的路径选择，各有其多重考量因素，需要全盘设计混改方案：选择从哪个层级作为混改的突破口，是集团公司还是子公司？不同类别、不同层次交错的国企，应分别选择何种混改路径？应引入何种类型的战略投资者等。因而混改需要规划“谁引、引多少、引谁、怎么引、引后如何管”等前置因素。

从系统论视角审视，国有企业功能定位需突破传统同质化认知框架，建立基于产业特征和企业功能的分析框架。这种辩证认知要求既保障国有经济整体战略功能的实现，又尊重微观主体市场化发展的自主性诉求。在操作层面，集团公司的资本运营功能与子公司的专业化经营定位形成治理分层，中央企业与地方国企的行政隶属差异构成监管分层，二者共同塑造

了混改实施的制度情境。鉴于不同行业属性、功能定位与组织层级的国有企业对资本运行规律存在认知差异，混改实践必然呈现路径依赖与制度创新的双重特征。顶层设计通过构建分类分层的政策框架，为国有资本与非国有资本的有机融合提供了制度弹性空间，这就要求企业在价值创造导向下，建立与功能定位相匹配、与发展战略相协同的差异化混改实施矩阵。

实践中混改路径选择需遵循以下逻辑框架：首先是混改方式适配性分析。基于引资主体异质性和区域发展不均衡特征，构建包含战略投资者引入、员工持股、资产证券化等多元方式的政策工具箱，区分“已混改”与“宜混改”等不同情况，可与其他国企综合改革相融合，系统、持续、协同推进混改，并系统评估各方式的适用边界与制度成本。其次是分类分层选择混改实施路径。依据商业Ⅰ类、商业Ⅱ类和公益类国企的功能分类、央企和地方国企的行政层级以及集团与子公司的组织分层，设计差异化的股权结构方案；重点解决混改层级选择与战略投资者匹配等核心决策问题，既可以采用单一混改方式，也可以将多种混改方式组合。最后是动态治理机制创新。建立涵盖“准入—运营—退出”全周期的混合所有制治理体系，重点突破“混后管理”制度瓶颈，通过公司章程特别条款、黄金股等创新工具平衡市场化诉求与公共职能履行。系统分析方法表明，有效的混改策略应是基于企业制度基因诊断的政策组合包，而非机械套用模板，其成功实施依赖于三个维度的协同：与国家基本制度的价值相容性、与企业功能定位的战略匹配度、与不同发展阶段特征的动态适应性。这种因企施策的实践智慧，既体现对资本运行规律的深刻把握，也彰显中国特色社会主义市场经济制度的包容性创新。

8.2 研究展望

基于制度经济学的理论框架，混合所有制改革呈现出从局部试点到全面推广、从表层混合到深度整合的演进路径。这一制度变迁过程本质上是通过分层分类的实施机制，实现了从制度探索到系统集成的质变飞跃。需要再次强调的是，混改绝非不同所有制资本的简单叠加，而是涉及三个层面的深层次制度创新：在产权层面实现结构重组，在治理层面完成机制再造，在运营层面达成价值链重构。这种多维度的制度创新为后续研究提供了丰富的理论生长点。

在实践维度，混改面临着复杂的制度张力体系，这种张力主要来源于三个方面的结构性矛盾：首先是产权主体间的目标函数差异，国有资本的公共属性与非国有资本的逐利性导致利益协调难题；其次是治理文化冲突，国有企业的行政化传统与非国有企业的市场化取向形成文化融合困境；最后是体制机制摩擦，市场化经营要求与原有行政管理模式产生适应性冲突。这些矛盾的交织作用既构成了混改深化的主要障碍（李维安等，2025），也为后续研究指明了突破方向。

本书主要聚焦于“混”的维度，系统探讨了在分层分类改革框架下，如何通过股权结构的差异化设计实现投资主体多元化。然而，研究的理论价值更在于揭示“合”的机制，即如何通过治理机制创新实现从“物理混合”到“化学反应”的质变。未来研究可以在以下方向深入探索：第一，混改企业的协同治理机制研究，包括董事会构成优化、决策权配置创新等；第二，混合所有制企业的文化融合路径，探索价值观整合的有效方法；第三，混改成效的长期跟踪评估，建立科学的绩效评价体系；第四，混改政策的差异化设计，针对不同行业、不同层级企业的特点制定精准改革方案。这些研究方向将有助于深化对混改规律的认识，推动形成具有中国特色现代企业制度理论体系。

参考文献

[1] Backx, M., Carney, M., Gedajlovic, E. Public, private and mixed ownership and the performance of international airlines [J]. Journal of Air Transport Management, 2002, 8 (4): 213–220.

[2] Bae, K.H., Baek, J.S., Kang, J.K., Liu, W.L.Do controlling shareholders' expropriation incentives imply a link between corporate governance and firm value ? Theory and evidence [J]. Journal of Financial Economics, 2012, 105 (2): 412–435.

[3] Bai, C., Jiang Y.L., Zhi G.T.The multitask theory of state enterprise reform: Empirical evidence from China [J]. American Economic Review, 2006, 96 (2): 353–357.

[4] Boardman, A.E.et al.Ownership and performance in competitive environments: a comparison of the performance of private, mixed, and State–Owned enterprises [J]. Journal of Law & Economics, 1989, 32 (1): 1–33.

[5] Boutchkova, M.Megginson, W.Privatization and the rise of global capital markets [J]. Financial Management, 2000, 29 (4): 31–75.

[6] Boycko, M., Shleifer, A., Vishny R.W.Second–best economic policy for a divided government [J]. European Economic Review, 1996, 40 (3–5): 767–774.

[7] Chen, Y.Y., Young, M.N.Cross–border mergers and acquisitions by Chinese listed companies: a principal–principal perspective [J]. Asia Pacific Journal of Management, 2010, 27 (3): 523–539.

[8] Dharwadkar, R., George, G., Brandes, P.Privatization in emerging economies: an agency theory perspective [J]. Academy of Management Review, 2000, 25 (3):

650–669.

[9] D'Souza J, Megginson W L.The financial and operating performance of privatized firms during the 1990s [J]. The Journal of Finance, 2002, 54 (4): 1397–1438.

[10] Gupta, N.Partial privatization and firm performance [J]. Journal of Finance, 2005, 60 (2): 987–1015.

[11] Hao, L., An anatomy of state control in the globalization of State–owned Enterprises [J]. Journal of International Business Studies, 2015 (2): 223–240.

[12] Jane, D., Bureaucrats in Business Chinese–Style: The lessons of market reform and state entrepreneurialism in the People's Republic of China [J]. World Development, 2001 (1): 23–37.

[13] Jian, M., Wong, T.J.Propping through related party transactions [J]. Review of Accounting Studies, 2010, 15 (1): 70–105.

[14] Jiang, Y., Peng, M.W.Principal–principal conflicts during crisis [J]. Asia Pacific Journal of Management, 2011, 28 (4): 683–695.

[15] John B., James M., Privatization, partial state ownership, and competition [J]. Journal of Comparative Economics, 2003, 31 (1): 58–74.

[16] Li, X., Colin X.Control, incentives and competition: the impact of reform on Chinese State–owned enterprises [J]. Economics of Transition, 2000 (2): 151–73.

[17] Liu, G.S., Beirne, J., Sun, P.The performance impact of firm ownership transformation in China: mixed ownership vs.fully privatized ownership [J]. Social Science Electronic Publishing, 2013, 27 (6): 697–711.

[18] Megginson, W., Morgan, L., Nail, L.The determinants of positive long-term performance in strategic mergers, corporate focus and cash [J]. Journal of Banking and Finance, 2004, 28 (3): 523–552.

[19] Muller, H.M., Warneryd, K.Inside vs outside ownership—a political theory of the firm [J]. Social Science Electronic Publishing, 1999, 32 (3): 527–541.

[20] Nagar, V., Petroni, K., Wolfenzon, D.Governance problems in closely held corporations [J]. Journal of Financial and Quantitative Analysis, 2011, 46 (4): 943-966.

[21] Qian, Y.Enterprise reform in China: agency problems and political control [J]. Economics of Transition, 1996, 25 (1): 427-447.

[22] Runtian, Jing, E.Patrick, McDermott.Transformation of state-owned enterprises in China: A strategic action model [J]. Management and Organization Review, 2013 (2): 53-86.

[23] Von Eije, H.Megginson, W.L.Dividends and share repurchases in the European Union [J]. Journal of Financial Economics, 2008, 89 (4): 347-374.

[24] Wei, H., Yigang, W., Jianming C., Yunjiang Y., Furong C., Rural Nonfarm Sector and Rural Residents Income Research in China: An empirical study on the township and village enterprises after ownership reform (2000-2013) [J]. Journal of Rural Studies, 2021, 82 (2): 161-175.

[25] Young, M.N., Peng, M.W., Ahlstrom, D., Bruton, G.D., Jiang, Y.Corporate governance in emerging economies: a review of the principal-principal perspective [J]. Journal of Management Studies, 2008, 45 (1): 196-220.

[26] 白重恩，路江涌，陶志刚.国有企业改制效果的实证研究 [J]. 经济研究，2006 (08): 4-13.

[27] 曹丽梅，李蕾，施赟.混合所有制改革、审计监督与国有资产保值增值 [J]. 南京审计大学学报，2022 (04): 1-10.

[28] 陈瑶，余渡.集团层面混合所有制改革与国有企业创新 [J]. 经济评论，2024 (04): 3-19.

[29] 程凤朝，李莉.如何高质量实现国企混合所有制改革 [J]. 清华管理评论，2018 (09): 76-81.

[30] 董辅礽.中国国有企业改革的基本思路 [J]. 新疆社会经济，1995 (02): 18-27.

[31] 戴锦.产权改革、竞争环境与政策工具：观照国企改革理论 [J]. 改革，2013 (11): 123-130.

[32] 杜勇，孙帆.共同混合所有权与民营企业人力资本结构升级[J].会计研究，2025(05)：161-175.

[33] 付光新，蒋守芬，张志平.混合所有制改革与劳动投资效率——源自沪深A股国有上市公司的经验证据[J].东岳论丛，2024，45(08)：116-127+192.

[34] 高明华.论国有企业分类改革和分类治理[J].行政管理改革，2013(12)：55-59.

[35] 高青松，唐芳.国有企业混合所有制改革理论研究进展及评述[J].改革与战略，2016，32(12)：149-154.

[36] 邓靖，罗秀英.国有资本运营机制研究[M].北京：中国纺织出版社，2019.

[37] 狄灵瑜，步丹璐.混合所有制改革制度背景下异质性大股东对企业创新投入的影响——基于国有企业和非国有企业的比较分析[J].研究与发展管理，2021(04)：152-168.

[38] 方明月，孙鲲鹏.国企混合所有制能治疗僵尸企业吗?——一个混合所有制类顺序逻辑[J].金融研究，2019(1)：91-110.

[39] 巩娜.地方国有企业混合所有制改革模式、路径及政策建议[J].经济体制改革，2018(5)：101-105.

[40] 郭敏，段艺璇，黄亦炫.国企政策功能与我国地方政府隐性债务：形成机制、度量与经济影响[J].管理世界，2020，36(12)：36-54.

[41] 谷方杰，汪梦玉，张文锋.混合所有制改革对企业创新投入影响的实证研究[J].中国软科学，2024(04)：214-224.

[42] 郝阳，龚六堂.国有、民营混合参股与公司绩效改进[J].经济研究，2017(03)：122-135.

[43] 郝颖.国有企业混合所有制改革：逻辑溯源、演化路径与实践启示[J].财会通讯，2022(18)：3-8+23.

[44] 郝云宏，汪茜.混合所有制企业股权制衡机制研究——基于“鄂武商控制权之争”的案例解析[J].中国工业经济，2015(03)：148-160.

[45] 贺小林，赵德余，卫笑啸.地方国企参与乡村振兴合作治理机制解

析——以上海市F区“百村”模式为例［J］. 复旦学报（社会科学版），2022（03）：169–181.

［46］何瑛，杨琳. 改革开放以来国有企业混合所有制改革：历程、成效与展望［J］. 管理世界，2021（07）：44–60+4.

［47］何瑛. “十四五”时期深化国企混改的发展路径［N］. 经济参考报，2022–02–21.

［48］何瑛，郭家荣，陈文晖. 混改情境中非控股股东参与治理如何影响企业风险承担?［J］. 上海财经大学学报，2022，24（02）：78–93.

［49］胡一帆，宋敏，张俊喜. 中国国有企业民营化绩效研究［J］. 经济研究，2006（07）：49–60.

［50］胡敏. 顶层设计将推进新一轮国企改革［J］. 改革，2014（05）：39–41.

［51］胡玥，马新啸. 非国有股东治理与国有企业去影子银行化——基于混合所有制改革的背景［J］. 现代财经（天津财经大学学报），2025，45（04）：114–129.

［52］胡历芳，王喆，苏杨. 竞争战略和风险承担对国企创新投入水平的影响——基于国有上市公司混改实践的分析［J］宏观经济研究，2024（12）：73–87.

［53］黄群慧，余菁. 新时期的新思路：国有企业分类改革与治理［J］. 中国工业经济，2013，（11）：5–17.

［54］黄群慧. 地方国资国企改革的进展、问题与方向［J］. 中州学刊，2015（05）：24–31.

［55］黄速建. 国有企业改革和发展：制度安排与现实选择［M］. 北京：经济管理出版社，2014.

［56］黄速建. 中国国有企业混合所有制改革研究［J］. 经济管理，2014，36（07）：1–10.

［57］黄速建，肖红军，王欣. 论国有企业高质量发展［J］. 中国工业经济，2018（10）：19–41.

［58］黄速建，肖红军，王欣. 竞争中性视域下的国有企业改革［J］. 中国工业经济，2019（06）：22–40.

[59] 黄速建，刘美玉，张启望.竞争性国有企业混合所有制改革模式选择及影响因素［J］. 山东大学学报（哲学社会科学版），2020（03）：94–109.

[60] 黄琼宇，罗依茹，胡志勇，许楚红.非国有股东治理与国有企业会计信息可比性［J］. 证券市场导报，2021（07）：49–58.

[61] 吉军.国有企业双重目标下发展混合所有制研究［J］. 经济体制改革，2018（05）：113–118.

[62] 季晓南.发展混合所有制是深化国企改革的突破口和加速器［J］. 上海经济，2014（05）：8–10.

[63] 季晓南.论混合所有制经济的内涵、意义及发展路径［J］. 北京交通大学学报（社会科学版），2019，18（04）：8–26.

[64] 金琳.国有控股上市公司明确改革重点［J］. 上海国资，2022（08）：17–20.

[65] 金碚.论国有企业改革再定位［J］. 中国工业经济，2010，（04）：5–13.

[66] 孔晓旭，唐晓萌，柳学信.君子和而不同？非国有股东委派董事与国有企业董事会异议［J］. 管理评论，2024，36（07）：232–245.

[67] 李小斌."二次混改"后的公司治理结构与绩效变化——基于国有控股上市公司的实证研究［J］. 南方金融，2018（05）：27–37.

[68] 李波涛，王静.国企改革中产权划转类型及决策探析［J］. 管理与咨询，2019，（11）：101–104.

[69] 李东升，杜恒波，唐文龙.国有企业混合所有制改革中的利益机制重构［J］. 经济学家，2015（09）：33–39.

[70] 李红娟.国企混合所有制改革难点及对策［J］. 宏观经济管理，2017（10）：55–62.

[71] 李开发.较量——国企改革激情大辩论［M］. 北京：中国水利水电出版社，2005.

[72] 李锦.国有企业改革的新使命［J］. 新理财，2017（11）：43–45.

[73] 李锦.当前国企混改12种典型模式［J］. 山东国资，2018（09）：86–90.

[74] 李井，林阳镇，陈劲，甘小梅.混合所有制改革与企业ESG表现：国企与民企的比较研究［J］. 科研管理，2025，46（01）：164–173.

[75] 李明珊，孙晓华，关书.混合所有制改革激发了谁的活力？［J］. 管理评

论，2025，37（01）：52–63.
［76］李维安，王琪，侯文涤.国企混改何以“改机制”“合优势”？——制度变迁视角下混合所有制并购研究［J］.财经问题研究，2025（01）：43–58.
［77］李伟，欧阳志刚.混合所有制改革、融资成本和国企去杠杆［J］.经济体制改革，2024（04）：90–98.
［78］李文贵，余明桂.民营化企业的股权结构与企业创新［J］.管理世界，2015（04）：112–125.
［79］李政，艾尼瓦尔.新时代“国民共进”导向的国企混合所有制改革：内涵、机制与路径［J］.理论学刊，2018（06）：49–57.
［80］刘小丽，黄思雯.混合所有制改革能提升国有企业ESG表现吗——基于战略激进度与治理水平的视角［J］.当代财经，2025（02）：84–97.
［81］刘启亮，罗乐，何威风，陈汉文.产权性质、制度环境与内部控制［J］.会计研究，2012（03）：52–61+95.
［82］刘运国，郑巧，蔡贵龙.非国有股东提高了国有企业的内部控制质量吗?——来自国有上市公司的经验证据［J］.会计研究，2016（11）：61–68+96.
［83］刘园园，蔡贵龙.集团视角下的国有企业混合所有制改革——基于国有集团聚焦主业的经验证据［J］.南开管理评论，2024（08）：2–31.
［84］陆瑶，武家和，崔雨薇.国有企业混合所有制改革的经济扩散效应——基于地区产业动态的研究［J］.经济学（季刊），2025，25（03）：802–819.
［85］罗新宇.国有企业分类与分类监管［M］.上海交通大学出版社，2014.
［86］罗建钢.委托代理：国有资产管理体制创新［M］.北京：中国财政经济出版社，2004.
［87］廖红伟，李凌杰.完善国资监管体制与深化国有企业改革协同发展路径研究［J］.内蒙古社会科学，2021（07）：112–120.
［88］陆军荣.国有企业的产业特质：国际经验及治理启示［M］.北京：经济科学出版社，2008.
［89］廖红伟，杨良平.以管资本为主新型监管体制下的国有企业深化改革研究［J］.高等财经教育研究，2018（12）：125–132.

[90] 刘汉民，齐宇，解晓晴.股权和控制权配置：从对等到非对等的逻辑——基于央属混合所有制上市公司的实证研究［J］. 经济研究，2018，53（05）：175–189.

[91] 刘运国，郑巧，蔡贵龙.非国有股东提高了国有企业的内部控制质量吗？——来自国有上市公司的经验证据！［J］. 会计研究，2016（11）：61–68.

[92] 刘纪鹏，刘彪，胡历芳.中国国资改革：困惑、误区与创新模式［J］. 管理世界，2020（01）：60–68.

[93] 罗新宇.上海深化国资国企改革研究［J］. 科学发展，2017（12）：24–33.

[94] 罗新宇.国有企业分类与分类监管［M］.上海：上海交通大学出版社，2014.

[95] 罗仲伟.中国国有企业改革：方法论和策略［J］. 中国工业经济，2009，（01）：5–17.

[96] 吕景春，李梁栋.以民营促国有：东北经济振兴与国企改革的现实路径——基于东北工业体系状况的分析与比较［J］. 当代经济研究，2020（03）：5–14.

[97] 马骏，张文魁.国有资本管理体制改革研究［M］. 中国发展出版社，2015.

[98] 马连福，王丽丽，张琦.混合所有制的优序选择：市场的逻辑［J］. 中国工业经济，2015（07）：5–20.

[99] 马新啸，汤泰劼，蔡贵龙.非国有股东治理与国有企业去僵尸化——来自国有上市公司董事会"混合"的经验证据［J］. 金融研究，2021（03）：95–113.

[100] 马新啸，汤泰劼，仲崇阳.要素市场整合与中国企业去僵尸化［J］. 经济管理，2022（10）：22–38.

[101] 马新啸，汤泰劼.要素市场化配置与国有企业混合所有制改革——基于商品市场一体化的视角［J］. 经济评论，2022（06）：85–89.

[102] 毛新述.国有企业混合所有制改革：现状与理论探讨［J］. 北京工商大学学报（社会科学版），2020，35（03）：21–28.

[103] 毛毅翀，竺李乐，吴福象.中国企业关键核心技术创新产出测度及其所有制差异研究［J］. 新疆社会科学，2025（02）：42–53+171.

[104] 倪宣明，贺英洁，彭方平，欧明青.混合所有制改革对国有企业盈利水平影响及作用路径研究［J］.管理评论，2022，34（02）：33–45.
[105] 欧瑞秋，李捷瑜，李广众，李杰.部分民营化与国有企业定位［J］.世界经济，2014，37（05）：112–134.
[106] 彭亮，刘国城."一带一路"下西北地区上市公司投资效率研究——基于DEA–Malmquist指数法［J］.投资研究，2018，37（12）：45–57.
[107] 綦好东，郭骏超，朱炜.国有企业混合所有制改革：动力、阻力与实现路径［J］.管理世界，2017（10）：8–19.
[108] 綦好东，彭睿，苏琪琪，朱炜.中国国有企业制度发展变革的历史逻辑与基本经验［J］.南开管理评论，2021，24（01）：108–119.
[109] 漆思剑.否定之否定：国资委监管职能之未来回归［J］.江西社会科学，2019（01）：166–173.
[110] 戚聿东，张任之.国有企业合并重组提高了企业绩效吗？——以电信业为例［J］.经济管理，2016（12）：16–30.
[111] 任广乾，李俊超，田一迪.混合所有制改革何以影响国有企业投资效率？——基于公司治理视角的研究［J］.南京审计大学学报，2023（05）：51–60.
[112] 荣兆梓.国有企业改革：成就与问题［J］.经济学家，2012,（04）：44–51.
[113] 沈昊，杨梅英.国有企业混合所有制改革模式和公司治理——基于招商局集团的案例分析［J］.管理世界，2019，35（04）：171–182.
[114] 沈红波，张金清，张广婷.国有企业混合所有制改革中的控制权安排——基于云南白药混改的案例研究［J］.管理世界，2019（10）：206–217.
[115] 沈红波，王悦，顾舒雯.企业集团的管理层激励与分拆上市——基于腾讯分拆阅文的案例研究［J］.管理会计研究，2020（03）：34–51+133.
[116] 石颖，张慧，郝鑫泓.新时代十年我国混合所有制改革的理论、成就与展望［J］.经济学家，2025（01）：15–24.
[117] 石明明，张小军.中国式现代化视域中的经济改革与制度建构［J］.中国社会科学，2023（09）：4–23+204.
[118] 宋文阁，刘福东.混合所有制的逻辑——新常态下的国企改革和民企机

遇［M］. 北京：中华工商联合出版社，2014.

［119］孙博文，张政. 国有企业混合所有制改革的碳减排效应及其机制分析——基于中国工业企业污染数据库的微观证据［J］. 改革，2021（07）：75–90.

［120］孙鲲鹏，方明月，包家昊. 如何“混改”更好——国企混合所有制股权组合模式对企业绩效的影响［J］. 财贸经济，2021，42（06）：87–103.

［121］孙姝，钱鹏岁，姜薇. 非国有股东对国有企业非效率投资的影响研究——基于国有上市企业的经验数据［J］. 华东经济管理，2019（11）：134–141.

［122］田光宁，杨璐. 国有企业混合所有制改革的治理效应研究：基于企业债务违约风险的视角［J］. 金融评论，2023，15（05）：56–76+125–126.

［123］王东京. 国企改革攻坚的路径选择与操作思路［J］. 管理世界，2019，35（02）：1–6.

［124］王东明. 坚持市场化导向推进国资国企改革［J］. 行政管理改革，2015，（06）：15–19.

［125］王宏淼. 中国国企改革过程中公司治理特征、挑战与对策［J］. 经济纵横，2022（06）：52–60.

［126］王倩倩. 双百行动：锻造国企改革尖兵［J］. 国资报告，2019（01）：48–49.

［127］王宁，苏慧中，李东升. 非国有股东董事会权力、期望落差与国企创新［J］. 东岳论丛，2021（12）：142–152+192.

［128］王业雯，陈林. 混合所有制改革是否促进企业创新?［J］. 经济与管理研究，2017（11）：112–121.

［129］武常岐，张林. 国企改革中的所有权和控制权及企业绩效［J］. 北京大学学报，2014（05）：149–156.

［130］吴越. 国企“混改”中的问题与法治追问［J］. 政法论坛，2015，33（03）：26–37.

［131］吴秋生，刘垣钰. 国有资本参股民营企业能助力共同富裕吗?——来自企业内部薪酬差距的证据［J］. 财经论丛（浙江财经大学学报），2025

（07）：76–88.

［132］魏明海，蔡贵龙，程敏英.企业股权特征的综合分析框架——基于中国企业的现象与理论［J］.会计研究，2016（05）：26–33+95.

［133］魏如山等.大型企业集团层面混合所有制改革理论与实务研究——中国企业改革发展2020蓝皮书［M］.北京：中国商务出版社，2021.

［134］王彩萍，黄志宏.深化混合所有制改革，提升产业链供应链现代化水平［J］.国企管理，2021，（23）：14.

［135］王东京.国企改革攻坚的路径选择与操作思路［J］.管理世界，2019（02）：1–6.

［136］王彩萍，姜彦君，任金洋，李婧.国资参股与民营企业高质量发展：基于绿色创新视角的研究［J］.证券市场导报，2023（08）：3–15+62.

［137］许红洲.着力优化国有资本布局结构［N］.经济日报，2016–8–21.

［138］卫兴华，何召鹏.从理论和实践的结合上弄清和搞好混合所有制经济［J］.经济理论与经济管理，2015（01）：15–21.

［139］夏鑫，瞿文琦，江长军.基于DEA的混合所有制企业公司治理效率评价研究［J］.商业会计，2021（06）：31–35.

［140］向东，余玉苗.国有企业引入非国有资本对投资效率的影响［J］.经济管理，2020，42（01）：25–41.

［141］肖红军，阳镇.多重制度逻辑下公益企业的成长：制度融合与响应战略［J］.当代经济科学，2019，41（03）：1–12.

［142］肖亚庆.深化国有企业改革——对党的十九大报告的解读［J］.企业文明，2017（11）：11–13.

［143］谢众，汪婕，刘晴.高技术行业国企混改与企业创新投入——基于混改深度的异质性分析［J］.科技进步与对策，2025，42（02）：93–104.

［144］许召元，张文魁.国企改革对经济增速的提振效应研究［J］.改革，2015（04）：122–135.

［145］许保利等.中央企业的变迁——从合并重组到资源整合［J］.国有资产管理，2022（11）：57–65.

［146］徐伟，吴悦，冯文芳.混合所有制改革有利于促进国有企业创新

吗？——基于分类治理视角［J］. 济南大学学报（社会科学版），2020（03）：100–113+159.

［147］徐怀玉，常金乾. 国企集团如何决策下移［J］. 企业管理，2022（04）：106–108.

［148］徐怀玉. 员工持股退出机制的设计——从娃哈哈内部清退股份谈起［J］. 企业管理，2019（09）：93–97.

［149］徐丹丹，李向亮，王婕. 非国有股东治理能促进国有企业绿色技术创新？——基于混合所有制改革的实证研究［J］. 管理评论，2023，35（09）：102–115.

［150］姚冬琴. 全国政协委员、国务院国资委副主任黄淑和：混合所有制改革要有节奏，不是一股脑儿推进［J］. 中国经济周刊，2014（09）：41–43.

［151］杨丹，陈希阳，胡舒涵. 新一轮国企混改降低了国企股权融资成本吗［J］. 经济社会体制比较，2020（5）：7–17.

［152］杨瑞龙. 以混合经济为突破口推进国有企业改革［J］. 改革，2014（05）：19–22.

［153］杨瑞龙. 新时期新国企的新改革思路——国有企业分类改革的逻辑、路径与实施［J］. 经济理论与经济管理，2017（05）：5–24.

［154］杨瑞龙. 国有企业改革逻辑与实践的演变及反思［J］. 中国人民大学学报，2018，32（05）：44–56.

［155］杨瑞龙. 以混合经济为突破口推进国有企业改革［J］. 改革，2014（05）：19–22.

［156］杨卫东. 论新一轮国有企业改革［J］. 华中师范大学学报，2014（03）：29–43.

［157］杨运杰，毛宁，尹志锋. 混合所有制改革能否提升中国国有企业的创新水平［J］. 经济学家，2020（12）：71–79.

［158］余澳，贾卓强. 民营企业参与地方国有企业混改的现实困境与对策研究［J］. 经济纵横，2019（12）：51–58.

［159］余菁. “混合所有制”的学术论争及其路径找寻［J］. 改革，2014（11）：26–35.

[160] 于瑶，祁怀锦.混合所有制改革对民营企业高层次人才配置的影响研究［J］.科研管理，2024，45（10）：141–151.

[161] 袁晓玲，王恒旭，赵锴.盈利性导向下分类改革对商业类国有企业经营绩效的影响研究［J］.审计与经济研究，2025，40（02）：64–72.

[162] 袁惊柱.国有企业混合所有制改革的现状、问题及对策建议［J］.北京行政学院学报，2019（01）：71–78.

[163] 袁歌骋，李娟娟.混合所有制改革对国有企业绿色创新的影响与溢出效应［J］.中国人口·资源与环境，2023，33（07）：180–190.

[164] 章超.国企混改的实践与思考［J］.中国市场，2022（12）：87–89.

[165] 张冰石，马忠，夏子航.基于国有资本优化配置的混合所有制改革实施模式［J］.经济体制改革，2019（02）：20–26.

[166] 张华清.军工企业混合所有制改革现状与公司治理分析［J］.军民两用技术与产品，2021（03）：28–36.

[167] 张晖明，张陶.国有企业改革再出发：从“分类”到“分层”［J］.学术月刊，2019，51（01）：59–67.

[168] 张晖明等.国企改革难点突破与路径选择［M］.北京：格致出版社，2019.

[169] 张敏.基于淡马锡管理模式的中国商业类国企混合所有制分类改革探析［J］.西南林业大学学报（社会科学），2020（03）：59–63.

[170] 张任之.非国有股东治理能够抑制国有企业高管腐败吗？［J］.经济与管理研究，2019（08）：129–144.

[171] 张孝梅.混合所有制改革背景的员工持股境况［J］.改革，2016（01）：121–129.

[172] 张伟，于良春.混合所有制企业最优产权结构的选择［J］.中国工业经济，2017（04）：34–53.

[173] 张伟，于良春.创新驱动发展战略下的国有企业改革路径选择研究［J］.经济研究，2019（10）：74–3–87.

[174] 张维迎.从现代企业理论看国有企业改革［J］.改革，1995（01）：6.

[175] 张文魁.混合所有制与现代企业制度——政策分析及中外实例［M］.北

京：人民出版社，2017.
[176] 张耀辉，尹一军.企业内、外部能力平衡与公司治理效率研究［J］. 暨南学报（哲学社会科学版），2020，42（01）：1–18.
[177] 张守文.国有企业降杠杆、防风险问题研究［J］. 云南社会科学，2018（05）：117–121.
[178] 张晨.以功能评价效率——国有企业定位问题研究［M］. 经济科学出版社，2013.
[179] 张玲，杨建君，谷磊，赵莉.混合所有制改革对国有企业绿色技术创新的影响研究——环境规制的调节作用［J］. 软科学，2025，39（02）：77–84.
[180] 赵昌文.当前国资国企改革的两个关键问题［J］. 清华金融评论，2016，（01）：22–25.
[181] 郑志刚.分权控制与国企混改的理论基础［J］. 证券市场导报，2019，（01）：4–10+18.
[182] 郑志刚.国企混改：两种模式、两个认识误区和两个关键问题［J］. 中国经济报告，2021（02）：73–84.
[183] 郑志刚.国企混改的逻辑、路径与实现模式选择［J］. 中国经济报告，2020（01）：54–67.
[184] 赵梦洁，任广乾，李俊超.国有资本参股能提升民营企业供应链韧性吗——基于固链、补链和强链的视角［J］. 会计研究，2024（12）：3–18.
[185] 周观平，周皓，王浩.混合所有制改革与国有企业绩效提升——基于定义矫正和PSM、DID、IV法的再透视［J］. 经济学家，2021（04）：80–90.
[186] 周丽莎.深化国资国企改革，培育世界一流企业［J］. 经济参考报，2019（06）：01–03.
[187] 周娜，庄玲玲.新一轮国企改革的功能定位：沪渝两地城投集团比较［J］. 改革，2016（02）：116–124.
[188] 周叔莲.国有企业改革三十年的回顾与思考［J］. 改革发展，2009（01）：19–27.

[189] 朱彤.能源行业混合所有制改革模式与推进路径探析 [J]. 中国能源，2018（09）：8–12.

[190] 朱珍. "二次混改" 增进国有企业的绩效了吗?——以六大试点央企旗下上市公司为例 [J]. 合肥工业大学学报（社会科学版），2017，31（03）：12–17.

[191] 朱炜，孙敬敬，汤倩，李伟健.国企混改能否推动制造企业价值链升级? [J]. 证券市场导报，2024（11）：25–36.

[192] 张宇扬，董丽萍.非国有股东参与治理能够提升国有企业内部控制质量吗 [J]. 经济体制改革，2024（11）：106–115.

[193] 张慧莲，沈沁源.国企混合所有制改革促进企业绿色创新——基于上市国企股权结构的经验证据 [J]. 金融评论，2024，16（03）：131–154+158.

[194] 张完定，焦贝贝，王玮博.非国有股东委派董事对企业非效率投资行为的影响 [J]. 统计与信息论坛，2025，40（06）：115–128.

[195] 张大勇，罗琳.战略性新兴产业国有混改公司投资效率研究——高管团队风险偏好特征和股权混合度的联合调节效应 [J]. 珞珈管理评论，2025（03）：127–154.

[196] 张楚葳，黄纤，高祥红.上游国企混改对下游民企ESG表现的影响机制与效应分析——非对称竞争视角 [J]. 现代财经（天津财经大学学报），2025（06）：77–94.

[197] 吴崇，陈美花，岳梦瑶.混合所有制改革对国企 "走出去" 高质量创新发展的影响路径及作用机制 [J]. 科技管理研究，2023，43（20）：11–21.